[A Vida na Sarjeta]

O CÍRCULO VICIOSO DA MISÉRIA MORAL

Copyright © Publicado originalmente nos Estados Unidos por Ivan R. Dee, Inc. Lanham, Maryland, U.S.A. Tradução e publicação autorizada. Todos os direitos reservados. [First Published in the United States by Ivan R. Dee, Inc. Lanham, Maryland U.S.A. Translated and published by permission. All rights reserved.]
Copyright da edição brasileira © 2015 É Realizações
Título original: *Life at the Bottom: The Worldview That Makes the Underclass*

Editor | Edson Manoel de Oliveira Filho
Produção editorial, capa e projeto gráfico | É Realizações Editora
Preparação de texto | Alex Catharino
Revisão e elaboração do índice remissivo | Márcia Xavier de Brito
Revisão de prova | Vivian Yuri Matsui

Reservados todos os direitos desta obra. Proibida toda e qualquer reprodução desta edição por qualquer meio ou forma, seja ela eletrônica ou mecânica, fotocópia, gravação ou qualquer outro meio de reprodução, sem permissão expressa do editor.

Cip-Brasil. Catalogação na Publicação
Sindicato Nacional dos Editores de Livros, RJ

D138v

    Dalrymple, Theodore, 1949-
    A vida na sarjeta : o círculo vicioso da miséria moral / Theodore Dalrymple; tradução Márcia Xavier de Brito. - 1. ed. - São Paulo: É Realizações Ed., 2014.
    280 p. : il. ; 23 cm. (Abertura Cultural)

    Tradução de: Life at the bottom: the worldview that makes the underclass.
    Inclui índice
    ISBN 978-85-8033-168-4

    1. Pobreza - Aspectos sociais. 2. Renda - Distribuição. 3. Igualdade. 4. História econômica. 5. Ciências sociais. I. Título. II. Série.

                                                   CDD: 330
                                                   CDU: 338.1

14-16052

05/09/2014   08/09/2014

É Realizações Editora, Livraria e Distribuidora Eireli
Rua França Pinto, 498 – São Paulo – SP – 04016-002
Telefone: (5511) 5572-5363 – atendimento@erealizacoes.com.br – www.erealizacoes.com.br

Este livro foi reimpresso pela Mundial Gráfica, para É Realizações, em maio de 2023.
Os tipos usados são da família Sabon Light Std e Frutiger Light.
O papel do miolo é Lux Cream LD 70 g., e o da capa, Ningbo CS1 250 g.

Theodore Dalrymple

APRESENTAÇÃO DE THOMAS SOWELL | TRADUÇÃO DE MÁRCIA XAVIER DE BRITO

[A Vida na Sarjeta]

O CÍRCULO VICIOSO DA MISÉRIA MORAL

7ª impressão

É Realizações
Editora

Sumário

Apresentação *por Thomas Sowell* 7
Introdução.. 15

I. REALIDADE SOMBRIA

1. E a Faca Entrou… 27
2. Adeus, Mundo Cruel 37
3. Leitor, São Marido e Mulher... Infelizmente 49
4. Um Amor de Valentão.. 59
5. Dói, logo Existo 71
6. Festa e Ameaça.. 81
7. Não Queremos Nenhuma Educação 91
8. É Chique Ser Grosseiro 101
9. O Coração de um Mundo sem Coração 111
10. Não Há um Pingo de Mérito 123
11. Escolhendo o Fracasso 135
12. Livres para Escolher 145
13. O Que É Pobreza?... 155
14. Os Chiqueiros Fazem os Porcos? 165
15. Perdidos no Gueto.. 175
16. E, Assim, Morrem ao Nosso Redor Todos os Dias 187

II. TEORIA AINDA MAIS SOMBRIA

17. O Ímpeto de Não Emitir Juízo 199
18. Qual É a Causa do Crime?..................................... 213

19. Como os Criminologistas Fomentam o Crime.......... 225
20. Policiais no País das Maravilhas................................ 239
21. Intolerância Zero 251
22. Ver Não É Crer 261

Índice 273

Apresentação

Thomas Sowell

Pobreza costumava significar passar fome e não possuir as roupas adequadas para vencer o mau tempo, assim como passar longas horas em um trabalho desgastante para conseguir pagar as contas no fim do mês. Mas hoje a maioria das pessoas que vivem abaixo da linha da pobreza oficial não só tem bastante comida como, em geral, é provável que esteja acima do peso. Há tantas vestimentas que os jovens delinquentes brigam por causa de roupas de grife ou tênis de marca. Quanto à ocupação, hoje existe menos trabalho em lares de baixa renda do que entre os mais ricos.

A maioria dos pobres hoje tem televisão em cores e forno de micro--ondas. A pobreza no antigo sentido material está longe de ser tão disseminada quanto outrora. A vida nas camadas mais baixas da sociedade, contudo, não é brincadeira – muitas vezes é um pesadelo.

A Vida na Sarjeta, livro recentemente publicado, retrata com acuidade brilhante a dolorosa situação da subclasse – o vazio, as agonias, a violência e a sordidez moral. Este livro trata de uma região de classe baixa da Grã-Bretanha onde o autor, Theodore Dalrymple, trabalha como médico. Na verdade, isso pode tornar a mensagem mais fácil para muitos norte--americanos, para que a compreendam e aceitem.

A maioria das pessoas sobre quem Dalrymple escreve é branca, de modo que é possível contemplar honestamente as causas e consequências do modo de vida da subclasse, sem medo de ser chamado de "racista".

Essas pessoas que fazem as mesmas coisas socialmente destrutivas e autodestrutivas que são feitas nos bairros de classe baixa dos Estados Unidos não podem alegar que tal comportamento se deve ao fato de seus ancestrais terem sido escravos ou porque enfrentam discriminação racial.

Eliminadas as justificativas, talvez possamos encarar a realidade e argumentar de maneira razoável sobre como as coisas ficaram tão confusas e horríveis. Como médico do serviço de emergência, Theodore Dalrymple atende jovens que foram espancados a ponto de precisar de cuidados médicos – por tentar ir bem na escola. Quando isso acontece nos guetos norte-americanos, as vítimas são acusadas de "agir como os brancos" por buscar uma formação. No outro lado do Atlântico, tanto as vítimas quanto os agressores são brancos.

A região de baixa renda britânica em que Dalrymple trabalha, assim como sua contrapartida norte-americana, tem como característica o que denomina de um "tipo de jovem egoísta e feroz, de quem manteria distância em plena luz do dia". Ele também observa a "destruição dos sólidos laços familiares nos mais pobres, laços que, pela mera existência, faziam com que um grande número de pessoas saísse da pobreza".[1]

O próprio pai de Dalrymple nasceu em um bairro pobre – mas num contexto social muito diferente daquele da subclasse de hoje. Primeiro, seu pai teve um ensino de verdade. Os manuais escolares nos quais aprendeu seriam considerados muito difíceis na era da educação facilitada.

O pai de Dalrymple adquiriu ferramentas para sair da pobreza, ao passo que à subclasse de hoje não só são negados tais instrumentos, como ela aprende justificativas para permanecer na pobreza – e as ideologias colocam a culpa dos problemas nos outros, estimulando a inveja e o ressentimento. O resultado geral é uma geração de pessoas que têm dificuldade para escrever palavras simples ou para realizar operações matemáticas elementares, e que não têm nenhuma intenção de desenvolver habilidades profissionais.

Por ter as necessidades materiais providas por um Estado assistencial, como se fossem animais em uma fazenda, essa subclasse tem "uma vida

---
[1] Cap. 4, "Um Amor de Valentão". Ver, neste livro, p. 69.

esvaziada de significado",[2] como diz Dalrymple, já que não pode nem mesmo se orgulhar de conseguir pagar a própria comida e a própria casa como fizeram as gerações que a antecederam. Pior ainda, é abandonada sem nenhum senso de responsabilidade num mundo sem juízos de valor.

Alguns educadores, intelectuais e outros creem estar sendo amigos dos pobres ao justificar ou "entender" esse comportamento autodestrutivo e ao estimulá-los a ter uma visão paranoica do mundo que os cerca. No entanto, a coisa mais importante que alguém pode fazer pelos pobres é ajudá-los a sair da pobreza, assim como o pai de Dalrymple foi ajudado por aqueles que lhe ensinaram e possibilitaram que ascendesse a um nível melhor – tratando-o como um ser humano responsável, não como gado.

Nenhum sumário faz justiça aos vívidos exemplos e às argutas impressões de *A Vida na Sarjeta*. Precisa ser lido – com o discernimento de que a história deste livro também é a nossa história.

---

[2] Cap. 13, "O Que É Pobreza?". Ver, neste livro, p. 163.

Essa é a maravilhosa tolice do mundo: quando as coisas não nos correm bem – muitas vezes por culpa de nossos próprios excessos – pomos a culpa de nossos desastres no sol, na lua e nas estrelas, como se fôssemos celerados por necessidade, tolos por compulsão celeste, velhacos, ladrões e traidores pelo predomínio das esferas; bêbedos, mentirosos e adúlteros, pela obediência forçosa a influências planetárias, sendo toda nossa ruindade atribuída à influência divina... Ótima escapatória para o homem, esse mestre da devassidão, responsabilizar as estrelas por sua natureza de bode![1]

William Shakespeare, *Rei Lear*, Ato I, Cena II

---

[1] Utilizamos aqui a versão em português da seguinte edição: William Shakespeare, *Rei Lear*. In: *Tragédias: Teatro Completo*. Trad. Carlos Alberto Nunes. Rio de Janeiro, Agir, 2008, p. 673. (N. T.)

[*A Vida na Sarjeta*]

Introdução

Um espectro assombra o mundo ocidental: a "subclasse".[1]
Essa subclasse não é pobre, ao menos pelos padrões que prevaleceram ao longo de grande parte da história humana. Existe, em graus variados, em todas as sociedades ocidentais. Como todas as outras classes sociais, beneficiou-se enormemente do grande aumento geral da riqueza dos últimos cem anos. Em certos aspectos, de fato, desfruta de comodidades e confortos que dariam inveja a um imperador romano ou a um monarca absolutista. Também não é politicamente oprimida: não teme dizer o que pensa nem tem medo de ser surpreendida por forças de segurança durante a madrugada. Sua existência, no entanto, é miserável, de um modo especial de miserabilidade que lhe é próprio.

---

[1] No original, *underclass*. O termo, sem equivalente exato em português, refere-se à classe composta por desempregados, jovens não empregáveis por falta de qualificação profissional e/ou dependência química, subempregados, doentes crônicos, idosos e pessoas com deficiência física, mães ou pais solteiros, minorias étnicas, etc., que são vítimas da armadilha da pobreza e não têm meios de sair dessa circunstância. No vocabulário marxista poderiam ser chamados de lumpesinato ou subproletariado e, em termos mais genéricos, poderiam ser considerados os "excluídos" ou "desfavorecidos", mas a adoção de tais termos pecaria por demasiada generalização ou poderia dar tons ideológicos ao discurso do autor, que optou por empregar uma terminologia neutra em seu idioma. (N. T.)

Como médico, trabalhei na última década em um hospital geral muito movimentado numa região pobre da Inglaterra, e também em uma penitenciária nos arredores, e estive em posição privilegiada para observar a vida dessa subclasse pobre. Entrevistei, por exemplo, umas dez mil pessoas que tentaram cometer suicídio (ainda que a tentativa tenha sido débil), e cada uma dessas pessoas contou-me da vida de quatro ou cinco pessoas de seu círculo: vidas dominadas, quase sem exceção, por violência, crime e degradação. Minha amostra é seleta, sem dúvida, como todos os exemplos derivados da experiência pessoal, mas não é pequena.

Além disso, por ter trabalhado anteriormente como médico em alguns dos países mais pobres da África, bem como em comunidades pobres do Pacífico e na América Latina, não hesito em dizer que o empobrecimento mental, cultural, emocional e espiritual da subclasse pobre ocidental é maior que o de qualquer outro grande grupo de pessoas que já tenha conhecido em qualquer outro local.

Como médico, é claro, meu compromisso é tratar cada paciente como um indivíduo. E não poderia ser diferente: quando falamos com uma pessoa sobre detalhes tão íntimos da vida, dificilmente nos ocorreria crer que essa pessoa é algo diferente de um agente plenamente consciente que, em essência, não difere de nós mesmos.

Apesar disso, surgem padrões de comportamento, no caso da subclasse, quase todos autodestrutivos. Dia após dia, ouvi falarem da mesma violência, da mesma negligência e dos maus tratos às crianças, dos mesmos relacionamentos destruídos, das mesmas vitimizações pelos crimes, com o mesmo niilismo e o mesmo desespero silencioso. Se todos somos indivíduos únicos, como surgem modelos desse tipo?

O determinismo econômico, da variedade do círculo vicioso de pobreza, dificilmente parece dar uma resposta nesse caso. Não só a subclasse não é pobre, como ainda trazemos na memória recente incontáveis milhões de pessoas que saíram da pobreza – na Coreia do Sul, por exemplo. Caso a pobreza realmente gerasse um círculo vicioso, o homem ainda estaria vivendo na caverna.

O determinismo genético ou racial não é melhor. Será uma surpresa para os leitores norte-americanos saber que a maioria da subclasse britânica é branca, e que apresenta todas as mesmas patologias sociais da subclasse negra nos Estados Unidos – por motivos semelhantes, é claro. A genética, além disso, dificilmente pode explicar tais fenômenos como o surgimento, desde o final dos anos 1950, de uma massa, sem precedentes na história, de filhos ilegítimos.

O papel do Estado previdenciário na elevação (se essa é bem a palavra) da subclasse é, igualmente, muito enfatizado. No máximo, ele pode ter sido a condição necessária para tal ascensão: tornou-a possível, não inevitável. Estados previdenciários existiram por períodos substanciais de tempo sem desenvolver a subclasse moderna: obviamente, é necessário um ingrediente adicional.

Esse ingrediente é encontrado no campo das ideias. O comportamento humano não pode ser explicado sem fazer referência ao significado e às intenções que as pessoas dão aos próprios atos e omissões; e todos possuem um *Weltanschauung*, uma visão de mundo, saibam ou não disso. São as ideias de meus pacientes que me fascinam – e, para ser sincero, horrorizam-me: eles mesmos são a fonte da própria miséria.

Suas ideias se tornam manifestas até na linguagem que empregam. A frequência de locuções de passividade é um exemplo surpreendente. Um alcoólatra, ao explicar sua conduta quando bêbado, dirá: "A cerveja é muito doida". Um viciado em heroína, ao explicar seu recurso à agulha, dirá, "tá tudo dominado pela heroína", como se a cerveja bebesse o alcoólatra e a heroína se injetasse no viciado.

Outras locuções simplesmente possuem uma função justificativa e representam a negação do agente e, portanto, da responsabilidade pessoal. O assassino alega que a faca entrou ou que a arma disparou. O homem que ataca a parceira sexual alega que "ficou muito doido" ou "perdeu a cabeça", como se fosse a vítima de uma espécie de epilepsia, da qual o dever do médico é curá-lo. Até a cura, é claro, ele pode continuar a maltratar a parceira – pois tais violações lhe trazem certas vantagens – certo de que é ele, e não a parceira, a verdadeira vítima.

Passei a ver a descoberta dessa desonestidade e autoengano como parte essencial do meu trabalho. Quando um homem me diz, como explicação para seu comportamento antissocial, que ele se deixa levar facilmente, pergunto-lhe se alguma vez se deixou levar pelo estudo da matemática ou do subjuntivo dos verbos franceses. Invariavelmente, o homem começa a rir: o absurdo do que ele disse se torna aparente para ele mesmo. De fato, reconhecerá que sabia o tempo todo como era absurdo o que fazia, mas existem algumas vantagens, psicológicas e sociais, decorrentes da manutenção dessa farsa.

A ideia de que a pessoa não é agente, mas uma vítima indefesa das circunstâncias, ou de grandes forças ocultas sociológicas ou econômicas, não surge naturalmente, como uma companheira inevitável da experiência. Ao contrário, somente em circunstâncias extremas o desamparo é experimentado diretamente da maneira como experimentamos o azul do céu. De modo diferente, o agir é uma experiência comum a todos. Sabemos que nossa vontade é livre, e que tem limites.

A ideia contrária, no entanto, foi propagada incessantemente por intelectuais e acadêmicos que não acreditam nisso no que diz respeito a eles mesmos, é claro, mas somente no que concerne a outros em posições menos afortunadas. Há nisso um elemento considerável de condescendência: algumas pessoas não chegam à condição plena de humanos. A ampliação do termo "compulsão", por exemplo, para cobrir qualquer comportamento repetido indesejável, mas mesmo assim gratificante, é um exemplo da negação do ato pessoal que veio do meio acadêmico e rapidamente se infiltrou. Não muito tempo depois que os teóricos da criminologia propuseram a teoria de os criminosos reincidentes possuírem um desejo compulsivo pelo crime (reforçando essas teorias com diagramas impressionantes de circuitos neurais do cérebro para comprová-las), um ladrão de carros, de inteligência limitada e de pouca educação, pediu-me que tratasse de sua compulsão de roubar carros – e, ao não receber tal tratamento, é claro, via-se moralmente justificado para continuar a livrar os donos de carros de suas propriedades.

Na verdade, a maioria das patologias sociais apresentadas por essa subclasse tem origem em ideias filtradas da *intelligentzia*. Nada é mais verdadeiro que o sistema de relações sexuais que atualmente prevalece na população da subclasse, cujo resultado é de 70% de nascimentos ilegítimos no hospital em que trabalho (um número que chegaria muito perto de 100%, não fosse pela presença na região de um grande número de imigrantes do subcontinente indiano).

A literatura e o senso comum comprovam que, ao longo do tempo, as relações sexuais entre homem e mulher sempre foram cheias de dificuldades, exatamente porque o homem não é apenas um ser biológico, mas um ser social consciente que carrega consigo uma cultura. Os intelectuais do século XX, todavia, buscaram libertar todas as relações sexuais de quaisquer obrigações sociais, contratuais ou morais e de qualquer significado, de modo que dali em diante somente o puro desejo sexual contaria na tomada de decisão.

Os intelectuais foram tão sinceros quanto a rainha Maria Antonieta ao fingir ser pastora. Muito embora os comportamentos sexuais deles tenham se tornado mais descontraídos e liberais, não obstante, continuaram a reconhecer obrigações inescapáveis com relação aos filhos, por exemplo. O que quer que tenham dito, não tencionavam romper com as relações familiares mais do que Maria Antonieta realmente pretendia ganhar a vida cuidando de ovelhas.

Essas ideias foram adotadas, no entanto, literal e indiscriminadamente, pela mais baixa e mais vulnerável das classes sociais. Se alguém quiser ver como são as relações sexuais livres de obrigações sociais e contratuais, dê uma olhada no caos das vidas das pessoas que compõem a subclasse.

Aí, toda a gama de tolices, perversidades e tormentos humanos pode ser examinada livremente – em condições, recordemos, de prosperidade sem precedentes. Temos abortos realizados por golpes de *kung fu* no abdômen; crianças que têm filhos em números dantes desconhecidos em épocas precedentes ao advento da contracepção química e da educação sexual; mulheres abandonadas pelo pai das crianças um mês antes ou um mês após o nascimento; ciúmes insensatos, que são o reverso da moeda da promiscuidade geral e que resultam na mais odiosa opressão e violência; uma grande parcela de padrastos seriais que acabam violentando física e sexualmente as crianças; e todo tipo de perda de distinção do que é sexualmente permissível ou não.

A ligação entre essa lassidão e a miséria de meus pacientes é tão óbvia que negá-la requer considerável sofisticação intelectual (e desonestidade).

O clima de relativismo moral, cultural e intelectual – um relativismo que começa como um modismo de intelectuais – foi comunicado de maneira exitosa para aqueles menos capazes de resistir aos seus efeitos práticos devastadores. Quando o professor Steven Pinker nos diz em seu *best-seller*, *O Instinto da Linguagem*[2] (escrito, é claro, em um padrão de inglês gramaticalmente correto, e publicado sem erros de grafia), que não existe uma forma gramaticalmente correta de linguagem, que a criança não precisa ser instruída na própria linguagem porque está destinada a aprender a falar da maneira adequada a suprir as próprias necessidades, e que todas as formas de linguagem são igualmente expressivas, o autor está ajudando a enclausurar as crianças da subclasse no mundo em que nasceram. Não somente os professores dessas crianças se sentirão absolvidos da árdua tarefa de corrigi-las, mas rumores da tolerância gramatical do professor Pinker (uma versão linguística da máxima de Alexander Pope, "seja lá o que for, está certo") chegarão às próprias crianças. Elas, dali em diante, melindrar-se-ão com o correto, que tomarão por "ilegítimo" e, portanto, "humilhante". *Eppur si muove:*[3] o que quer que o professor Pinker diga, o mundo exige uma gramática e ortografia corretas de quem quer nele progredir. Além de ser claramente falso que a linguagem do homem comum é igual às suas necessidades, um fato óbvio para quem leu as tentativas lamentáveis de as pessoas da subclasse se comunicarem por escrito com outras, especialmente com a burocracia. O relativismo linguístico e educacional ajuda a transformar uma classe em casta – quase em uma casta de intocáveis.

Assim como dizem não existir uma gramática ou ortografia corretas, da mesma maneira não há alta ou baixa cultura: a própria diferença é a única distinção reconhecível. Esse é um ponto de vista disseminado

---

[2] Steven Pinker, *O Instinto da Linguagem: Como a Mente Cria a Linguagem*. São Paulo, Martins Fontes, 2002. (N.T.)

[3] Dito atribuído a Galileu Galilei e significa "No entanto, ela se move". A frase teria sido pronunciada após a negação da teoria heliocêntrica diante do tribunal da Inquisição. Simbolicamente representa a rebelião científica contra as convenções da autoridade. (N.T.)

pelos intelectuais ávidos por demonstrar entre si opiniões abertas e democráticas. Por exemplo, o jornal que é praticamente o jornal interno da *intelligentzia* progressista britânica: *The Guardian* (que outrora honradamente exigira, em nome da igualdade e respeitabilidade comuns, que toda a população tivesse acesso à alta cultura) há pouco tempo publicou um artigo sobre um evento em Nova York descrito na manchete como o encontro "das maiores mentes dos Estados Unidos".

E quem são essas maiores mentes dos Estados Unidos? Seriam cientistas agraciados com Prêmio Nobel, físicos e biólogos moleculares? Seriam os melhores acadêmicos contemporâneos dos Estados Unidos? Ou talvez empresários de eletrônica que transformaram o mundo na última metade do século?

Não, algumas das maiores mentes dos Estados Unidos pertenciam, na opinião do *Guardian*, a cantores de *rap* como Puff Daddy, que estavam se encontrando em Nova York (numa "conferência de cúpula", como disse o jornal) para dar fim à onda de assassinatos entre os cantores de *rap* da Costa Leste e Oeste e para melhorar a imagem pública do *rap* como gênero. Fotos dos detentores dessas mentes gigantescas acompanhavam a reportagem, de modo que, mesmo que não soubéssemos que os compositores de *rap* normalmente defendem um conjunto brutal e estúpido de valores, saberíamos imediatamente que esses intelectos supostamente vastos pertenciam a pessoas que, com facilidade, poderiam ser confundidas com bandidos.

A falta de sinceridade do elogio é óbvia para qualquer pessoa que tenha um conhecimento mínimo da grandiosidade dos feitos humanos. É inconcebível que o autor de tal artigo, ou o editor do jornal, ambos homens educados, realmente acreditem que Puff Daddy *et al.* possuem as maiores mentes dos Estados Unidos. O fato é que a cultura aviltada, da qual a música *rap* é um produto, recebe tamanha atenção e elogios sérios que ilude seus ouvintes, levando-os a supor que não existe nada melhor que aquilo que já conhecem e de que gostam. Tal adulação é, portanto, a morte da aspiração, e a falta de aspiração é, certamente, uma das causas da passividade.

Será que o destino dessa subclasse importa? Se a miséria de milhões de pessoas importa, então, certamente, a resposta é sim. Mesmo se estivermos satisfeitos em confiar o destino de tantos cidadãos ao purgatório da vida nos bairros pobres, esse não seria o fim da questão. Há claros sinais de que essa subclasse se vingará de todos nós.

No mundo moderno, más ideias e suas consequências não podem ficar confinadas ao gueto. Amigos meus, de classe média, ficaram horrorizados ao descobrir que a ortografia ensinada à filha na escola estava, muitas vezes, errada; ficaram ainda mais chocados quando levaram o caso à diretora e ouviram que isso não tinha a menor importância, já que a ortografia estava quase certa e que, mesmo assim, todo mundo entendera o que ela quis dizer.

Outras instituições têm sido igualmente destruídas pela aceitação de ideias que encorajam e mantêm a subclasse. Quando as prostitutas foram, em número considerável, para as esquinas das ruas do bairro onde moro, o chefe de polícia local disse, em resposta aos pedidos dos moradores para que fossem tomadas providências, que não poderia fazer nada já que aquelas mulheres vinham de lares desprivilegiados e, provavelmente, eram drogadas. Disse que não estava preparado para vitimizá-las ainda mais. Era nosso dever como cidadãos retirar as camisinhas usadas de nossas roseiras. Assim é a vida sob o regime de intolerância zero.

Pior ainda, o relativismo cultural se alastra muito facilmente. Os gostos, a conduta e os costumes da subclasse estão se infiltrando na escala social com surpreendente rapidez. O visual *"heroin chic"*[4] é uma manifestação disso, embora alguém que saiba realmente quais são os efeitos da heroína não possa achar alguma coisa chique na droga e nos efeitos. Quando um membro da família real britânica revelou que adotou uma das modas dos bairros pobres e que colocou um *piercing* no umbigo, ninguém ficou surpreso.[5] No que diz respeito à moda do

---

[4] Visual popularizado em meados dos anos 1990, em que modelos um tanto andróginos apresentavam uma imagem esquálida e abatida, olheiras ressaltadas, como se fossem usuários de drogas pesadas, identificando *glamour* na decadência humana. (N. T.)

[5] Referência a Zara Phillips, filha da princesa Anne com o capitão Mark Phillips e neta mais velha da Rainha Elizabeth II da Inglaterra, que aos 17 anos, em 1998, apareceu com um *piercing* na língua e outro no umbigo. Atualmente é uma atleta de hipismo e campeã europeia. (N. T.)

vestuário, dos adornos corporais e da música, é a subclasse quem, de modo crescente, imprime o ritmo. Nunca antes se aspirou alcançar níveis culturais tão baixos.

O padrão desastroso de relações humanas que existe na subclasse também tem se tornado comum na escala social mais alta. Com frequência cada vez maior consulto enfermeiras, tradicionalmente e por muito tempo originárias ou pertencentes à respeitável classe média baixa (ao menos, após Florence Nightingale[6]), que têm filhos ilegítimos de homens que, inicialmente, praticaram algum tipo de abuso, e depois as abandonaram. Essa violência e posterior abandono são, em geral, muito previsíveis, dados o histórico e a personalidade desses homens, mas as enfermeiras que foram tratadas dessa maneira dizem que se abstiveram de julgar o companheiro porque é errado fazer juízos de valor. Se, contudo, não forem capazes de emitir um juízo sobre o homem com quem viverão e com quem terão filhos, sobre o que emitirão juízos?

"Não deu certo", dizem, e o que não deu certo foi o relacionamento, que concebem como algo possuidor de existência independente das duas pessoas que o compõem, e que exerce uma influência nas suas vidas como se fosse uma conjunção astral. A vida é sorte.

Nos textos a seguir tentei, primeiramente, descrever sem disfarces a realidade da subclasse e, então, revelar a origem dessa realidade, que é a propagação de ideias más, insignificantes e insinceras. Não é necessário dizer que uma avaliação verdadeira das causas da miséria da subclasse é proveitosa, caso desejemos combatê-las e, principalmente, evitar soluções que só agravarão esse cenário. Se traço um quadro de um estilo de vida que é totalmente sem encanto ou mérito, e descrevo muitas pessoas pouquíssimo atraentes, é importante lembrarmo-nos de que, caso haja culpa, uma grande parte é devida aos intelectuais. Não deveriam ter sido tão tolos, mas sempre preferiram evitar-lhes o olhar. Consideraram a pureza das ideias mais importante que as reais consequências. Desconheço egotismo mais profundo.

---

[6] Florence Nightingale (1820-1910) tornou-se famosa ao tratar dos feridos na guerra da Crimeia e foi a pioneira da enfermagem profissional moderna. (N. T.)

[realidade sombria]

E a Faca Entrou...

É um erro supor que todos os homens, ou ao menos todos os ingleses, queiram ser livres. Ao contrário, se a liberdade acarretar responsabilidade, muitos não querem nenhuma das duas. Felizes, trocariam a liberdade por uma segurança modesta (ainda que ilusória). Mesmo aqueles que dizem apreciar a liberdade ficam muito pouco entusiasmados quando se trata de aceitar as consequências dos atos. O propósito oculto de milhões de pessoas é ser livre para fazer, sem mais nem menos, o que quiserem e ter alguém para assumir quando as coisas derem errado.

Nas últimas décadas uma psicologia peculiar e característica surgiu na Inglaterra. Há muito se foram a civilidade, a independência firme e o admirável estoicismo que conduziram os ingleses ao longo dos anos de guerra. Isso foi substituído por uma lamúria escusatória constante, queixas e alegações especiais. O colapso do caráter britânico foi rápido e completo, assim como o colapso do poderio da Grã-Bretanha.

Ao ouvir o relato que as pessoas fazem das próprias vidas, como faço todos os dias, fico tomado de surpresa pela pequeníssima parte que atribuem aos próprios esforços, escolhas e ações. Implicitamente discordam da famosa máxima de Francis Bacon de que "o molde da fortuna dos homens está, principalmente, nas mãos deles".[1] Em vez disso, veem-se como massa nas mãos do destino.

É instrutivo ouvir a linguagem que utilizam para descrever suas vidas. A linguagem dos prisioneiros, em especial, nos ensina muito a respeito do fatalismo desonesto com que as pessoas buscam explicar-se para os outros, especialmente quando os outros estão em posição de ajudá-las de alguma maneira. Como médico que assiste pacientes uma ou duas vezes por semana, fico fascinado com o uso da voz passiva e de outros tipos de discurso utilizados pelos prisioneiros para indicar o suposto desamparo. Descrevem-se como marionetes do acaso.

Não faz muito tempo, um assassino foi ao meu consultório na penitenciária logo após ser preso para buscar uma receita de metadona, droga em que era viciado. Disse-lhe que prescreveria uma dose menor, e que num espaço de tempo relativamente curto deixaria de receitá-la. Não iria receitar uma dose de manutenção para um homem condenado à prisão perpétua.

— É — ele disse —, sorte minha ter vindo para cá com essa acusação.

Sorte? Já havia cumprido uma dezena de sentenças prisionais, muitas por violência, e, na noite em questão, trazia consigo uma faca, que deveria saber, por experiência, estar disposto a utilizar. A vítima do esfaqueamento, no entanto, é que foi o verdadeiro autor da ação homicida: se ela não estivesse lá, ele não a teria matado.

Meu assassino, de modo algum, está sozinho ao explicar seu feito como algo que se deveu a circunstâncias além do controle. Por coincidência, agora existem três esfaqueadores na prisão (dois deles em prisão perpétua) que utilizaram exatamente a mesma expressão ao me descrever o que aconteceu. "A faca entrou", disseram, quando pressionados a recuperar a memória supostamente perdida dos acontecimentos.

A faca entrou, aparentemente, não guiada por mão humana. As tão odiadas vítimas eram encontradas pela faca, e facas levadas às cenas dos crimes não eram nada, se comparadas à força de vontade dos próprios objetos inanimados que determinaram o desfecho infeliz.

---

[1] Francis Bacon, *Ensaios*. Trad. e pref. Álvaro Ribeiro. Lisboa, Guimarães Editores, 1992, XL, p. 146. (N.T.)

Psicólogos poderiam objetar, é claro, que as façanhas desses homens são tão abomináveis que seria natural e, talvez necessária, uma defesa psíquica para imputar a morte das vítimas a forças fora do controle deles: um reconhecimento de responsabilidade muito rápido poderia resultar no colapso total de seus ânimos e, possivelmente, levaria ao suicídio. A evasão mental da própria responsabilidade pelos atos cometidos, contudo, não é de maneira alguma diferente da apresentada por criminosos de menor periculosidade: os que perpetram crimes contra a propriedade ou, mais especificamente, contra os possuidores de propriedade.

Bastam poucos exemplos. Um prisioneiro recém-encarcerado pela enésima vez veio a mim para reclamar que estava deprimido desde que o problema começara novamente. E qual era, perguntei, o problema que se iniciava periodicamente? Arrombar e invadir igrejas, roubar as peças de valor, incendiá-las e destruir as provas. E por que igrejas? Será que fora arrastado quando criança a cerimônias tediosas por pais hipócritas e quisera, talvez, vingar-se da religião? Absolutamente. Era somente porque as igrejas eram mal protegidas, fáceis de arrombar e tinham objetos de prata valiosos.

Curiosamente, dessa explicação pragmática, razoável e honesta não inferiu a escolha pelo roubo de igrejas como uma carreira e que, por isso mesmo, ele era o responsável pelo problema que misteriosamente o tomava cada vez que era solto: culpava as autoridades eclesiásticas pela segurança débil que lhe permitiu roubar pela primeira vez, e que depois só reforçou sua compulsão pelo roubo. Repetindo a polícia, que cada vez mais culpa os proprietários pelos roubos – por deixarem de tomar as precauções devidas contra a malversação dos bens – em vez de culpar aqueles que verdadeiramente executaram o roubo, o ladrão de igrejas disse que as autoridades eclesiásticas deveriam saber de suas propensões e tomar as medidas necessárias para evitar que ele pudesse agir contra as igrejas.

Outro assaltante pediu para que eu lhe explicasse por que ele repetidamente invadia casas e roubava videocassetes. Perguntou-me agressivamente, como se "o sistema" o tivesse desapontado por não lhe oferecer essa resposta; como se fosse meu dever, como médico, proporcionar-lhe o segredo psicológico oculto que, uma vez revelado, poderia levá-lo, infalivelmente, ao caminho da virtude. Até lá, continuaria invadindo as casas e roubando videocassetes (quando estivesse livre para fazê-lo), e a culpa seria minha.

Quando me recusei a examinar o seu passado, exclamou:

— Mas alguma coisa me obriga a fazer isso!

— Que tal ganância, preguiça e a ânsia por excitação? — sugeri.

— Que tal a minha infância? — perguntou.

— Não tem nenhuma relação com isso — respondi firme.

Olhou para mim como se o tivesse atacado. Na verdade, pensei que o assunto era mais complexo do que admitira, mas não queria que compreendesse errado a minha mensagem principal: ele era o responsável pelos próprios atos.

Outro prisioneiro alegou sentir uma compulsão tão forte por roubar carros que era irresistível — um vício, disse-me. Roubou uns quarenta veículos em uma semana, mas, apesar disso, considerava ser, no fundo, uma boa pessoa porque nunca fora violento com ninguém, todos os veículos que roubou tinham seguro e, portanto, seus donos não perdiam nada. Independente de qualquer incentivo financeiro para agir assim, afirmava, roubava carros pela excitação que isso lhe trazia: se evitasse fazê-lo por alguns dias, ficava inquieto, depressivo e aflito. Era um verdadeiro vício, repetia em intervalos frequentes, caso eu tivesse esquecido disso nesse meio tempo.

Hoje a concepção prevalecente de vício, em geral, é a de uma doença caracterizada por um ímpeto irresistível (mediado neuroquimicamente e hereditário por natureza) para consumir uma droga ou outra substância, ou para se comportar de maneira autodestrutiva ou antissocial. Um viciado não tem culpa e, por seu comportamento ser a manifestação de uma doença, possui tanto conteúdo moral quanto as condições meteorológicas.

Portanto, o efeito do que o ladrão de carros dizia-me era: o furto compulsivo de automóveis não era somente culpa sua, mas a responsabilidade por impedi-lo de apresentar aquele comportamento, neste caso, era minha, já que eu era o médico que o tratava. E até que a profissão médica encontrasse o equivalente comportamental de um antibiótico no tratamento da pneumonia, ele continuaria a causar um enorme sofrimento e inconveniente para os proprietários de carros e, ainda assim, considerar-se-ia, fundamentalmente, uma pessoa decente.

O fato de os criminosos sempre transferirem a responsabilidade de seus atos para outro local é ilustrada por algumas das expressões que utilizam com mais frequência nas consultas. Ao descrever, por exemplo, a perda de equilíbrio que os leva a agredir quem quer que os desagrade suficientemente, dizem, "tenho a cabeça quente", "perdi a cabeça".

O que exatamente querem dizer com isso? Querem dizer que consideram sofrer de uma forma de epilepsia ou outra patologia cerebral cuja única manifestação é a fúria involuntária, e que é dever do médico curá-los. Muitas vezes, põem-me de sobreaviso dizendo que até que ache a cura para tal comportamento, ou ao menos prescreva as drogas que solicitam, matarão ou mutilarão alguém. A responsabilidade, quando o fizerem, será minha e não deles, pois sei o que farão e terei fracassado em tentar evitar. Assim, suas doenças putativas não somente explicam e absolvem as más condutas anteriores, como também os exoneram de qualquer conduta imprópria no futuro.

Além disso, por me advertirem das intenções de efetuar futuros ataques, colocam-se como vítimas e não como perpetradores. Dizem às autoridades (no caso, eu) o que farão, e mesmo assim as autoridades (eu, de novo) nada fazem. Então, quando voltarem à prisão após cometer outro crime horroroso, sentir-se-ão prejudicados pois "o sistema", representado pela minha pessoa, mais uma vez os decepcionou.

Se, no entanto, eu tomasse a direção oposta e sugerisse a detenção preventiva até que consigam controlar os temperamentos, sentir-se-iam ultrajados pela injustiça da medida. Que tal um *habeas corpus*? Que dizer da inocência até que provem a culpa? E nada deduzem do fato de que geralmente podem controlar os ânimos na presença de uma força suficientemente antagônica.

Criminosos violentos muitas vezes usam uma expressão auxiliar a "perder a cabeça" ao explicar seus atos: "não estava em mim". Eis o "psicologuês" dos bairros pobres, eis como a doutrina do "verdadeiro eu" é refletida pelas lentes da degradação urbana. O "verdadeiro eu" não guarda relação alguma com o "eu fenomênico", aquele "eu" que toma as bolsas das senhoras, entra nas casas das pessoas, espanca a mulher e os filhos ou que bebe demais frequentemente e se envolve em brigas. Não, o "verdadeiro eu" é uma concepção imaculada, intocada pela conduta humana: é aquele núcleo inexpugnável de virtude que permite manter o respeito próprio, não importando o que faça. O que sou não é, de modo algum, determinado pelo que faço, e enquanto aquilo que fizer não tiver nenhum significado moral, caberá aos outros garantir que o meu "eu fenomênico" aja conforme o "verdadeiro eu".

Por isso os detentos amiúde usam outra expressão: "precisar pôr a cabeça em ordem". A imagem visual que têm de suas mentes, suspeito, é a de blocos de montar, empilhados de maneira desordenada, que o médico, ao remexê-los dentro do crânio, tem a capacidade e o dever de colocar em perfeita ordem, assegurando que, dali em diante, toda a conduta será honesta, obediente à lei e economicamente vantajosa. Até que essa arrumação seja feita, sugestões construtivas – aprenda um ofício, matricule-se num curso por correspondência – esbarram no refrão: "Farei, quando tiver posto minha cabeça em ordem".

No centro de toda essa passividade e recusa de responsabilidade está uma profunda desonestidade – o que Sartre teria chamado de má-fé. Muito embora os criminosos violentos possam tentar culpar outras pessoas, e mesmo que consigam transmitir qualquer aparência de sinceridade, sabem, ao menos por um tempo, que o que dizem é falso.

Isso fica claro no hábito de viciados em drogas de, reiteradamente, alterar a linguagem segundo o interlocutor. Com médicos, assistentes sociais e agentes de liberdade condicional – com todos os que possam se mostrar úteis, por receitar ou por ter capacidade de dar testemunho –, eles enfatizam o desejo esmagador e irresistível pela droga, a intolerabilidade dos efeitos da abstinência, os efeitos deletérios que a droga tem sobre o seu caráter, sobre a capacidade de julgamento e o comportamento. Entre os viciados, no entanto, a linguagem é bem diferente, otimista, em vez de abjeta: versa sobre onde se pode conseguir uma droga de melhor qualidade, onde a droga é mais barata e como aumentar os efeitos.

Suspeito (embora não possa provar, a não ser por breves relatos) que o mesmo aconteça entre os detentos. Creio que não é nova a observação de que as prisões são universidades do crime. Os prisioneiros, contudo, invariavelmente descrevem aos médicos e aos psicólogos as dificuldades de infância (que apresentam, na ocasião, como se fossem relíquias de família), os pais violentos ou ausentes, a pobreza e todas as dificuldades e desvantagens que são herança da raça urbana. Entre eles, no entanto, qual será o discurso quando estabelecem contatos, aprendem novas técnicas e zombam dos pobres tolos que ganham a vida honestamente, mas nunca ficam ricos?

A perspectiva desonesta e interesseira fica aparente na postura com que tratam aqueles que acreditam ter-lhe feito mal. Por exemplo, sobre os policiais que supõem (volta e meia, de maneira razoável) que os tenham espancado não dizem: "Pobres policiais! Foram criados em lares autoritários e agora projetam sua raiva em mim, mas, na verdade, ela é dirigida aos pais que os maltrataram". Ao contrário, dizem com força e emoções explosivas: "os imbecis!". Pressupõem que a polícia age por livre-arbítrio, para não dizer por uma vontade malévola.

O modo de o prisioneiro apresentar-se ao público muitas vezes guarda curiosa semelhança com o retrato que deles fazem os progressistas. É como se dissessem: "Vocês querem que eu pareça uma vítima das circunstâncias? Pois bem, para vocês serei vítima". Ao repetir essa história, começa a acreditar nela, ao menos acredita por certo tempo e com uma parcela de sua inteligência. A negação da culpa – tanto a jurídica quanto a moral – se torna, dessa maneira, possível frente à lembrança das menores circunstâncias do crime.

O homem sempre teve a capacidade de enganar os outros e, é claro, de autoengano. Foi Friedrich Nietzsche quem fez a famosa observação de que o orgulho e o amor-próprio não têm dificuldade de superar a memória, e cada mecanismo mental de defesa conhecido pelo psicólogo moderno aparece em alguma parte da obra de William Shakespeare. A impressão que fica, no entanto, é a da facilidade com que as pessoas rejeitam a responsabilidade por aquilo que fizeram – a desonestidade intelectual e emocional sobre as próprias ações – que aumentou enormemente nas últimas décadas.

Por que isso acontece exatamente quando, objetivamente falando, a liberdade e a oportunidade para o indivíduo jamais foram tão grandes?

Em primeiro lugar, existe hoje um eleitorado muito ampliado para as visões progressistas: legiões de voluntários e cuidadores, assistentes sociais e terapeutas, cujas rendas e carreiras dependem da suposta incapacidade de um grande número de pessoas de se defender ou de se comportar razoavelmente. Sem os drogados, os assaltantes e outros supostamente impotentes que se deparam com as próprias inclinações indesejáveis, esses redentores profissionais não teriam ocupação. Tais pessoas têm grande interesse em psicopatologias e sua visão terapêutica é a do paciente passivo, vítima desamparada de males que legitimam o próprio comportamento do qual pretendem redimi-lo. De fato, as vantagens para o malfeitor de parecer desamparado são, hoje, tão evidentes que quase não precisa ser encorajado a fazê-lo.

Em segundo lugar, há um ampla disseminação dos conceitos psicoterapêuticos, ainda que de forma adulterada ou mal interpretada. Esses conceitos se tornaram lugar comum, mesmo para os ignorantes. Assim, foi incutida a ideia de que, se a pessoa não conhece ou compreende os motivos inconscientes dos próprios atos, não é verdadeiramente responsável por eles. Isso se aplica, é claro, àqueles atos que podem ser tidos como indesejáveis; não há dúvidas quanto aos próprios méritos. Uma vez que não existe uma única explicação derradeira para alguma coisa, a pessoa sempre pode alegar ignorância dos próprios motivos. Essa é uma escapatória perpétua.

Terceiro, a anuência geral do determinismo sociológico, em especial, pelas classes médias abarrotadas de culpa. Associações estatísticas têm sido utilizadas indiscriminadamente como provas do nexo causal. Assim, se o comportamento criminoso é mais comum entre as classes pobres, deve ser a pobreza que causa o crime.

Ninguém, é claro, se sente sociologicamente determinado – certamente, não o sociólogo, e poucos progressistas que apoiam tais princípios reconhecem suas consequências profundamente desumanizadoras. Se a pobreza é a causa do crime, os assaltantes não decidem invadir as casas mais do que as amebas decidem mover seus pseudópodos para pegar uma partícula de alimento. São autômatos – e, talvez, devam ser tratados como tais.

Eis que vem à tona a influência subliminar da filosofia marxista: a noção de que não é a consciência do homem que determina a existência, mas, ao contrário, a existência social que determina a consciência. Se é assim, os homens ainda deveriam morar em cavernas, mas é bastante verossímil para abalar a confiança das classes médias que o crime é um problema moral e não um problema de disposição de ânimo.

Nessa rica mistura de incerteza e equívoco, os historiadores sociais tendem a acrescentar uma pitada de provocação, assinalando que as classes médias viam o crime como um problema moral desde o século XVIII, quando para muitos malfeitores a situação era realmente outra, já que, nessa época, muitas vezes o único modo de conseguir alimento era roubar. Afirmar isso, é claro, é negligenciar a mudança fundamental nas oportunidades de vida que ocorreram desde então. Na Londres georgiana, por exemplo, a expectativa de vida ao nascer estava em torno de 25 anos, ao passo que hoje está em 75 anos. No auge da era vitoriana, a expectativa de vida da família real era 50% mais baixa que a das parcelas mais pobres da população de hoje. Certamente, agarrar-se a explicações que podem ter tido certa força, mas que não são mais plausíveis, no sentido mais literal, é ser reacionário.

O próprio modo de explicação oferecido pelos progressistas para o crime moderno – que parte das condições sociais direto para o comportamento, sem passar pela mente humana – oferece aos criminosos uma desculpa perfeita; desculpa cuja falsidade é percebida com a parcela de inteligência que possuem mas que, no entanto, é útil e conveniente para lidar com a burocracia.

Por fim, consideremos o efeito popular da constante repetição das injustiças realizada pelos meios de comunicação. As pessoas, longe de se acharem extremamente afortunadas se comparadas a todas as populações anteriores, passam a acreditar que vivem nos dias atuais na pior das épocas e sob os mais injustos regimes. Cada convicção errônea, cada exemplo de conduta ilegal da polícia são tão alardeados que até os criminosos profissionais, mesmo aqueles que cometeram os atos mais horrorosos, devem aprioristicamente sentir que podem ter sido tratados com injustiça ou hipocrisia.

E a noção disseminada de que a desigualdade material é, em si, um símbolo de injustiça institucionalizada também ajuda a fomentar o crime.

Se a propriedade é um roubo, logo, o roubo é uma forma de justa retribuição. Isso leva ao desenvolvimento de um fenômeno extremamente curioso: o ladrão ético. Esse ladrão orgulha-se de roubar somente daqueles que, a seu ver, podem suportar a perda. Assim, vi muitos assaltantes dizerem, num ardor de satisfação pessoal, que não roubam idosos, crianças e pobres, pois isso seria errado.

— Na verdade, você só rouba pessoas como eu — disse a ele.

(Por acaso, a casa defronte da minha foi assaltada quatro vezes em dois anos.)

Eles concordam; e por mais estranho que pareça, esperam que eu aprove essa criminalidade contida. As coisas já chegaram a esse ponto.

1994

Adeus, Mundo Cruel

Uma das enfermarias do hospital onde trabalho é destinada aos pacientes que se envenenam deliberadamente por *overdose*. Tratamos cerca de 1.200 casos por ano, de modo que a cada dia de trabalho tenho a firme convicção de que até aquele momento já ouvi todas as tolices, todas as depravações, todas as fraquezas e toda a crueldade que os seres humanos têm a oferecer em forma de narrativa. A cada dia que passa, no entanto, minha fé na capacidade de os seres humanos arruinarem totalmente suas vidas é renovada: não foi à toa que Leon Tolstói escreveu no início de *Anna Karenina* que todas as famílias felizes se parecem entre si; as infelizes são infelizes cada uma à sua maneira. É claro que pode ser um exagero chamar os arranjos sociais em que vive a maioria de meus pacientes de famílias, mas, ainda assim, o argumento é válido. Sinceramente, as formas de miséria humana são infinitas.

Façamos um retrato panorâmico da enfermaria e examinemos o que pescamos no dia anterior nesse grande oceano de infelicidade que nos circunda.

Na primeira das seis camas está uma jovem, descendente das Índias Ocidentais, 21 anos, cabelos tingidos de laranja e unhas pintadas de amarelo brilhante. Diz-me que fora professora da escola de enfermagem, mas depois "caiu doente" de um mal cuja natureza seria indelicado perguntar, já que o produto, e não a precondição de receber auxílio-doença dos cofres públicos, é uma total fraude. Ela tem um tremendo olho roxo e um grande inchaço na testa. Conta que tomou uma *overdose* depois que o ex-namorado, de dezenove anos, a espancou.

— Por que ele fez isso? — perguntei.
— Telefonei para ele — respondeu. — Disse que não queria que eu lhe telefonasse nunca mais.
— Então ele voltou e bateu em você?
— É.
— Ele sempre bate em você?
— Não — disse —, normalmente, ele me dá uma cabeçada.

Na próxima cama está um homem de uns cinquenta anos, um ex-paciente de nossa enfermaria. Na época, tomara pílulas porque o irmão — seu melhor amigo e, praticamente, o único contato social confiável desde que se divorciara — havia falecido. Dessa vez, no entanto, a *overdose* foi causada por uma questão totalmente diferente.

— Uns ciganos estavam quebrando a minha janela, então peguei a arma e atirei num deles.
— Ele ficou ferido? — perguntei.
— Não, nada sério. Acho que machucou um pouco a perna. Atirei com balas caseiras, sabe, um pouco de pólvora e sucata de metal.
— A polícia apareceu?
— Não.

Após o acontecido, nenhuma das partes da transação estava muito desejosa de buscar a proteção ou a interferência da lei.

— Acho que agora você está com medo de voltar para o seu apartamento porque acha que eles virão atrás de você novamente e, dessa vez, não serão as janelas que irão quebrar, certo?
— Isso mesmo.

Consegui fazer com que fosse admitido no hospital psiquiátrico, o refúgio que escolheu.

Na próxima cama, temos uma garota esguia de quinze anos. Usa um batom vermelho vivo e roupas bem justas, enche-se de comida e depois vomita tudo. Já cortou os pulsos em diversas ocasiões. Tomou as pílulas anticoagulantes do padrasto, que precisa tomá-las, pois sofreu uma cirurgia cardíaca. É uma criança problemática e foi levada ao hospital pela mãe como se fosse um saco de batatas. O gesto suicida da filha a atrasara para o bingo. Fazendo beicinho e sempre à beira de um ataque de birra, a menina diz que não quer voltar para casa.

– Por causa da sua mãe e do seu padrasto? – perguntei.
– Não – diz ela.

Não quer voltar para casa porque fora estuprada há três meses em algum lugar do conjunto habitacional onde mora e, desde então, apareceram algumas pichações dizendo que ela gostara de ser estuprada e que é uma "piranha" (ou seja, uma menina de virtudes mais fáceis que a média, se levarmos em conta a idade, classe social, o nível educacional, etc.). Esse é um ponto de vista com o qual a mãe concorda plenamente, e por isso a paciente decidiu sair de casa e viver nas ruas, em vez de voltar para casa.

Ela também não quer ir para o abrigo municipal de menores, e não posso culpá-la. Diz querer ser descoberta por uma família do serviço de acolhimento familiar, mas a assistente social informou-me que não só é difícil arranjar uma família às pressas, mas que, uma vez que a família de acolhimento conheça seu histórico – as constantes faltas à escola, a bulimia, os pulsos cortados – não concordará em ficar com ela. A única solução possível seria viver com a tia (irmã da mãe), onde vivera antes e fora tão feliz que se comportara bem. A mãe, porém, exercendo seus direitos, para não dizer deveres, parentais, proibiu, de modo específico, que a filha vivesse lá exatamente porque, suponho, na tia, a filha se comportara bem. A mãe queria livrar-se dela tanto quanto ela queria livrar-se da mãe, mas a mãe também queria manter a ilusão de que esse desejo decorria unicamente do mau comportamento da filha. Para disfarçar sua parcela de culpa nessa situação e a indiferença que nutria pela própria prole, era imperioso que não fosse encontrado nenhum lugar que fosse tão agradável à filha a ponto de fazê-la melhorar de comportamento.

Surgiu um impasse. Assim, minha paciente era como a Rússia do antigo provérbio em que todos os caminhos levavam ao desastre.

Passemos à cama seguinte. Nela está um homem de uns trinta anos, compleição física forte e uma fisionomia maligna – uma combinação infeliz, segundo experiência própria. Tomou uma *overdose* das pílulas antidepressivas da mulher, e não é preciso ser um Sherlock Holmes para deduzir que ele é a razão da necessidade das pílulas. Tomou uma *overdose* após prendê-la contra a parede pelo pescoço, ao redor do qual, diz ele, ficaram agora equimoses "do tamanho de um chupão". Ela começou, diz ele, portanto, a culpa é dela; estava deixando-lhe com dor de ouvido de tanto falar sobre o fato de ele beber o dia inteiro.

– Eu não aguentava mais; então, saí de casa e ela não queria deixar que eu saísse. Daí, peguei-a pelo pescoço e empurrei contra a parede – mostrando-me, com gestos, como fez. – Todo mundo tem um limite, até você.

Disse-me que discutem constantemente. – Sobre o quê? – perguntei.

– Quando estava na prisão, ela teve um caso com um negro que batia nela, e fez um aborto.

– Quanto tempo você ficou na prisão? – perguntei.

– Três anos.

– Ficar preso por tanto tempo não ajuda o relacionamento – observei.

– É, mas não pedi pra ela se deitar e abrir as pernas, né?

– Então você está morando com ela?

– Ela é a mãe dos meus filhos; eles são a única coisa que já tive nesse mundo. Se ela os carregar para longe de mim, terei de voltar direto para o crime, porque não vai me restar mais nada. Vou atacar tão rápido as pessoas e a polícia que ninguém vai saber o que aconteceu. Para mim, não passam de baratas. E digo mais, muito em breve terei dinheiro no bolso, muito mais do que você já teve nesta vida.

Chamei atenção para o fato de a história indicar o contrário: ele já tinha passado dezesseis anos de sua vida na prisão.

– É, mas desta vez vou fazer algo grande; não tem por que pegar três ou cinco. – Seus olhos cintilavam, com o delirante brilho da mais pura psicopatia.

— Eu sou aquilo em que essa sociedade e esse governo me transformaram. Meu pai ferrou comigo ao me mandar para o reformatório quando eu era garoto, e tudo o que aprendi lá foi como cometer mais crimes. Bem, agora que eles têm o que querem, é melhor prestar atenção se forem tirar meus filhos de mim.

Não faz muito sentido continuar essa conversa, portanto, passemos para o próximo leito. Nele está uma mulher magra de 27 anos, originária das Índias Ocidentais, que bebeu meio vidro de metadona. Ela conseguiu com um amigo, que conseguiu com outro amigo (a pessoa para quem, na verdade, a substância foi receitada é como um ancestral distante, que somente um diligente genealogista poderia esperar descobrir). Tomou a metadona para ajudá-la a largar o *crack*, que já vinha usando muitas vezes ao dia, por dois anos. Vivia em casa com a mãe e a filha de nove anos.

— E o pai da sua filha? — perguntei delicadamente, como se estivesse investigando seu histórico de doença venérea.

— Não tenho mais nada com ele.

— Ele ajuda, de alguma maneira, a filha?

— Às vezes, ele a vê.

— Com que frequência?

— Quando tem vontade.

A paciente fora secretária numa firma de advocacia até um namorado apresentá-la ao *crack*.

— Você não precisava ter aceitado — disse a ela.

— Era de graça — respondeu.

— Quer dizer que se eu lhe desse cinquenta pílulas agora, sem cobrar nada, você as aceitaria?

— Aceitaria se visse você tomá-las e se elas dessem um "barato".

O *crack* gratuito não durou para sempre, é claro, e logo ela teve de pagar. E, por ter perdido o emprego, a única maneira de pagar foi aceitar o que o *New England Journal of Medicine* e o *The Lancet* agora chamam de "trabalho sexual".

Perguntei se atualmente ela tinha um namorado.
— Ele está na prisão.
— Por quê?
— Assalto. Vai sair em dois anos.

A mãe da moça, que toma conta de sua filha, chega à enfermaria. Tem uns cinquenta anos, veste um *tailleur* azul e um chapéu fora de moda com véu e luvas brancas. Como uma pessoa de muito respeito, dona de casa e membro da igreja que aos domingos fala em línguas, está profundamente aflita com a vida dissoluta de vícios da filha, embora faça um grande esforço para disfarçar tamanha e profunda angústia. Assim, enviamos a filha para um centro de reabilitação de drogados.

No último dos seis leitos da enfermaria está uma menina de dezoito anos olhando para o teto. Tomou sua *overdose*, diz-me, porque detesta a vida. De acordo com a minha experiência, contudo, pessoas que detestam a vida dificilmente se preocupam tanto com a própria aparência, donde deduzo que algo mais específico a está incomodando. Saiu de casa e foi viver com uma amiga. Tomou uma *overdose* após uma briga com o namorado, dez anos mais velho do que ela, um ex-soldado dispensado do exército de maneira desonrosa por fumar maconha. Há nove meses ela é sua namorada (por toda a sua vida semiadulta), e até agora ainda não foi morar com ele. Ele, no entanto, tem muitos ciúmes dela. Quer saber onde ela está a cada minuto do dia, e a acusa de infidelidade, vistoria suas coisas, checa suas atividades quando ela está ausente e examina a sua bolsa. Apesar de ainda não ter batido nela, por vezes ameaça. Agora ela tem pavor de ir a qualquer lugar sem ele, pois teme sua reação. Se saem juntos, ela nunca some de vista.

— Você sabe alguma coisa a respeito das ex-namoradas dele? – perguntei.

— Ele estava vivendo com uma delas, mas ela o deixou quando descobriu que ele estava saindo com outra.

— O que mais interessa o seu namorado, a não ser você? – perguntei.

— Na verdade, nada.

— E quais são os seus interesses? – perguntei de novo.

— Não me interesso por nada. – ela respondeu.

Ela detesta o emprego mal remunerado que não requer nenhuma habilidade específica – não que ela tenha alguma habilidade. Largou a escola assim que pôde, embora eu considere que ela tem uma inteligência acima da média. Em todo caso, ela nunca se esforçou por estudar porque isso não era socialmente aceito. Em suma, disse-lhe que sempre optara pelo menor esforço, e como advertira William Shakespeare, "de nada sairá nada".[1]

– O que devo fazer? – perguntou-me.

– O seu namorado a aprisionará – disse-lhe. – Ele dominará completamente a sua vida e, se você for viver com ele, ficará violento. Você passará muitos anos sendo maltratada e sofrendo abusos; por fim, você o deixará, mas não terá sido uma vítima. Ao contrário, terá sido coautora da própria desgraça, porque agora eu lhe disse o que você deve esperar desse relacionamento, da mesma maneira que seus pais e amigos a aconselharam.

– Mas eu o amo.

– Você tem dezoito anos. A lei diz que você é adulta. Você deve decidir. Aqui está meu número de telefone, ligue para mim se precisar de ajuda.

Nosso passeio pelos seis leitos terminou: nada incomum ou fora do comum hoje, na rede só pescamos uma média de patologia social, desconhecimento das realidades da vida e busca voluntária pela angústia. Amanhã é outro dia, mas a mesma maré de infelicidade baterá em nossas portas.

A atitude suicida – também conhecida como "parassuicídio" ou "maus tratos intencionais", esforço vão de encontrar um termo científico perfeito – é a causa mais comum de entradas nas emergências dos hospitais na Inglaterra entre mulheres e a segunda causa mais comum entre homens. Há mais de 120 mil casos por ano, e a Inglaterra ostenta um dos índices mais altos desse comportamento no mundo. O índice de suicídios completados, no entanto, é bastante baixo para os padrões internacionais. Não creio que isso indique uma queda geral comparativa na competência técnica dos ingleses (*Made in England*, afinal, não indica mais qualidade e

---

[1] William Shakespeare, *Rei Lear*. In: *Tragédias: Teatro Completo*. Trad. Carlos Alberto Nunes. Rio de Janeiro, Agir, 2008, ato I, cena I, p. 668, e ato I, cena 4, p. 676. (N.T.)

confiabilidade, mas o oposto): representa apenas que muitos daqueles que tentam o suicídio não pretendem morrer.

Nem sempre foi assim. A tentativa de suicídio desfrutou, se é que essa é a palavra, de um crescimento explosivo no final dos anos 1950 e início dos 1960. Até então, tentar o suicídio era considerado crime na Inglaterra, e continuava a ser um evento comparativamente raro. Algo mais que a descriminalização, no entanto, aconteceu, pois as comportas do autoenvenenamento também foram abertas para todo o mundo ocidental. Em poucos anos, a *overdose* se tornou tão tradicional quanto o Natal.

Suicídios e tentativas de suicídio chamaram a atenção de sociólogos, psicólogos e psiquiatras desde a publicação, em 1897, da grande obra de Émile Durkheim, *O Suicídio*. Hoje, cresce uma disciplina chamada Suicidologia. Grande parte dos trabalhos publicados por esses suicidologistas é matemática: os escritos são inundados de tabelas estatísticas densas que correlacionam um fator (taxa de desemprego, classe social, renda, e até mesmo fases da lua) com o ato suicida ou de tentativa de suicídio.

Não deveríamos esquecer que uma correlação não significa causa e efeito, o impacto global desse trabalho é sugerir que, somente se um número razoável de variáveis forem analisadas, somente se bastantes dados forem coletados e "analisados" com suficiente sofisticação, as "causas" do suicídio e da tentativa de suicídio poderão ser encontradas. A importância daquilo que se passa na cabeça dos seres humanos individuais é, dessa maneira, implicitamente negada em favor de grandes forças impessoais reveladas por regularidades estatísticas que, supostamente, determinam o comportamento das pessoas. Assim, a Suicidologia une-se a outros grandes movimentos intelectuais do século XX, como o Freudianismo, o Marxismo e, mais recentemente, a Sociobiologia, ao negar qualquer importância à consciência na conduta humana. Por esse prisma, o pensamento é irrelevante à ação; e, aprendendo vagamente as correntes intelectuais de seu tempo, as pessoas comuns, na verdade, começam a se perceber incapazes de influenciar o próprio comportamento. Muitos pacientes descreveram-me como tomaram as pílulas e, assim como Lutero ao postar as teses nas portas da catedral, não poderiam agir de outro modo.

As regularidades estatísticas, contudo, existem, e, se utilizadas com sensibilidade, podem fornecer certas pistas sobre o modo de pensar das pessoas. Por exemplo, o número de pacientes que ingressaram na nossa enfermaria diminuiu de modo arrebatador durante os primeiros dias da Guerra do Golfo e durante os campeonatos europeus de futebol. As pessoas estavam absortas, durante um período, em assuntos diferentes de si mesmas para pensar em suicídio – se bem que viam televisão. O tédio do ensimesmamento é, portanto, um dos promotores das atitudes suicidas, e ficar ligado por um tempo em um monitor cardíaco ou tomar uma infusão intravenosa pelo braço ajuda a aliviá-lo. Sou tratado, logo existo.

Padrões também são discerníveis no fluxo diário de uma ala hospitalar atarefada. Há, por exemplo, a *overdose* pré-comparecimento ao tribunal, cronometrada para evitar precisamente o comparecimento do sujeito no banco dos réus e calculada para evocar compaixão quando ele finalmente comparecer, ofertando, ao mesmo tempo, uma história psiquiátrica. Qualquer um com histórico psiquiátrico, provavelmente, não deve ser muito responsável pelas próprias ações e, por isso, pode esperar receber a correspondente redução de sentença.

Depois temos a *overdose* pré-emprego. Um número surpreendente de pessoas desempregadas que, por fim, encontram uma ocupação tomam uma *overdose* na noite da véspera do primeiro dia de trabalho. O não comparecimento na manhã seguinte os põe na rua antes mesmo de começarem, e assim ingressam, mais uma vez, nas fileiras de desempregados.

E então temos, novamente, as jovens indianas que tomam *overdoses* para evitar os casamentos arranjados ou a ira dos pais quando descobrem que, ao contrário do código de conduta da comunidade, suas filhas estão cortejando homens que elas mesmas escolheram, o que traz uma desonra inextirpável às famílias.

Os padrões e regularidades estatísticas, no entanto, por si sós, pouco nos informam, a menos que estejamos preparados para buscar seus significados e tal significado sempre é encontrado nas mentes dos homens e das mulheres.

Por que, então, tantas pessoas são levadas a tomar pílulas? Afinal, tomar uma dose maciça de pílulas sem pretender verdadeiramente morrer é algo estranho e específico da sociedade ocidental moderna ou da mentalidade ocidental. As pessoas não fazem isso no Senegal ou na Mongólia Exterior.

Um gesto direcionado à morte, mesmo sendo somente um gesto, ainda é um potente sinal de angústia. No entanto, em 90% dos casos (segundo minha experiência), a desgraça é autoinfligida ou, ao menos, é a consequência de não saber como viver. As emoções que circundam a maioria das *overdoses* são, ao mesmo tempo, intensas e superficiais.

Nos Estados de Bem-Estar Social modernos, a luta pela subsistência foi abolida. Na África, onde também trabalhei, o pobre tem de entrar numa batalha cruel para conseguir água, alimento, lenha e abrigo para passar o dia, mesmo nas cidades. A luta confere sentido às suas existências e um dia a mais vivido sem fome, digamos, em Kinshasa, é um tipo de vitória pessoal. Sobreviver lá é uma façanha e ocasião de comemoração.

Não é assim na minha cidade, onde a subsistência é mais ou menos garantida, independente da conduta. Por outro lado, existe um grande número de pessoas que são destituídas de ambição ou de interesses. Desse modo não têm nada a temer e nada por esperar, e se é que trabalham, são trabalhos que não oferecem quase nenhum estímulo. Sem a crença religiosa para dar um sentido exterior de transcendência à vida, não são capazes de conferir a si mesmas um sentido interior.

O que restou para essas pessoas? Entretenimento e relacionamentos pessoais.

Entretenimento, absorvido passivamente pela televisão e pelos filmes, comunica-lhes um mundo materialmente mais abundante e um estilo de vida mais glamoroso e, assim, alimenta o ressentimento. A sensação da própria insignificância e da incapacidade gera emoções poderosas – em especial, ciúme e um desejo intenso de dominar ou possuir alguém para sentir que têm o controle, ao menos, de algum aspecto da vida. É um mundo em que os homens dominam as mulheres para inflar os próprios egos e as mulheres querem ter filho "pois, ao menos, tenho algo meu" ou "tenho alguém para amar e alguém que me ama".

Relacionamentos pessoais nesse mundo são puramente instrumentais para atender às necessidades do momento. São fugazes e caleidoscópicos, apesar de proporcionalmente intensos. Afinal, nenhuma obrigação ou pressão – financeira, legal, social ou ética – mantém unidas tais pessoas. O único vínculo para os relacionamentos pessoais é a necessidade e o desejo do momento, e nada é mais forte, porém mais inconstante, que a necessidade e o desejo sem as amarras da obrigação.

Infelizmente, os caprichos de duas pessoas raras vezes coincidem. Assim, as vidas emocionais dessas pessoas – que, lembremos, têm pouquíssimas coisas que tragam conforto ou atraiam o interesse – estão repetidamente em crise. São as estrelas das próprias novelas. Uma *overdose* – com a certeza de que a ajuda está à mão – sempre é o meio mais fácil de aliviar as contínuas crises de suas vidas. O hospital é caloroso e acolhedor, a equipe, compreensiva. No mundo que descrevi, para onde mais podem recorrer? Na maioria das vezes os pais são hostis e os amigos estão no mesmo barco.

A maior parte dos que tomam *overdose* – nem todos, é claro – vivem um vazio existencial. São vozes que bradam de um abismo – um abismo criado, em grande parte, pela ideia, vendida por gerações de intelectuais, de que a segurança material e relacionamentos humanos sem nenhum tipo de amarras necessárias tornariam a humanidade livre, muito além dos sonhos das eras do passado incultas e menos afortunadas. Ser ou não ser? Os que optam pela *overdose* escolheram uma terceira via.

1997

Leitor, São Marido e Mulher... Infelizmente

Quando os multiculturalistas imaginam o futuro, suspeito que vislumbram algo como a gloriosa multiplicidade de restaurantes de todas as culinárias do mundo que agora podem ser encontrados na maioria das grandes cidades. Podemos comer no restaurante tailandês às segundas-feiras; no italiano às terças-feiras; no chinês às quartas-feiras; no húngaro às quintas-feiras, e assim por diante, sem nenhum esforço. Quem quer que já tenha suportado os rigores da culinária inglesa dará boas-vindas a essa particular evolução.

A visão multiculturalista da boa sociedade, no entanto, parece-me ser tão profunda e realista quanto a famosa descrição de Karl Marx de como seria a vida sob o regime comunista, uma vez que a sociedade não estaria mais dividida em classes concorrentes. Na sociedade comunista, escreveu Marx, ninguém teria uma esfera de atividades exclusiva; em vez disso, o homem poderia caçar pela manhã, pescar à tarde, à noite dedicar-se à criação de gado, criticar após o jantar, exatamente de acordo com a própria vontade, sem que jamais se "torne caçador, pescador, pastor ou crítico".[1] Sob o multiculturalismo, a pessoa pode

---

[1] Karl Marx e Friedrich Engels, *A Ideologia Alemã*. Trad. R. Enderle, N. Schneider e L. Martorano. São Paulo, Boitempo, 2007, p. 38. (N. T.)

voltar-se a Meca pela manhã, sacrificar uma galinha de tarde, e ir à missa de noite sem jamais tornar-se muçulmano, animista ou católico.

Como um médico que trabalha num bairro pobre com muitos imigrantes, vejo o multiculturalismo de baixo para cima e não do alto da teoria para baixo. É claro que, pelo que assisto quase todos os dias, nem todos os valores culturais são compatíveis ou podem ser conciliados pela enunciação de lugares-comuns. A ideia de que todos podemos viver bem juntos, sem a lei ter de distinguir favoravelmente um conjunto de valores culturais de outro, é mais do que simplesmente falsa, e não faz nenhum sentido.

Deixem-me dizer, de uma vez por todas, que acredito na imigração como um fenômeno saudável, especialmente para uma nação como a Grã--Bretanha que, caso contrário, seria insular e introversa. Em geral, os imigrantes são trabalhadores incansáveis, empreendedores, e enriquecem a vida cultural – isto é, desde que não lhes deem a distinção social de vítima *ex officio* e a cultura deles não seja do mesmo tipo de patrocínio condescendente com que o Estado Soviético tratava as minorias.

Um grande número de imigrantes, de fato, consegue viver muito bem em duas culturas ao mesmo tempo: não porque alguém lhes diz para agir assim, mas porque querem e porque precisam.

Apesar de tais sucessos, contudo, muitas vezes surgem conflitos entre indivíduos e grupos por causa de padrões culturais, crenças e expectativas diferentes. Para nós, esses conflitos podem ser resolvidos ao apelarmos para o princípio superior, profundamente arraigado na lei, de que os indivíduos têm direito (dentro de limites definidos) de escolher como viver. Essa noção ocidental de individualismo e tolerância não é, de modo algum, vista da mesma maneira em todas as culturas.

Sou procurado por um grande número de moças jovens, cujos pais vieram da Índia ou do Paquistão para a Inglaterra, mas permaneceram profundamente arraigados aos valores que vigoravam nas aldeias remotas de onde emigraram há vinte ou trinta anos. Até mesmo é possível que, não obstante o espírito empreendedor que os fez sair da terra natal, sejam, culturalmente, ainda mais conservadores que os compatriotas que permaneceram no país de origem, visto que migrar meio mundo é muito estressante e desorientador. Dessa maneira, os costumes antigos tornam-se para alguns imigrantes o que bichinhos de pelúcia são para as crianças no escuro – uma fonte de grande conforto.

Seja como for, as filhas desses imigrantes, por terem crescido em um meio cultural diferente, não aceitam mais os costumes aos quais os pais se aferram com tanta tenacidade e que lhes parecem tão inquestionavelmente corretos e naturais. O conflito normalmente gira em torno de assuntos como estudo, carreira e amor.

Uma jovem muçulmana de dezesseis anos foi-me encaminhada porque tinha começado a urinar na cama à noite. Estava acompanhada do pai, um operário sem maiores qualificações de origem paquistanesa, e belamente vestida em cetins e sedas, com os tornozelos e pulsos cobertos de pulseiras e braceletes de ouro. O pai relutava em deixar que ela falasse comigo sozinha, mas por insistência minha, por fim, permitiu.

De imediato, percebi que a jovem era muito inteligente e profundamente infeliz. Por conta da minha experiência em casos como esse, não demorou muito para que descobrisse a fonte de sua infelicidade.

O pai decidira que ela tinha de casar dentro de alguns meses com um homem – um primo – de quem ela nada sabia. A moça, por outro lado, desejava continuar a estudar para ingressar no curso de Literatura Inglesa na Universidade e, depois, tornar-se jornalista. Conquanto ela se controlasse bem – nas circunstâncias, heroicamente – não havia dúvida da intensidade passional de seus desejos e do desespero. O pai, no entanto, nada sabia a respeito disso porque se soubesse, provavelmente, a trancaria em casa e a proibiria de sair, salvo sob a rigorosa vigilância de um acompanhante. No entender do pai, instrução, carreira e a escolha do marido não eram assunto para moças.

A jovem assistia ao desenrolar sem fim da vida futura diante de si; via-se casada com um homem que não amava, realizando tarefas domésticas ingratas não só para ele, mas para os sogros, que, segundo o costume, viveriam com o casal, ao passo que ela permaneceria sonhando com um mundo muito maior que tão breve e tentadoramente vislumbrou na escola.

Entrevistei o pai também, sozinho. Perguntei o que ele achava estar errado com a filha.

— Nada – respondeu. – Ela é uma moça normal e feliz. Só está urinando na cama.

Não havia nada que pudesse fazer, a não ser prescrever uma medicação. Caso tentasse interferir, certamente precipitaria nele uma reação extrema. Os temores da moça de ser trancafiada em casa não eram, de modo algum, exagerados ou absurdos. Vi muitos casos de moças, como ela, aprisionadas em casa, às vezes por anos, pelos pais; existe até uma unidade especial da polícia local dedicada a resgatá-las, uma vez que recebam a informação de que as jovens são mantidas em casa contra a vontade.

Não que fugir da casa dos pais seja, necessariamente, uma resposta para uma jovem nessa situação, por vários motivos. Primeiro, os sentimentos dela com relação aos pais, provavelmente, são muito ambivalentes: laços familiares são extremamente fortes e não se rompem facilmente. As filhas amam e respeitam os pais, aos quais normalmente honram e obedecem, mesmo que estes lhas imponham um futuro que só causará o maior e mais indizível tormento. Os pais não são negligentes e incompetentes, como os da subclasse branca: de acordo com suas luzes, são altamente preocupados com aquilo que consideram o bem das filhas.

Além disso, a "comunidade" condenará a moça que sair de casa e a enxergará, literalmente, como uma prostituta. Visto que tais moças não estão plenamente integradas no restante da sociedade britânica e, até o momento, viveram vidas resguardadas, elas não têm para onde ir ou quem quer que as ampare.

Na escala de valores dos pais, o respeito da comunidade está acima da felicidade individual da prole e, de fato, é precondição. A necessidade de respeito estimula certo padrão de conduta, mas este fia-se no filho cumprir as obrigações impostas pelos pais, sem opor resistência. Assim, uma vez que um casamento tenha sido arranjado, é indissolúvel – ao menos, por parte da mulher. Conheço mulheres jovens que são tratadas de modo bruto e impiedoso pelos maridos, mas cujos pais recomendam que suportem os maus-tratos, em vez de trazer vergonha para toda a família ao separar-se do marido.

Uma jovem paciente minha tentou se enforcar. Tinha passado por um casamento arranjado, mas, na noite de núpcias, o marido chegara à conclusão, sem dúvida equivocada, de que a moça não era mais virgem e administrou-lhe uma severa surra, que o restante da família, naturalmente, aprovou. Daí em diante, trancou-a em casa, constantemente a surrava e a queimava com isqueiro. Ela conseguiu fugir, embora o marido tivesse dito, antes, que se algum dia a pegasse tentando fugir ou depois que fugisse, ele a mataria, para que ela pagasse na mesma moeda a humilhação que ela o fizera passar na comunidade. A jovem voltou para a casa da mãe que, horrorizada pelo comportamento da filha, disse que a moça devia imediatamente voltar para o marido (mesmo que ele fosse assassiná-la) para preservar o bom nome da família. Suas outras filhas não conseguiriam mais se casar, caso a comunidade ficasse sabendo que esse era o tipo de conduta a que a família estava propensa. Se a minha paciente não voltasse para o marido, ela – sua mãe – iria cometer suicídio. Dividida entre a ameaça de suicídio da mãe e a perspectiva de ser assassinada pelo marido, ela escolheu a forca.

Na cidade, no meu quarteirão, existe uma agência de detetives especializada em localizar moças imigrantes que fugiram dos maridos ou dos pais. Uma vez encontradas, provavelmente serão sequestradas por parentes ou por um membro do comitê de vigilância da localidade – uma experiência que várias de minhas pacientes já viveram. É espantoso como as pessoas, hoje em dia, não reagem ao ver uma pessoa ser arrancada à força de um local e jogada dentro de um carro – ninguém quer se envolver nos problemas dos outros. E a polícia, em geral, é menos diligente nas investigações de tais casos por medo de ser criticada como racista.

Com frequência encontro jovens cujos pais, em flagrante desrespeito à lei, proíbem as filhas de frequentarem a escola. Os pais recorrem a uma variedade de subterfúgios para proteger as filhas da contaminação das ideias ocidentais. Médicos complacentes, do mesmo grupo étnico e cultural, e que partilham dos mesmos interesses dos pais, dão atestados médicos para doenças fictícias, seja para a criança seja para a mãe da criança, que exigem a presença da criança em casa. Outra técnica é mandar a menina para a escola apenas uma semana por mês, para manter os inspetores escolares afastados. Estes, também, agem cautelosamente, com medo das acusações de preconceito racial.

Uma paciente foi, desse modo, mantida fora da escola após os onze anos de idade por medo de contaminação pelas ideias ocidentais.

Foi enviada para a Índia e lá ficou durante meses, para que a escola não descobrisse seu paradeiro. Graças à sua inteligência natural muito superior e às leituras clandestinas pelas quais era apaixonada, a jovem agora está (aos 28 anos) contemplando a possibilidade de ingressar na universidade para estudar Direito. O restante de sua história, todavia, é instrutiva e não difere do que sempre ouço.

Aos quinze anos fora levada novamente para a Índia, dessa vez na companhia dos pais e de um menino de dezesseis anos, que até então havia sido criado como seu "irmão", na mesma casa. Quando chegaram na aldeia natal de seus pais, em Gujurat, contaram para ela que o "irmão" era, na verdade, seu primo-irmão e que se casaria com ele no dia seguinte. A jovem disse que não faria isso, e em seguida o pai a espancou. Ela ainda tem as cicatrizes dessa surra e seu rosto ficou um tanto assimétrico no lugar em que o maxilar foi fraturado. Continuou contra o casamento até o pai ameaçar divorciar-se da mãe e lançá-la nas ruas aos 45 anos, a menos que a filha consentisse em casar. A ameaça do pai não era vã.

Leitor, ela se casou; mas não somente isso, os parentes queriam a garantia de que o casamento se consumara. Visto que o feliz casal fora criado como irmão e irmã, a consumação parecia-lhes incesto, mas os parentes não aceitariam um não como resposta e os trancaram juntos num quarto por duas semanas. Colocaram um gravador embaixo da cama para garantir que fora feita a justiça. Quando descobriram que nada ocorrera entre eles, ameaçaram agir com violência; depois disso veio o final feliz, e ela ficou grávida.

A jovem viveu com o marido por doze anos após voltarem à Inglaterra, e nunca o amou como marido, mas temia deixá-lo por medo da reação do pai. O marido, por sua vez, nunca amou a mulher, mas temia deixá-la por medo da reação dos próprios parentes. No final das contas, separaram-se, mas mantiveram a ficção de que ainda viviam juntos, ficção cuja verossimilhança foi mantida graças a um grande esforço e criatividade – um verdadeiro desperdício de talento por vergonha da desonra.

Uma das presunções do multiculturalismo é não tolerar o que é supostamente a solução soberana, vista como uma característica apenas da sociedade anfitriã. Na imaginação empobrecida dos multiculturalistas, todos os que não pertencem, por nascimento, à cultura predominante estão empenhados numa luta conjunta contra a hegemonia opressiva e ilegítima.

A realidade, segundo minha experiência, é um tanto diferente. Por exemplo, a relação entre imigrantes do subcontinente indiano e da Jamaica, ao menos na minha cidade, muitas vezes está longe de ser amigável, e a hostilidade é extensiva às gerações nascidas na Inglaterra. As famílias hindus quase sempre ficam consternadas (para usar um termo gentil) quando as filhas escolhem por amante um jamaicano. Sei de duas que foram mortas por parentes próximos para redimir a honra da família aos olhos da comunidade. A primeira, enforcada em casa; a segunda, levada de volta para o Paquistão, onde foi espancada até a morte, e a polícia local considerou isso o procedimento correto, dadas as circunstâncias.

A tolerância religiosa não é um valor universalmente admirado. Não só ela não é imitada ou praticada, assim como o ceticismo polido, ou seja, a indicação de uma absoluta falta de fé, é visto por muitos como anátema. As relações entre hindus *sikhs* e os hindus muçulmanos, por exemplo, são particularmente tensas, e dificilmente há desastre maior numa família – aos olhos das respectivas comunidades – que um de seus jovens se apaixone por outro de religião diversa. As emoções telúricas suscitadas por tais relações muitas vezes acabam em violência. É difícil uma semana em que não tome conhecimento de um caso trágico ou terrível.

Uma moça *sikh* simpática e inteligente, de dezoito anos, a pedido da família, foi fazer companhia à avó idosa, levando-a para casa de táxi, para retornar, depois, no mesmo carro. A companhia de táxi era gerenciada por *sikhs*, que não só trabalhavam transportando público em geral, mas também atuavam como vigilantes e guardiões da honra da comunidade. O motorista em questão relatou ao irmão da moça ao deixá-la em casa que, durante a viagem de volta, ao passarem por um bairro de maioria muçulmana, ela acenara para um rapaz muçulmano. O irmão, temendo o pior, chamou-a ao seu quarto e perguntou se a jovem, de fato, fizera aquilo. A moça negou, mas ele não acreditou na irmã. Pegou o bastão de beisebol (um esporte que praticamente não é praticado na Inglaterra, mas muitos bastões são vendidos como armas e detectores de mentira) e tentou extorquir o que achava ser a verdade. Mais tarde, a moça apareceu no meu hospital com uma severa fratura no crânio; todavia, continuou dizendo à polícia que fora abordada na porta de casa por pessoa ou pessoas desconhecidas.

Um rapaz sikh começou um namoro com uma moça muçulmana. Era um rapaz extrovertido, bom aluno e excelente atleta que representava a escola e a cidade em vários esportes diferentes. Costumava encontrar a namorada, clandestinamente, no apartamento de um rapaz muçulmano amigo – ou alguém que ele considerava amigo. O amigo, contudo, telefonou para os irmãos da moça e perguntou por quanto tempo deixariam a família ser desonrada.

Quando estava a caminho de seu emprego noturno, o rapaz sikh foi atacado pelos irmãos da moça, armados com facões. Derrubaram-no e ameaçaram, na próxima vez, cortar-lhe a garganta. Depois retalharam, repetidas vezes, os dois braços do rapaz. Isso aconteceu a uns cem metros da entrada principal do hospital em que trabalho. O jovem teve uma fratura exposta no úmero e muitos dos tendões foram cortados, de modo que nunca mais recuperará plenamente o uso das mãos e dos braços.

Os três irmãos foram detidos e julgados. Infelizmente, foram-lhes concedidas fianças, e quando ficou claro que o veredito do julgamento certamente seria a culpabilidade, eles não compareceram ao tribunal, foram julgados à revelia e condenados a um longo período na prisão. Meu paciente foi esconder-se numa cidade a uns 650 km daqui, temia deixar o apartamento e sempre dormia com uma faca embaixo do travesseiro. Recebera informação de fonte confiável de que os três irmãos ainda o procuravam e que iam matá-lo, caso o encontrassem. Talvez o aspecto mais alarmante da história seja que os três irmãos não foram vistos como delinquentes pelos demais membros da comunidade, mas como pessoas que se portaram de maneira decente e honrada. Desobedeceram à lei para praticar a vingança, com risco de prisão, somente pela honra: eram rapazes corajosos dos quais deveriam se orgulhar.

É claro que minha ocupação põe-me em contato com as fases mais dramáticas da intolerância entre castas, religiões e culturas, mas poderia contar muitas outras histórias, com protagonistas que conhecem vários casos semelhantes que desconheço. Assim, o que vejo é a ponta do *iceberg*, e não – para mudar a metáfora – os últimos sobreviventes de uma rara espécie em extinção.

Não estou, de maneira alguma, chegando à conclusão de que as culturas desses pacientes não possuem méritos, de que não há nada que possamos aprender com elas (por exemplo, sobre o papel da solidariedade familiar ao possibilitar que muitas crianças, que vivem em condições fisicamente pobres, consigam frequentar a escola), ou mesmo de que não há nada que possa ser dito em favor da escala de valores que defendem. Quando falo com pais que acreditam nessas escalas de valores, muitas vezes falam com bastante eloquência e inteligência a respeito da devastação social que veem ao redor, na subclasse dos brancos, para os quais os relacionamentos humanos são mutáveis como caleidoscópios, e cujas vidas são construídas sobre as areias mais movediças. Compreendo perfeitamente que aquilo que veem somente reforça a decisão de viver segundo as próprias crenças, e o que não desejam é ver suas crianças se transformando naquela subclasse.

Não obstante, persiste o fato doloroso e inescapável de que muitos aspectos das culturas que tentam preservar são incompatíveis, não só com os costumes de uma democracia liberal, mas com seus fundamentos jurídicos e filosóficos. Não há demonstração de preocupação ou eufemismos suficientes que possam alterar esse fato. Permitir que certos grupos se recusem a enviar as filhas para a escola, com o fundamento de que não faz parte da cultura deles, é dar a tais grupos uma espécie de direito corporativo que, inevitavelmente, resultará em uma guerra civil crônica com todo e qualquer grupo que reivindique tais direitos. Os indivíduos também terão de renunciar por completo às liberdades acreditadas pela democracia liberal ocidental.

A ideia de que é possível fundamentar uma sociedade sem nenhum pressuposto cultural ou filosófico, ou alternativamente que todos os pressupostos sejam tidos como iguais de modo que não se faça nenhuma escolha, é absurda. Os imigrantes enriquecem – e enriqueceram – nossa cultura, mas o fazem por adição, e não por subtração ou divisão.

1995

Um Amor de Valentão

Semana passada, uma moça de dezessete anos foi admitida na minha enfermaria completamente embriagada, tão mal que quase não podia respirar sozinha, já que o álcool causa depressão respiratória. Quando finalmente acordou, doze horas depois, contou-me que era grande consumidora de álcool desde os doze anos.

Havia parado de beber por quatro meses, antes de dar entrada no hospital, disse, mas voltara à bebida por causa de uma crise. Seu namorado, de dezesseis anos, acabara de ser condenado a três anos de detenção por uma série de invasões de domicílio e assaltos. Ele era o que ela chamou de "terceiro relacionamento sério" – os dois primeiros duraram quatro e seis semanas, respectivamente. Após quatro meses de vida com esse jovem assaltante, no entanto, a perspectiva da separação era demasiado dolorosa, e isso a fez retornar à bebida.

Acontece que eu também conhecia sua mãe, uma alcoólatra crônica com predileção por namorados violentos; o último fora apunhalado no coração, poucas semanas antes, numa briga de bar. Os cirurgiões do hospital salvaram-lhe a vida; e para celebrar a recuperação e a alta, ele foi direto para casa, bêbado, e espancou a mãe da minha paciente.

Minha paciente era inteligente, mas tinha pouca cultura, como só o sistema educacional britânico pode produzir após onze anos de frequência escolar compulsória. Achava que a Segunda Guerra Mundial acontecera na década de 1970 e não conseguiu acertar nenhuma data histórica.

Perguntei se ela achava que um jovem assaltante violento era realmente um bom companheiro. Ela admitiu que o rapaz não era bom, mas era do tipo físico que ela gostava; além disso – em ligeira contradição – todos os rapazes são iguais.

Adverti, da maneira mais clara que pude, que ela já estava muito abaixo na ladeira rumo à pobreza e miséria – e, como aprendi pela experiência com incontáveis pacientes, ela logo teria uma sucessão de namorados violentos, possessivos e exploradores, a menos que mudasse de vida. Disse-lhe que, nos últimos dias, tinha visto duas pacientes cujas cabeças foram arrebentadas no banheiro, uma outra paciente que teve a cabeça esmagada contra a janela e a garganta cortada por um caco de vidro; outra que teve o braço, maxilar e crânio fraturados; e ainda uma que fora suspensa pelos tornozelos do lado de fora da janela do décimo andar de um prédio ao som de "Morra, vagabunda!".

– Sei tomar conta de mim – disse-me a moça de dezessete anos.

– Mas os homens são mais fortes que as mulheres – disse. – Quando se trata de violência, eles estão na vantagem.

– Você está sendo muito sexista – respondeu.

Uma moça que não absorvera nada na escola tinha, contudo, assimilado o jargão do politicamente correto e, em particular, do feminismo.

– Mas é um fato simples, direto e inescapável – respondi.

– É sexista – a garota reiterou com firmeza.

Uma recusa obstinada em enfrentar fatos inconvenientes, não importando quão óbvios sejam, impregna nossa atitude acerca da relação entre os sexos. Um filtro ideológico que toma desejos por realidade retém tudo o que preferimos não reconhecer a respeito dessas relações difíceis e controversas, com resultados previsivelmente catastróficos.

Deparo-me com tal recusa em todos os lugares, mesmo entre as enfermeiras da minha ala. Esse grupo de pessoas inteligentes e capazes, decentes e dedicadas, no quesito julgamento de caráter, parecem, total e quase deliberadamente, incompetentes.

Na enfermaria de Toxicologia, por exemplo, 98% dos 1.300 pacientes que atendemos a cada ano tentaram suicídio por *overdose*. Um pouco mais da metade são homens, e ao menos 70% deles recentemente cometeram algum ato de violência doméstica. Após esfaquear, estrangular ou apenas bater naquelas que agora aparecem nos registros médicos como companheiras, tomam uma *overdose* ao menos por um desses três motivos, e às vezes, pelos três: para evitar comparecer ao tribunal; para chantagear emocionalmente suas vítimas; e para mostrar que sua violência é uma circunstância médica, sendo dever do médico curá-la. Das pacientes femininas que tentam suicídio, uns 70% sofreram violência doméstica.

Dadas as circunstâncias, não é de surpreender que agora possa afirmar, num simples relance – com um bom grau de precisão –, que um homem é violento para com os que considera importantes (isso não significa, é claro, que possa dizer quando um homem *não é* violento com sua companheira). Na verdade, os indícios não são particularmente sutis. Uma cabeça bem raspada com muitas cicatrizes, fruto de pancadas com garrafas ou copos; nariz quebrado; tatuagens azuladas nas mãos, braços e pescoço, com mensagens de amor, ódio ou protesto, mas, sobretudo, uma expressão facial de malignidade concentrada, egoísmo indignado e desconfiança feral – tudo isso para não mostrar logo o jogo. De fato, não analiso mais os indícios e deduzo a conclusão: a propensão de um homem para a violência é imediatamente identificável no rosto e no comportamento, assim como qualquer outro traço de caráter.

O que mais me surpreende, no entanto, é que as enfermeiras percebem as coisas de maneira diferente. Não veem a violência no rosto, nos gestos, na conduta e nos adornos corporais do sujeito, muito embora tenham a mesma experiência que tenho com os pacientes, ouçam quase as mesmas histórias, vejam os mesmos sinais, entretanto, não fazem os mesmos juízos. E mais ainda, parecem nunca aprender. A experiência – como a sorte, no famoso dito de Louis Pasteur – só favorece os espíritos preparados. E quando, num olhar rápido, adivinho que um homem é um inveterado espancador de esposas (utilizo o termo "esposa" bem livremente), elas ficam estarrecidas com a brusquidão de meu julgamento, até, mais uma vez, eu provar estar certo.

Isso não é só uma questão de mero interesse teórico para as enfermeiras, muitas delas, nas vidas privadas, são vítimas complacentes de homens violentos. Por exemplo, o namorado de uma de minhas enfermeiras sênior, uma jovem atraente e alegre, recentemente a manteve sob a mira de um revólver e a ameaçou de morte, após tê-la deixado, nos meses anteriores, várias vezes com o olho roxo. Encontrei com ele uma vez, quando foi procurar por ela no hospital: era exatamente o tipo de jovem egoísta e feroz, de quem manteria distância em plena luz do dia.

Por que as enfermeiras relutam tanto em chegar às conclusões inevitáveis? O treinamento que recebem diz, acertadamente, que o dever é cuidar de todos sem levar em conta méritos ou deméritos; mas para elas, não há diferença entre suspender o juízo para determinados propósitos e não fazer nenhum juízo em hipótese alguma. É como se temessem muito mais dar um veredito negativo a respeito de uma pessoa do que tomar um soco no rosto – a consequência bastante provável, incidentalmente, é o erro de discernimento. Já que dificilmente é possível reconhecer um homem que bate na mulher sem condená-lo intimamente, assim, não é seguro reconhecê-lo quando ela o vê pela primeira vez.

Esse erro de reconhecimento é quase universal entre minhas pacientes violentamente maltratadas, mas, nelas, essa função difere um tanto das enfermeiras. As enfermeiras precisam manter certo apreço pelos pacientes para que consigam realizar suas funções; no entanto, nas vítimas de violência, a falha em perceber antecipadamente a violência do homem que escolhem serve para absolvê-las de todas a responsabilidade pelo que acontece depois disso, permitindo-lhes pensar que são apenas vítimas, e não vítimas e cúmplices, como o são. Ademais, isso dá ocasião para que consintam em obedecer os impulsos e caprichos, dá-lhes liberdade para supor que a atração sexual é a medida de todas as coisas, e que a prudência na escolha de um companheiro masculino não é possível ou desejável.

Por diversas vezes a imprudência dessas mulheres seria digna de riso, não fosse trágica: amiúde, na minha ala hospitalar, vi surgirem relacionamentos entre uma mulher vítima de violência e um paciente masculino que maltrata mulheres, meia hora após se conhecerem; logo, posso vaticinar a respeito da relação – e profetizar que certamente terminará em violência, assim como o sol nascerá novamente amanhã.

No início, as pacientes negam que a violência dos parceiros fosse previsível. Quando pergunto, no entanto, se elas acham que eu teria percebido antecipadamente, a grande maioria – nove entre dez – respondem que sim, claro. E quando pergunto como elas pensam que eu conseguiria perceber, enumeram precisamente os fatores que me levariam àquela conclusão; portanto, a cegueira é intencional.

A desatenção desastrosa atual a respeito de questões tão sérias como o relacionamento entre sexos, certamente, é algo novo na história: mesmo há trinta anos, as pessoas demonstravam uma circunspecção muito maior do que hoje em dia para começar um relacionamento. A mudança representa, é claro, o cumprimento da revolução sexual. Os profetas dessa revolução desejavam esvaziar do relacionamento entre os sexos todo o significado moral e destruir os costumes e as instituições que o regiam. O entomologista Alfred Kinsey reagiu à própria criação repressora e puritana ao concluir que todas as formas de repressão sexual eram injustificadas e psicologicamente prejudiciais. O romancista Norman Mailer, levando os estereótipos raciais tão a sério quanto qualquer membro da Ku Klux Klan, viu na sexualidade supostamente desinibida dos negros a esperança do mundo para uma vida mais abundante e rica. O antropólogo social de Cambridge, Edmund Leach, informou ao público pensante britânico, pelo rádio, que a família nuclear era a responsável por todo o descontentamento humano (isso no século de Adolf Hitler e Josef Stalin!); o psiquiatra R. D. Laing culpou a estrutura familiar por sérias doenças mentais. De modos diferentes, Norman O. Brown, Paul Goodman, Herbert Marcuse e Wilhelm Reich entraram na campanha para convencer o mundo ocidental de que a sexualidade sem entraves era o segredo da felicidade e que a repressão sexual, juntamente com a vida familiar burguesa que outrora limitava e direcionava a sexualidade, não eram nada além de mecanismos da patologia.

Todos esses entusiastas acreditavam que, se as relações sexuais pudessem ser libertadas das inibições sociais artificiais e das restrições legais, algo belo surgiria: uma vida em que nenhum desejo precisaria ser frustrado, uma vida em que a mesquinhez humana derreteria como a neve na primavera. O conflito e a desigualdade entre os sexos desapareceriam, porque todos teriam aquilo que ele ou ela quisessem, quando ele ou ela quisessem. Os motivos das emoções burguesas triviais, como ciúme e inveja, desapareceriam: num mundo de perfeita satisfação, cada pessoa seria tão feliz quanto a outra.

O programa dos revolucionários sexuais foi mais ou menos executado, especialmente nas classes mais baixas da sociedade, no entanto, os resultados foram imensamente diferentes do que fora previsto de maneira tão estúpida. A revolução foi a pique na rocha da realidade inconfessa: de que as mulheres são mais vulneráveis à violência que os homens exclusivamente em virtude da biologia, e que o desejo da posse sexual exclusiva do parceiro continuou tão forte quanto antes. Esse desejo é incompatível, é claro, com o desejo igualmente poderoso – eterno nos sentimentos humanos, mas até agora controlado por inibições sociais e legais – de total liberdade sexual. Por conta dessas realidades biológicas e psicológicas, os frutos da revolução sexual não foram o admirável mundo novo de felicidade humana, mas, ao contrário, um enorme aumento da violência entre os sexos por razões prontamente compreensíveis.

É claro, mesmo antes de qualquer explicação, a realidade desse aumento é refutada pela negativa raivosa daqueles que possuem interesses ideológicos escusos e pretendem dissimular os resultados das mudanças que ajudaram a implementar e saúdam entusiasticamente. Utilizarão o tipo de ofuscação que os criminologistas progressistas há muito empregam para convencer-nos de que o medo do crime, e não o próprio crime, aumentou. Dirão (acertadamente) que a violência entre homem e mulher sempre existiu em todas as épocas e lugares, mas nossa postura diante disso mudou (talvez, também corretamente), de modo que os maus-tratos são relatados com maior frequência do que antes.

Ainda assim, continua a ser verdadeiro o fato de um hospital, como o em que trabalho, ter experimentado nas últimas duas décadas um aumento enorme no número de maus-tratos à mulher, a maioria dos casos resultado da violência doméstica e muitos do tipo que sempre requer cuidados médicos. O aumento é real, não um artefato produzido pela denúncia. Uma entre cinco mulheres, dos dezesseis aos cinquenta anos, que vivem na área atendida pelo meu hospital, dão entrada no setor de emergência durante o ano em decorrência dos ferimentos sofridos durante uma briga com o namorado ou marido; e não há motivo para supor que meu hospital seja diferente de qualquer outro hospital local, que junto com o meu oferecem atendimento médico a metade da população da cidade. Nos últimos cinco anos tratei de, pelo menos, uns dois mil homens que foram violentos com suas mulheres, namoradas, amantes e concubinas. Parece-me que tamanha violência, em tão grande escala, não poderia ter sido facilmente negligenciada em épocas anteriores – mesmo por mim.

Existe uma excelente razão por que esse tipo de violência deve ter aumentado durante a nova dispensação sexual. Se as pessoas procuram liberdade sexual para si mesmas, mas fidelidade sexual da outra parte, o resultado é a excitação do ciúme, pois é natural supor que aquilo que um faz, está sendo feito da mesma maneira pelo outro – e o ciúme é o precipitador mais frequente da violência entre os sexos.

O ciúme sempre foi uma característica das relações entre homens e mulheres: a peça *Otelo*, escrita por William Shakespeare há quatro séculos, ainda é instantaneamente compreensível. Encontro ao menos uns cinco Otelos e umas cinco Desdêmonas por semana, e isso é algo novo, caso os livros de psiquiatria impressos há poucos anos estejam certos ao afirmar que o ciúme de tipo obsessivo é um caso raro. Longe de ser raro, hoje em dia é quase a norma, em especial entre os homens da subclasse, cujo senso frágil de autoestima deriva unicamente da posse de uma mulher e está sempre se equilibrando à beira da perspectiva humilhante de perder seu esteio na vida.

A crença na inevitabilidade do ciúme masculino é uma das principais razões de as minhas pacientes violentamente maltratadas não deixarem os homens que as maltratam. Essas mulheres experimentaram, sucessivamente, uns três ou quatro homens desse tipo, e quase não faz sentido trocar um pelo outro. Os maus-tratos conhecidos são melhores que os desconhecidos. Quando pergunto se elas não estariam melhor sem nenhum homem do que com um algoz masculino, elas respondem que uma mulher solteira na vizinhança é vista como presa fácil para todos os homens, e, sem o protetor nomeado por ela mesma, ainda que violento, sofreria mais violência, e não menos.

O ciúme masculino – e a paixão é mais comum nos homens, apesar de as mulheres, por sua vez, estarem quase alcançando os homens e se tornando violentas – é a projeção, na mulher, do próprio comportamento. A grande maioria dos homens ciumentos que encontrei são extremamente infiéis ao objeto da suposta afeição, e alguns mantêm outras mulheres na mesma submissão ciumenta em outra parte da cidade e até a uns 150 km de distância. Não têm escrúpulos em imaginar, saber, ver ou estar com a mulher de outros homens e, na verdade, têm prazer em fazê-lo como um meio de inflar os próprios egos frágeis. O resultado é que imaginam todos os outros homens como rivais: pois a rivalidade é um relacionamento recíproco.

Assim, uma simples olhadela num bar dirigida à namorada de um homem desses é o suficiente para começar uma briga, não só entre a moça e o amante, mas, mesmo antes disso, entre os dois homens. Graves crimes de violência continuam a aumentar na Inglaterra, muitos deles ocasionados por ciúme sexual. *Cherchez la femme*[1] nunca foi um indicador seguro para explicar uma tentativa de assassinato como nos parece, hoje em dia; e a natureza extremamente instável das relações entre os sexos é o que o torna um preceito tão sólido.

A violência do homem ciumento, no entanto, nem sempre é ocasionada pelo suposto interesse da companheira por outro homem. Ao contrário, tem função profilática e ajuda a manter a mulher totalmente submissa a ele, até o dia em que ela decidir deixá-lo: pois o ponto central da vida dessa mulher é evitar a cólera furiosa. Evitar, todavia, é impossível, já que é a própria arbitrariedade da violência que a mantém submissa. Assim, quando escuto de uma paciente que o homem com quem vive a espancou severamente por um motivo banal – por ter servido batatas assadas quando ele as queria cozidas, por exemplo, ou por ter deixado de espanar o pó de cima da televisão – imediatamente sei que o homem é obsessivamente ciumento, pois o homem ciumento deseja ocupar todos os pensamentos da mulher, e não há método mais eficiente de conseguir isso do que esse terrorismo arbitrário. Desse ponto de vista, quanto mais arbitrária e

---

[1] Literalmente, "Procurar a mulher". A expressão, utilizada pela primeira vez por Alexandre Dumas, em 1854, é empregada nas histórias de detetive no sentido de sempre buscar encontrar a mulher, pois nela encontra-se a raiz do problema. (N. T.)

completamente desproporcional a violência, mais funcional ela é. De fato, muitas vezes ele estabelece condições impossíveis de a mulher cumprir – que a refeição esteja pronta, esperando por ele, no momento em que chegar, por exemplo, embora não diga nem mesmo quatro horas antes quando chegará em casa – exatamente para ter oportunidade de surrá-la. Na verdade, esse método é tão eficiente que a vida mental de muitas das mulheres violentamente maltratadas que atendo esteve concentrada, durante anos, nos seus amantes – no seu paradeiro, desejos, comodidades, estados de espírito – a ponto de pôr de lado todas as outras coisas.

Quando ela finalmente o deixa, como quase sempre ocorre, ele vê a partida como um ato de extrema traição e conclui que deve tratar a próxima companheira com severidade ainda maior para evitar que isso se repita. Ao observar a instabilidade dos relacionamentos sexuais ao seu redor e ao refletir sobre a própria experiência recente, ele se torna vítima de uma permanente paranoia sexual.

Pior ainda, a tendência social desses tipos de relacionamentos é de autorreforço: as crianças que geram são criadas supondo que todos os relacionamentos homem-mulher são apenas temporários e estão sujeitos a revisão. Desde a mais tenra idade, portanto, as crianças vivem numa atmosfera de tensão entre o desejo natural de estabilidade e o caos emocional que veem ao redor. Não são capazes de dizer se o homem de suas vidas – o homem a quem chamam de "papai" hoje – estará lá amanhã. (Como me contou uma de minhas pacientes ao falar da decisão de deixar o último namorado. "Ele foi o pai de meus filhos até semana passada." Não é preciso dizer que ele não era o pai biológico de nenhuma das crianças, todos esses partiram muito antes.)

O filho aprende que a mulher está sempre prestes a abandonar o homem; a filha, que os homens, inevitavelmente, são violentos e não são confiáveis. A filha é mãe da mulher: e já que aprendeu que todos os relacionamentos com homens são violentos e temporários, conclui que não há muito que pensar no amanhã, ao menos no que diz respeito a escolher um companheiro. Não apenas há pouca diferença entre eles, exceto qualidades acidentais de atratividade física, como qualquer erro pode ser consertado ao abandonar o homem ou os homens em questão.

Assim, podemos iniciar relacionamentos sexuais quase com a mesma seriedade de raciocínio que dedicamos à escolha do cereal de café da manhã – esse era, precisamente, o ideal de Kinsey, Mailer *et al*.

Por que a mulher não abandona o companheiro assim que ele manifesta ser violento? Porque, perversamente, a violência é o único sinal de compromisso que ela possui. Da mesma maneira como ele quer a posse sexual exclusiva da mulher, ela quer um relacionamento permanente com seu homem. Ela imagina – falsamente – que um soco no rosto ou uma esganadura é, ao menos, sinal de contínuo interesse, o único sinal, além das relações sexuais, que provavelmente receberá a esse respeito. Na ausência de uma cerimônia de matrimônio, um olho roxo é uma nota promissória de amor, honra, cuidado e proteção.

Não é tanto a violência dele que faz com que ela o deixe, mas a percepção derradeira de que a violência dele não é, de fato, um sinal de compromisso. Descobre que ele é infiel ou que sua renda é maior do que ela suspeitara e que é gasta fora de casa; é somente aí que a violência parece intolerável. Ela está tão convencida de que a violência é uma parte intrínseca e indispensável da relação entre os sexos que se, por acaso, na próxima vez ela se relacionar com um homem que não é violento, sofrerá um terrível desconforto e desorientação; poderá até deixá-lo por esse homem não demonstrar suficiente preocupação por ela. Muitas das minhas pacientes violentamente maltratadas contaram-me que acham os homens que não são violentos intoleravelmente indiferentes e emocionalmente distantes, visto que a ira é a única emoção que já viram um homem expressar. Elas os abandonam mais rapidamente do que deixam os homens que as espancam e maltratam.

Os revolucionários sexuais queriam libertar as relações sexuais de todos os conteúdos, exceto o meramente biológico. Doravante, tais relacionamentos não estariam mais sujeitos aos arranjos contratuais restritivos dos burgueses – ou, Deus nos livre, aos sacramentos – tais como o casamento religioso. Não haveria estigma social relacionado a qualquer conduta sexual que fosse vista, previamente, como repreensível. O único critério que regeria a aceitabilidade das relações sexuais seria o consentimento mútuo dos que nelas ingressavam: nenhuma ideia de dever para com o outro (com as próprias crianças, por exemplo) atrapalharia a realização do desejo. A frustração sexual fruto de obrigações sociais artificiais e das restrições era o inimigo, e a hipocrisia — a consequência inevitável de manter as pessoas presas a padrões de conduta — era o pior pecado.

O coração quer coisas contraditórias, incompatíveis; as convenções sociais surgiram para resolver alguns conflitos de nossos próprios impulsos; a eterna frustração é uma companheira inescapável da civilização, como Freud observara — todas essas verdades recalcitrantes não foram percebidas pelos proponentes da liberação sexual, o que condenou a revolução ao fracasso definitivo.

O fracasso atingiu em cheio a subclasse. Nem por um momento sequer os libertadores sexuais pararam para considerar os efeitos da destruição dos sólidos laços familiares nos mais pobres, laços que, pela mera existência, faziam com que um grande número de pessoas saísse da pobreza. Estavam preocupados somente com os dramas insignificantes das próprias vidas e com as próprias insatisfações. Ao subestimar, obstinadamente, as mais óbvias características da realidade, como fizera minha paciente de dezessete anos que pensava na superioridade da força física masculina como um mito sexista socialmente construído, seus esforços contribuíram, em grande parte, para a intratabilidade da pobreza nas cidades modernas. Apesar do grande aumento geral da riqueza, a revolução sexual transformou os pobres de classe em uma casta da qual estão impedidos de sair, enquanto a revolução prosseguir.

1999

Dói, logo Existo

A causa da criminalidade entre a população branca da Inglaterra é perfeitamente óbvia para qualquer pessoa com razoável capacidade de observação, embora os criminologistas ainda não tenham notado. Essa causa é a tatuagem.

Um vírus de ação lenta, como o do tremor epizoótico nos ovinos, é introduzido no corpo humano pela agulha de tatuagem e aloja-se no cérebro, onde, dentro de poucos anos, faz com que o indivíduo afetado furte carros, invada residências e assalte pessoas.

Formulei pela primeira vez minha teoria viral da criminalidade quando percebi que nove entre dez prisioneiros brancos ingleses são tatuados, três ou quatro vezes mais que a proporção na população em geral. Tenho certeza de que associação estatística do crime com a tatuagem é mais forte do que a existente entre o crime e qualquer outro fator, com exceção, talvez, do fumo. Praticamente todos os criminosos ingleses fumam, um fato que os sociólogos inúmeras vezes negligenciam.

Há duas principais escolas de tatuagem: a do faça-você-mesmo e a profissional. Elas não são, de maneira alguma, mutuamente excludentes; ao contrário, o relacionamento é um tanto como o da medicina alternativa (ou complementar) e a ortodoxa (tradicional). Os devotos de uma muitas vezes são, simultaneamente, devotos da outra.

As diferenças entre as duas escolas são muito marcantes. A tatuagem caseira possui coloração monocromática preto-azulada, ao passo que a tatuagem profissional é policromática. Os desenhos da primeira são simples, embora não sejam, por isso, menos impressionantes. Os desenhos da outra escola são elaborados e muitas vezes executados com primorosa habilidade, ainda que me façam lembrar de um antigo ditado médico que diz que se não vale a pena fazer determinada coisa – uma mastectomia radical, por exemplo – não vale a pena ser bem feita. Por fim, a tatuagem caseira é de baixa tecnologia; a profissional, de alta tecnologia.

Por toda a Inglaterra, jovens da subclasse, entre quatorze e dezoito anos, entregam-se a um estranho e bárbaro *rite de passage*, em números que excedem em muito os dos que realizam tais ritos mundo afora. Pegam uma agulha de costura comum, enrolam em gaze de algodão e mergulham-na em nanquim. Perfuram a própria pele, introduzindo uma pequena quantidade de tinta na derme. Repetem o procedimento até que o desenho ou as palavras desejadas surjam, indeléveis, nos tegumentos.

Como as operações cirúrgicas antes da descoberta dos anestésicos, esse tipo de tatuagem muitas vezes é realizado enquanto o sujeito está bêbado, diante de uma multidão de espectadores que o encorajam a suportar a dor do processo. De qualquer modo, essa dor tende a diminuir e se tornar uma dormência após poucas perfurações da agulha, assim disseram-me os pacientes autotatuados. A vermelhidão da inflamação retrocede em poucos dias.

Quais mensagens esses jovens querem comunicar ao mundo? Em geral, são breves e vão direto ao ponto: todos expressam de maneira sucinta o violento niilismo de suas vidas. A tatuagem mais comum consiste em duas palavras, com uma letra em cada um dos dedos da mão: "AMOR" e "ÓDIO".[1] Outra tatuagem bastante comum são pontos nos quatro dedos de umas das mãos, com ou sem as letras A C A B, que significam *All Cops Are Bastards* [todos os policiais são imbecis].

O tema antipolicial é um dos que já vi representado de modo mais explícito, na forma de uma forca da qual pendia um policial. No caso de o significado não estar suficientemente claro para os espectadores,

---

[1] Em inglês, as palavras de quatro letras "love" e "hate", respectivamente. (N.T.)

as palavras ENFORQUEM TODOS OS POLICIAIS estavam apensadas abaixo. Infelizmente, essa expressão de sentimentos franca e viril nem sempre foi vantajosa ao portador, visto que estava frequentemente sob custódia da força policial e a tatuagem, por estar no antebraço, não era tão fácil de esconder dos olhos da polícia. Retornarei mais adiante às várias desvantagens da tatuagem.

Um número surpreendentemente grande de autotatuadores escolhem para o exercício de sua arte dermatológica o principal mote das indústrias de serviço britânicas, a saber FUCK OFF [foda-se]. Por que alguém gostaria de ter tais palavras gravadas de maneira indelével na pele é um mistério cujo significado ainda não compreendi. Ainda assim, minhas pesquisas continuam, mas lembro de um paciente que tinha essas duas palavras tatuadas de modo espelhado na testa, de maneira que as pudesse ler todas as manhãs, ao se olhar no espelho do banheiro, e recordar-se da futilidade das preocupações terrenas.

Não é somente nas indústrias de serviço que a Grã-Bretanha fica para trás, é claro. A antiga oficina do mundo fabrica tão poucas coisas hoje que raramente vemos as palavras MADE IN ENGLAND em algum lugar – exceto, é claro, tatuadas em volta do mamilo ou do umbigo de um ex-aluno menos racional das escolas de pouco renome.

Naturalmente, esse tipo de tatuagem também serve para propósitos românticos. Os homens, como é bem sabido, estão constantemente preparados para suportar dores intensas por amor, e não é de todo surpreendente que o nome da namorada seja gravado não a caneta ou no papel, mas impresso na pele. Infelizmente, as disposições românticas tendem a ser um tanto instáveis na era da autotatuagem, e não é incomum ver toda uma história romântica gravada, como uma listagem, no braço, às vezes, com um nome riscado quando a separação foi particularmente amarga.

Um jovem que conheci tinha tatuado suas aspirações românticas, em vez da própria história romântica. Os dedos de uma mão traziam gravadas, em letras rudes, L T F C; e os da outra mão, E S U K. Quando entrelaçava os dedos – um símbolo da mensagem que queria transmitir, de que uma pessoa sozinha é incompleta e que duas formam um todo – nas letras combinadas lia-se LETS FUCK [vamos transar].

– Isso já funcionou? – perguntei com algum ceticismo.
– Bem, já – respondeu com grande polidez –, às vezes.

Muitas vezes, a tatuagem funciona como o emblema de membros de um grupo. Por exemplo, um pequeno ponto azul na maçã do rosto indica que o portador já foi para Borstal, uma instituição correcional para jovens instáveis, cujo nome é o mesmo da aldeia de Kent, o jardim da Inglaterra, local da primeira dessas instituições. O símbolo azul da rebelião é usado da mesma maneira que as antigas gravatas das escolas, para que antigos borstalinenses possam reconhecer – e ser reconhecidos. Nos círculos que frequentam, o significado do ponto azul é bem conhecido e compreendido: Noli me tangere.[2]

Assim como aquelas mariposas e borboletas peculiares, sobre as quais os naturalistas têm imenso prazer em nos informar que imitam a plumagem colorida de espécies venenosas sem ser venenosas, de modo que o potencial predador de uma lepidóptera não a incomoda, igualmente alguns jovens tatuam o ponto azul sem nunca terem ido para Borstal. Usam o ponto azul tanto por proteção como um meio de conseguir a admiração dos pares; mas, para mudar um pouco a metáfora, a cunhagem é logo enfraquecida, e o que fora sinal de considerável valor, agora, quase não o possui.

Dessa maneira, o estudo de um problema social aparentemente menor, tal como a tatuagem, nos permite vislumbrar o mundo moral hobbesiano habitado por uma parte da população com a qual, normalmente, temos menos contato. Na verdade querem ser considerados psicopatas. As tatuagens, e não os olhos, são as janelas dessas almas.

Outra padronagem popular – embora dê arrepio pensar no processo como é gravada na pele ou nas consequências, caso haja erro – é a teia de aranha na lateral do pescoço. Algumas vezes, a tatuagem espalha-se por toda a face, e até mesmo pelo couro cabeludo. Primeiramente supus que esse desenho tivesse um significado simbólico, mas questionando muitos de seus portadores, e tendo sido assegurado por eles de que não

---
[2] "Não me toques". (N. T.)

existe tal significado, agora estou convencido de que é a beleza intrínseca, e certa conotação vagamente sinistra relacionada às teias de aranhas que atrai as pessoas para essa padronagem e as induz a se adornarem assim. Ademais, recordo nitidamente a cena de um julgamento de assassinato em que fui testemunha. O juiz e o advogado estavam enredados num debate ilustrado dos pontos mais sutis da *mens rea*,[3] sendo assistidos pelo criminoso no banco dos réus e por sua família nos assentos destinados ao público – todos, até a enésima geração tinham proeminentes teias de aranha tatuadas no pescoço. Nunca o princípio classista (como os marxistas costumavam chamar) da justiça britânica esteve mais visível: duas classes separadas, dentre outras coisas, pela propensão, por parte de uma delas, para o autodesfiguramento.

Um número considerável entre os autotatuados introduz no corpo cruzes suásticas. Inicialmente, achei profundamente desagradável, um reflexo de suas crenças políticas, mas no meu alarme, não levei em conta a ignorância histórica abissal dos que infligem tais coisas a si mesmos. Pessoas que acreditam (como um de meus pacientes recentes) que a Segunda Guerra Mundial começou em 1918 e terminou em 1960 – uma aproximação melhor das verdadeiras datas do que algumas que já ouvi – provavelmente não sabem o que eram os nazistas e o que representava o símbolo, além da brutalidade vulgar com que estão familiarizados, admiram e aspiram alcançar.

Um em vinte autotatuados ingleses adorna-se com linhas pontilhadas ao redor do pescoço ou dos pulsos, com a instrução para o público CORTE AQUI, como se fossem cupons de desconto em uma revista ou em um jornal – uma instrução que muitos de seus conhecidos são perfeitamente capazes de obedecer, visto que costumeiramente carregam facas afiadas.

Tais tatuagens podem ter consequências sérias. Há pouco tempo, um prisioneiro com as palavras NO FEAR [sem medo] tatuada de maneira bem visível na lateral do pescoço veio queixar-se para mim e comecei a perguntar sobre seu histórico médico. Ele costumava raspar o cabelo e seu couro cabeludo parecia um gato velho, de um olho só e de orelha

---

[3] Intenção dolosa. (N.T.)

rasgada que fica no jardim do meu vizinho, cuja cabeça era um amontoado de cicatrizes.

— Você já teve algum ferimento grave? — perguntei.

— Não — respondeu.

— Já esteve internado em um hospital por alguma coisa? — continuei.

— Sim, quatro vezes.

— Por quê?

— Fratura de crânio.

Devo fazer um parêntese para explicar que as classes de tatuados na Inglaterra não consideram fraturas de crânio como ferimentos graves, mesmo quando acabam em cirurgia, com introdução de placas de aço no restante do crânio e prolongados períodos de internação hospitalar. É difícil para eles compreender ocorrências comuns como algo sério. Por exemplo, um paciente teve o crânio quebrado por um bastão de beisebol, mas disse que o incidente foi "apenas uma briga comum de vizinhos" e, portanto, nada para preocupar policiais ou médicos.

— E como você conseguiu essas fraturas de crânio? — perguntei a meu paciente.

A sua tatuagem foi a responsável. Todo mundo supôs que NO FEAR queria dizer exatamente "sem medo", logo, toda vez que ele entrava no bar, era desafiado a brigar com aqueles que se sentiam no direito de serem temidos, e que viam a falta de medo como um insulto pessoal. Além disso, muitas vezes, no bar, tinha recebido "copadas", e o copo sido esmagado no rosto ou na cabeça por conta de sua tatuagem.

Quando perguntei por que infligiam aquelas marcas de Caim neles mesmos, o tatuado citou a pressão do grupo e o tédio. Talvez a dor da tatuagem dê a eles a certeza de que estão vivos: dói, logo existo.

"Estava chateado", disse um homem cujas mãos estavam cobertas de marcas de tais tatuagens, e que afirmava que as marcas o mantiveram desempregado por muitos anos. "Ou eu me tatuava ou saía roubando." Nenhuma outra possibilidade se apresentava àquela inteligência malformada; mas de qualquer modo, a distração causada pela tatuagem logo perdeu o efeito, e ele continuou roubando da mesma maneira.

Assim como muitos começam na maconha e terminam no *crack*, assim também a maioria dos que se autotatuam continuam sendo tatuados por profissionais. É ilegal na Grã-Bretanha tatuar menores de dezoito anos (embora, naturalmente, se o governo quisesse realmente diminuir o número de tatuados, deveria tornar a tatuagem obrigatória). Os estúdios de tatuagem daqueles que suponho dever chamar de tatuadores éticos – que se recusam a tatuar o pênis dos clientes, por exemplo – são regularmente inspecionados pelo Departamento de Saúde para atestar a higiene e a técnica estéril. Os tatuadores afixam as licenças na parede, bem como as afiliações de várias organizações de artistas da tatuagem, como o fazem os médicos nos Estados Unidos.

Estúdios de tatuagem e *piercing* – agora já visitei vários – são todos muito parecidos tanto em aparência como em atmosfera. Na área da recepção existem cartazes ilustrando os modelos a partir dos quais a maioria dos clientes escolhe, tatuagens sob encomenda são consideravelmente mais caras. Os padrões parecem inspirados pela mitologia nórdica subwagneriana, as figuras femininas inspiradas igualmente em Brünnhilde e Ursula Andress, as masculinas em Siegfried e Arnold Schwarzenegger. Cobras enroladas em caveiras, tigres-dentes-de-sabre e buldogues mostrando suas presas também são populares.

Os proprietários são bastante tatuados, embora alguns deles, em nossas conversas privadas, tenham admitido que não se tatuariam, ao menos não numa extensão tão grande, caso pudessem voltar no tempo. Negócio é negócio, e a demanda é mais que suficiente para mantê-los em atividade. Estimo que, em nossa cidade de um milhão de habitantes, cerca de três mil pessoas são tatuadas por profissionais a cada ano: uma proporção alta do que os epidemiologistas chamam de "população em risco", quer dizer, rapazes entre dezoito e trinta anos.

De fato, a popularidade da tatuagem em alguns círculos parece crescer em vez de diminuir. É uma característica curiosa de nossa época que as influências culturais agora pareçam fluir das classes sociais mais baixas para as mais altas, e não das classes mais altas para baixo, de modo que um grande número de pessoas da classe média está se tatuando mais do que nunca. E aquilo que fora exclusivo dos homens, não mais o é; juntamente com o trabalho nos bancos e os clubes de cavalheiros, outro bastião do patriarcado caiu.

Assim como a Grã-Bretanha é, culturalmente, o país mais degradado da Europa, da mesma maneira sua influência cultural cresce. A tatuagem costumava ser pouco comum e discreta na França, por exemplo, no entanto (assim me disseram vários tatuadores), está se tornando cada vez mais popular nesse país. Um dos estúdios abriu uma filial na Espanha, sobretudo – mas, infelizmente, não só – para o mercado de idiotas britânicos bêbados.

Não demora ou custa muito fazer uma tatuagem pequena, embora uma ou duas horas desse procedimento é o que a maior parte das pessoas aguenta por sessão. Você pode estigmatizar-se completamente em uma hora por apenas cinquenta dólares, mas aqueles que quiserem cobrir todos os tegumentos (85% da superfície corporal coberta por tatuagem não é, de modo algum, algo raro) poderá passar anos da sua vida num estúdio de tatuagem. Ao observar jovens rapazes ainda não tatuados escolhendo os modelos na recepção do estúdio, senti-me como um evangelizador vitoriano ou um militante contra a prostituição, experimentando dentro de mim um impulso crescente para exortá-los a renunciar ao mal. Ao adotarem, no entanto, a expressão característica da subclasse urbana (uma combinação de vazio bovino e malignidade lupina), logo fizeram com que deitasse por terra meu impulso humanitário.

Poucos são os tatuados que, depois, não se arrependem da tolice da juventude, tanto por razões estéticas como por razões práticas. Um paciente descreveu como suas tatuagens sempre impediram que conseguisse um emprego: nas entrevistas era capaz de cobrir as linhas pontilhadas no pescoço com uma gola alta, como o rufo nos séculos XVI e XVII cobria a escrófula, mas as linhas em torno dos pulsos sempre o denunciavam.

Bem, talvez ele não estivesse mesmo tão disposto a trabalhar, mas a última gota – que precipitou o desespero – foi ser proibido de entrar numa boate por causa das tatuagens. Ao vê-lo, o segurança na porta se pôs diante dele e deixou-o do lado de fora; mesmo num mundo em que há poucas e distinções brutais, as tatuagens tornaram-no inaceitável.

As tolices dos tolos são as oportunidades dos sábios, é claro. Aprendi pelas Páginas Amarelas que, para cada cinco estúdios de tatuagem, há três clínicas de remoção de tatuagem a *laser* (foi assim que nosso produto interno bruto cresceu). A mais sofisticada dessas clínicas possui vários *lasers* para lidar com cada tipo de cor, que são sensíveis a diferentes comprimentos de onda. Os *lasers* partem a partícula do pigmento, e os próprios macrófagos do corpo podem remover os pequenos fragmentos. Muitos estúdios de tatuagem também oferecem o serviço de remoção, mas o método mais comumente utilizado, a injeção de ácido para dissolver a tatuagem, deixa cicatrizes na pele, de modo que os resultados não são bons.

As principais desvantagens do tratamento a *laser* são o custo e a duração. Uma única sessão demora dez minutos e custa 160 dólares. A pele não tolera um tratamento mais prolongado, e entre cada sessão deve se guardar o intervalo de seis a oito semanas. Uma tatuagem média no bíceps, de 8 x 8 cm, requer cinco a oito sessões para a remoção total. Já que muitas pessoas têm uma área adornada por tatuagem muito maior que essa, elas têm de investir milhares de dólares para a remoção. Em geral, tais pessoas vêm dos segmentos mais pobres da sociedade.

Não obstante, a demanda por tratamento ultrapassa a oferta, e uma empresa já possui quatro clínicas por todo o país e está abrindo mais duas. O tratamento, geralmente, não está disponível no Sistema Nacional de Saúde (o sistema britânico de medicina socializada), exceto para aqueles pacientes cujas tatuagens causam sérias perturbações psicológicas ou psiquiátricas. O desespero com as tatuagens pode levar a tentativas de suicídio, e mesmo a tentativas de arrancá-las da pele com facas de cozinha. Uma paciente que tentou retirar a sua tatuagem com uma lâmina de barbear disse-me que, durante anos, não conseguia pensar em outra coisa. A obsessão dela com suas tatuagens (a propósito, as tatuagens foram feitas sob coação por outras internas em um orfanato feminino) tirou sua vontade de viver, e somente depois que foram removidas é que ela foi capaz de começar uma vida normal.

Em geral as pessoas não sabem que o Serviço de Saúde faz algumas exceções nesses casos (subcontratando o trabalho das clínicas privadas), e certamente isso não é anunciado, por medo de provocar uma onda de "distúrbios psicológicos para economizar dinheiro" entre os tatuados. É um fato lamentável que a angústia psicológica expanda para atender a oferta de serviços custeados pelo público, e disponibilizados para reduzi-la.

Ocorreu-me, entretanto, ainda que num momento de fraqueza incomum, que a prisão em que trabalho deveria oferecer um serviço de remoção de tatuagem para seus hóspedes involuntários. Afinal, mesmo os criminosos reincidentes, sem suas marcas de Caim, estariam numa posição mais favorável para encontrar empregos honestos.

Foi aí que lembrei que cada política pública tem suas consequências não desejadas. Se as tatuagens fossem removidas de graça na prisão, os tatuados cometeriam crimes especificamente para aproveitarem essa oportunidade e, então, a associação de tatuagem com criminalidade ficaria ainda mais forte.

1995

Festa e Ameaça

Os ingleses, como observado por um aristocrata francês nos idos do século XVIII, desfrutam dos prazeres de um modo triste. Hoje em dia, também o têm feito passivamente, como o viciado em drogas que busca, ao mesmo tempo, felicidade e esquecimento da maneira mais simples possível.

Não quero dizer com isso que o inglês não se esforce por buscar entretenimento; ao contrário, como o viciado busca a droga, tal busca, muitas vezes, é a única ocupação séria de suas vidas. O entretenimento, uma vez encontrado, requer – para realmente entreter – a menor contribuição de atividade mental possível por parte do entretido.

Primus inter pares é, por certo, a televisão. A média de televisão que um adulto inglês assiste por semana hoje, dizem, está em 27 horas, duas vezes mais que há vinte anos. Nisso os ingleses nada diferem de outros países; de fato, os norte-americanos desperdiçam quase a mesma proporção de suas vidas em frente da telinha como os daqui da Ilha.

De qualquer modo, os números podem ser enganadores. Minha experiência de atendimentos médicos domiciliares convenceu-me de que a televisão ligada não quer dizer, necessariamente, que as pessoas estejam assistindo à televisão. Ela fica piscando ao fundo, competindo por fragmentos de atenção, dividida com um rádio e, talvez, com uma ou duas discussões domésticas; e mesmo quando é assistida, não há garantia de que qualquer coisa vá muito além dos nervos ópticos. Muitas vezes pedi aos pacientes que visitei em casa, enquanto estavam sentados diante da televisão, que descrevessem o que estavam assistindo, e fui atendido com o silêncio da incapacidade ou da incompreensão. Alguém poderia ter perguntado a um *habitué* dos antros de ópio o que se passava pela sua consciência, assim como perguntamos aos espectadores modernos o que ocorre nas consciências deles.

Quando era jovem e inexperiente, costumava pedir ao paciente, ou aos parentes, para desligar a televisão; mas na Inglaterra isso significa (na melhor das hipóteses) apenas uma pequena redução do volume. É desconcertante fazer um exame médico enquanto uma figura fica se movendo e mudando a luminosidade do aposento, e o paciente tentando espiar por cima do ombro, ou ao redor do médico, para dar uma olhada, enquanto confunde as perguntas com o diálogo da novela. Uma vez fui fazer um atendimento na casa de uma senhora paralítica e encontrei a televisão ligada. Pedi à filha, que estava presente, para desligá-la.

– Não sei desligar – disse ela. E não desligou.

Hoje em dia, entro decidido na casa e eu mesmo desligo a televisão. É a única maneira de conseguir total atenção do paciente – mesmo quando ele, ou ela, está seriamente doente e provavelmente venha a falecer caso não tenha assistência médica.

Agora, no hospital, é visto como algo cruel privar o paciente da televisão diária, tanto que assistir a ela está se tornando praticamente compulsório ou, ao menos, inescapável para aqueles que não estão em condições de se mover. Idos são os dias em que o hospital era um local de quietude (na medida do possível) e repouso. Atualmente ninguém morre sem o benefício do *talk show*.

Muitas vezes tentei fazer um experimento simples: numa enfermaria repleta de pacientes incapacitados, desliguei a televisão ou as televisões e deixei o recinto por cinco minutos. Infalivelmente, a televisão ou televisões estavam ligadas no momento em que retornava, mas quem as ligava de novo, nunca fui capaz de descobrir. Os pacientes não poderiam tê-lo feito, e as enfermeiras negam. É um mistério total, como o Sudário de

Turim. As enfermeiras, no entanto, sempre dizem: "os pacientes querem a TV ligada" e continuarão a dizê-lo, muito embora uma votação informal normalmente revele o contrário.

Parece-me improvável *prima facie* que uma senhora de oitenta anos com hemiplegia do lado direito após um derrame, e com dificuldade de deglutição da própria saliva realmente queira assistir ao Mr. Motivator, um *personal trainer* fanático, numa roupa colante de *lycra* de cores fluorescentes, demonstrando, ao som de uma batida de discoteca incessante, os exercícios para o telespectador perder a celulite nas coxas. Há alguém na enfermaria, no entanto (um pós-modernista, talvez), que acredita que um momento sem entretenimento é um momento perdido, e que uma mente não preenchida pela bobagem de outro alguém é um vácuo do tipo que a natureza abomina.

No entanto, é no sábado à noite, no centro da província, que a inextinguível sede inglesa por entretenimento — ao menos entre os jovens — é vista com mais proveito. Chegar ao sábado é o ápice da ambição de boa parte da juventude inglesa. Nada preenche suas mentes com tanta expectativa e ânsia. Não existe carreira, passatempo ou interesse que possa competir com as alegrias da noite de sábado, quando o centro da cidade é transformado em uma Sodoma e Gomorra de filme-B, não destruída por Deus porque (temos de admitir) há lugares piores na Terra que clamam por uma extinção mais imediata.

Na noite de sábado, o centro da cidade tem uma atmosfera bem característica. Está apinhado de pessoas, mas não existem compradores olhando as vitrines como ovelhas na grama; quase não se vê ninguém com mais de trinta anos nas ruas. É como se uma epidemia devastadora tivesse varrido o país e não deixado vivo ninguém de meia-idade.

Há festa no ar, mas também ameaça. O cheiro de perfume barato mistura-se com o odor das comidas de *fast-food* (fritas e gordurosas) e com a morrinha de álcool e vômito. Os rapazes — especialmente aqueles que raspam a cabeça e penduram quinquilharias no nariz e nas sobrancelhas — trazem um olhar furtivo e raivoso para com o mundo, como se esperassem ser atacados a qualquer momento, de qualquer direção, ou como se alguém tivesse tirado algo que lhes coubesse por direito. É, de fato, perigoso olhar nos olhos deles por mais de uma fração de segundo; qualquer contato visual mais prolongado pode ser tomado como um desafio, um convite à resposta armada.

Até mesmo algumas moças parecem agressivas. Duas delas passaram por mim na rua, discutindo, eloquentemente, seus conflitos pela afeição de Darren.

— Você gosta dele! — disse a primeira com rispidez.

— Não gosto porra nenhuma! — respondeu, com raiva, a segunda.

— Você gosta daquele merda...

— Ah, vai se foder!

Recordo-me de uma paciente, cuja visão foi destruída de forma permanente por um grupo de moças que lhe deram uma "copada" em um clube (ou seja, quebraram alguns copos e enfiaram as pontas quebradas no seu rosto e pescoço) porque ela tinha olhado por muito tempo e com intenso interesse para o namorado de uma das agressoras.

Do lado de fora do clube Ritzy, enquanto passava, vi uma poça de sangue ainda não coagulado, e perto, uma garrafa de cerveja quebrada. A arma estava patente e, também, o motivo. O infeliz nem sequer chegou a levar uma "copada": levou uma "garrafada".

As pessoas na fila para entrar no Ritzy, contudo, não estão incomodadas com o sangue; isso não vai estragar-lhes a noite. Uma lâmpada de neon cor-de-rosa faz brilhar sobre as pessoas uma luz intermitente e lúgubre, enquanto os seguranças, de dois em dois, as revistam buscando por facas que, em outras circunstâncias, ao menos a metade delas traria consigo.

Todos os carros por ali transmitem a insistente batida da música quadrifônica, que colide nas pedras da calçada e vai direto para as pernas das pessoas que estão andando ou de pé. As minhas pernas tremem com a vibração. Às vezes fico pensando se essas pessoas que tocam suas músicas bem alto acham que estão prestando um serviço público.

Prossigo caminhando. Um grupo de rapazes cambaleantes saem do bar Newt and Cucumber, bêbados, cantando — não poderíamos chamar aquilo de cantar — uma música obscena. Esse é o som que aterroriza os *resorts* baratos das costas da Europa e de qualquer cidade do continente europeu que tenha a infelicidade de sediar um time de futebol da Inglaterra.

Entro no Newt and Cucumber. Todos estão gritando, mas ninguém consegue se fazer ouvir (o que, talvez, seja para ser assim mesmo). Vinte televisões estão ligadas: dois grupos de oito estão tocando duas músicas diferentes (rock e reggae), e quatro retransmitindo uma luta. Dez segundos disso e a pessoa parece estar com um liquidificador na cabeça funcionando na velocidade máxima: eu também saí cambaleando. A base do poste próximo dali fora fertilizada com vômito durante a minha breve visita ao bar.

Prossigo a caminhada, maravilhando-me com a magnífica vulgaridade das moças inglesas. Fico imaginando, será que esse país não tem espelhos? Ou simplesmente as moças inglesas não têm olhos para ver? Evidentemente, escolhem as roupas com extremo cuidado, pois tal desmazelo espalhafatoso não é natural. Comprimem seus talhes gordos e cheios de banhas – muita comida ruim na frente da televisão – em roupas justas e iridescentes, que não deixam de revelar nenhum contorno, ou em saias muito curtas, que puxam para baixo uns centímetros quando sentem uma lufada do vento outonal e começam a tremer. As únicas moças magras são as que fumam mais de cinquenta cigarros por dia ou as que têm anorexia.

Encontro uma passagem de pedestres em que cada porta é um clube. A passagem é fechada aos carros, exceto para a BMW vermelha do chefe dos seguranças, que faz questão de dispersar a multidão. Estaciona, ostensivamente, onde não deveria e anda com um ar de importante ao cumprimentar os subordinados.

Com 1,80 m de altura e 1,40 m de largura, ele é um belo exemplar da espécie. Acertá-lo deve ser como tentar abrir a socos um cofre lacrado. Tem uma barba de uns três dias por fazer (fico imaginando como sempre conseguem mantê-la parecendo que tem três dias?) e um brinco. Um cordão de ouro oscila em seu pescoço de touro. Há cicatrizes na cabeça raspada. Exsuda anabolizantes e, obviamente, passa mais tempo na academia de ginástica do que a maioria dos ingleses em frente da televisão. Senhor da inspeção – e vistoria os arredores constantemente – inicia um ritual elaborado de apertos de mão com seus subordinados, que seria do interesse dos antropólogos que estudam as cerimônias dos homens primitivos.

A verdade é que fazer a segurança de *nightclubs* é em parte trabalho, e noutra parte proteção do crime organizado. Um enfermeiro psiquiátrico contou-me que foi segurança de clubes nas horas vagas e que os clubes menores – os que não são propriedades de grandes corporações – são dominados por gangues de seguranças, que oferecem cuidar dos clientes, mas que também ameaçam denunciar o clube e destruí-lo, caso não sejam mais empregados. Assim, protegem o clube que os emprega contra outras gangues de seguranças. As gangues recrutam pessoal nas prisões, onde molestadores atrozes e bandidos armados afiam os talentos e o físico no ginásio da prisão.

O sábado à noite na Inglaterra provinciana pertence aos seguranças. Por algum motivo, olhá-los faz-me lembrar da infância, quando a BBC tinha um programa de rádio educacional para crianças em que os repórteres voltavam no tempo e eram mandados para 60 milhões de anos atrás, para relatar a aparência e o comportamento dos dinossauros. Como os repórteres diziam sentir-se pequenos e vulneráveis entre os ameaçadores gigantes sáurios! Sinto-me da mesma maneira nesta noite de sábado!

Escolhi o meu clube; parece um pouco mais respeitável que os outros (não permite jeans ou couro), e os seguranças parecem mais calmos e mais confiantes que nos outros locais, embora ainda possamos ver a protuberante musculatura sob os *smokings*. Mais tarde, um deles disse-me que fizera uma escolha sábia; só tinha problema sério naquele local uma vez a cada duas semanas.

Eis a Meca de todos os jovens que me disseram que o único interesse na vida é frequentar clubes! Eis o centro de atração de milhões de vidas inglesas!

A música é alta, mas ao menos só toca uma música por vez. As luzes piscam caleidoscopicamente. A pista de dança é no andar de cima, o bar principal embaixo. Nele, as mulheres solitárias sentam-se, olhando desconsoladamente para suas bebidas como numa pintura de Degas. Duas jovens, uma gorda e a outra tão bêbada que certamente vomitaria em breve, sacodem-se com a música, mas sem nenhum ritmo.

Na própria pista de dança, a massa efervescente de pessoas move-se como se fossem minhocas na lata. Com um número tão grande de pessoas amontoadas em um espaço tão pequeno é surpreendente ver que não há, entre elas, nenhum contato social. A maioria dos pares nem mesmo se olham nos olhos; por causa do barulho, a comunicação verbal está fora de questão. Dançam solipsisticamente, cada um no próprio mundo, literalmente arrebatados pelo ritmo e pela contínua atividade física. Dançam pelo mesmo motivo que os escoceses frequentam o bar: para apagar a lembrança de suas vidas.

Alguns seguranças patrulham o clube, portando *walkie-talkies*; alguns postam-se em locais de observação. Abordo dois deles – um branco e um negro – e pergunto-lhes a respeito do serviço; temos de gritar para nos fazer ouvir. Amam o trabalho e têm orgulho de fazê-lo bem. São porteiros, não seguranças. Têm diploma de primeiros socorros e prevenção de incêndios. São estudiosos da natureza humana (palavras deles, não minhas).

– Sabemos quem vai ser problema, antes mesmo de entrar.

– Tentamos evitar problemas, e não ter de lidar com eles depois – disse o branco.

– Você não usa palavras – explica o negro. – Não discute com eles. Isso só piora o problema, porque se você está parado ali discutindo, os outros percebem e entram na conversa.

– Uma operação simples, cirúrgica, e eles são postos para fora. Você tem de usar o mínimo de força possível.

Perguntei que tipo de problema sério esperavam ter.

– Bem, tem uma gangue na cidade chamada "Zulus" cuja diversão é destruir os clubes – diz o porteiro negro. – Eles são muitos, não podemos dar conta de todos.

– No entanto – acrescentou o branco, tentando ver o lado positivo –, eles nos conhecem, não iriam nos matar ou coisas do tipo.

– Só nos dariam uns bons chutes, não mais do que isso.

Se eu tentasse chutá-los – e não sou um anão – seria mais provável que antes quebrasse meu dedão do que conseguisse machucá-los.

— E o que você faria se levasse uns bons chutes? — perguntei. — Certamente, você desejaria trocar de emprego, não?

— Não, você tem de voltar na noite seguinte, senão perde o respeito — disse o negro, sorrindo, mas sério.

Começa um tumulto na pista de dança. Os dois porteiros-seguranças são chamados para ajudar na retirada do criador de caso. Movem-se com surpreendente agilidade, simultaneamente. Já vi tal coordenação antes, entre homens que são, em muitos aspectos, iguais a eles: guardas penitenciários, que lidam com distúrbios nas celas de maneira semelhante.

Um jovem miúdo, parecendo um peixe-piloto entre tubarões, é escoltado para fora do local por oito seguranças. Ao passar, noto que ele também é fisiculturista: os bíceps ameaçam rasgar as mangas curtas da camisa. Está bêbado, mas não tão bêbado que não possa reconhecer uma força irresistível quando a vê.

Sigo-o. Perto dali, uma moça em calças curtas de cetim creme, de pernas gordas e brancas como cera, e com sapatos de salto alto de veludo negro está jogada como um saco no ombro do namorado, o São Cristóvão que a carrega pela rua porque está incapacitada de andar por si só. Está bêbada e vomita, felizmente, não nas costas do namorado, mas na calçada, certamente. O vômito será limpo pela manhã: isso faz você sentir orgulho de pagar os impostos locais.

São duas da manhã. Um pouco mais adiante, uma pequena multidão se reúne debaixo da janela do primeiro andar. Uma mulher de aparência desgrenhada, com o cabelo oxigenado e um cigarro preso com saliva seca no canto da boca, grita o nome de um bairro da cidade para a multidão embaixo. É o escritório do serviço de táxi, e ela grita o destino dos táxis assim que chegam. Alguns dos pretensos passageiros estão bêbados demais para identificar os destinos dos táxis que eles mesmos solicitaram, de modo que ela tem de repeti-los.

Somente taxistas em situação financeira desesperadora trabalham nos sábados à noite. Todos já foram assaltados, é claro, principalmente com faca, e uma pesquisa informal que eu mesmo fiz revelou que cerca de um terço deles já teve os carros roubados. Lembro de um motorista

– trabalhando sábado à noite para pagar por seu divórcio – que tinha tido sete costelas fraturadas por passageiros que ficaram indignados quando ele pediu que pagassem a corrida. Como os porteiros após os chutes, o motorista voltou imediatamente ao trabalho.

Na segunda-feira seguinte, andei pela enfermaria do hospital. Na primeira cama estava sentada uma moça de dezoito anos, vestindo um roupão de banho de seda dourada, olhando fixamente para o nada. Sua pressão sanguínea estava alta, os batimentos cardíacos acelerados, as pupilas dilatadas. Quando falei com ela, não me ouvia, ou, ao menos, não respondia. Tentei três perguntas simples, e então ela inclinou-se para frente e gritou: "Socorro!" e caiu para trás nos travesseiros, exausta e aterrorizada.

Ela esteve no XL Club na noite de sábado, um galpão grande transformado em pista de dança onde todos tomam *ecstasy* – metilenodioximetanfetamina, de pureza muito variável – e entrou em transe. Temos um fluxo constante de pacientes do XL Club: não faz muito tempo, um deles já estava morto ao dar entrada no hospital e o amigo que chegou junto com ele estava com lesões cerebrais permanentes. Essa moça, contudo, começou a agir de maneira estranha após deixar o XL – gesticulando loucamente para algo que não existia – e foi levada ao hospital por um amigo.

Próximo a ela estava outro produto do XL Club. A moça chegou em casa no sábado, mas depois tentou pular da janela porque pensou que os inimigos de seu namorado estavam vindo matá-la. Tomava *ecstasy* todo sábado à noite havia seis meses, o que a deixava paranoica na maior parte do tempo. De fato, tinha desistido de trabalhar em um escritório porque achava que os outros funcionários conspiravam contra ela. Estranhamente, sabia que o *ecstasy* não lhe era benéfico, que quase arruinara sua vida.

– Então, por que você o toma? – perguntei.
– Quero ficar acordada a noite toda.

Noutra parte do hospital está uma moça de dezesseis anos que tomou uma *overdose* para forçar que as autoridades locais lhe dessem um apartamento. Tais apartamentos são distribuídos com base na necessidade e vulnerabilidade, e dificilmente poderia haver maior necessidade de ajuda que uma jovem que tentasse o suicídio. Ela detesta a mãe porque brigam o tempo todo, e deixou a casa para viver nas ruas; não sabe quem é seu pai, e não se importa com isso. Detestava a escola, é claro, e abandonou-a assim que a lei permitiu – não que a lei importe muito.

– Quais são seus interesses? – perguntei.

Ela não entendeu o que quis dizer e fez uma cara feia. Reformulei a pergunta.

– Em que você se interessa?

Ela ainda não compreendia o que queria dizer. Não obstante, tinha uma inteligência boa – na verdade, muito boa.

– O que você gosta de fazer?

– Sair.

– Para onde?

– Para os clubes. Todo o resto é uma merda.

1996

Não Queremos Nenhuma Educação

A educação sempre foi um interesse minoritário na Inglaterra. Os ingleses, em geral, preferiram manter intacta a plena beleza da ignorância e, no geral, saíram-se extraordinariamente bem, não obstante os 125 anos de educação compulsória de seus rebentos.

No passado a ignorância era puramente passiva; mera ausência de conhecimento. Recentemente, no entanto, assumiu uma qualidade mais positiva e maligna: uma profunda aversão por qualquer coisa que cheire a inteligência, educação ou cultura. Não faz muito tempo havia uma canção popular cujos primeiros versos capturavam, com sucesso, o clima generalizado de hostilidade: "Não precisamos de nenhuma educação / não precisamos de nenhum controle mental".[1] Alguns meses atrás notei uns cartazes nas paredes anunciando uma nova canção: "Pobre, branco e estúpido".

Gostaria de poder dizer que havia alguma ironia, mas o culto à estupidez se tornou, na Inglaterra, o que o culto à celebridade é nos Estados Unidos. Chamar alguém de inteligente nunca foi um elogio óbvio na Inglaterra, mas é necessário um tipo especial de perversidade por parte dos

---

[1] No original: *"We don't need no education / We don't need no thought control"*. Trecho de "Another Brick in the Wall (Part 2)", faixa do álbum *The Wall* (1979) da banda inglesa Pink Floyd. (N.T.)

estudantes da escola secundária situada a uns 350 metros do hospital em que trabalho, para dizer a um dos colegas que tomou uma *overdose* por conta do constante assédio moral a que foi submetido: "Você é estúpido porque é inteligente".

O que quiseram dizer com esse aparente paradoxo? Indicar que qualquer um que faça um esforço para aprender e tenha bom desempenho escolar está perdendo tempo, quando poderia estar envolvido nas verdadeiras coisas da vida, tais como cabular aulas no parque ou vagar pelo centro da cidade. Além disso, havia ameaça nas palavras deles: se você não corrigir os modos e se juntar a nós, diziam, vamos bater em você. Isso não era uma ameaça vazia: muitas vezes encontro pessoas na minha prática hospitalar, nos seus vinte ou trinta anos, que desistem da escola sob tal constrangimento e, subsequentemente, percebem que perderam uma oportunidade que, caso tivessem aproveitado, teria mudado muito todo o curso de suas vidas para melhor. E aqueles que frequentam as poucas escolas na cidade que mantêm padrões acadêmicos altos arriscam-se a levar uma surra, caso se atrevam a ir aonde os brancos estúpidos vivem. No ano passado, tratei de dois meninos na emergência após tal espancamento, e de dois outros que tomaram *overdoses* por medo de receber uma surra pelas mãos dos vizinhos.

Assim como é impossível ir à falência subestimando o gosto do público norte-americano, da mesma maneira é impossível exagerar as abismais profundezas educacionais nas quais uma grande proporção de ingleses agora está imersa, mau sinal para o futuro do país no mercado global. Muito poucos dos jovens de dezesseis anos que atendo como pacientes conseguem ler ou escrever com facilidade, e não veem a questão de serem ou não capazes de ler como algo, no mínimo, surpreendente ou insultante. Atualmente, testo o grau de instrução básica de quase todo jovem que encontro, no caso de a falta de instrução provar ser uma das causas de seu sofrimento. (Recentemente, tive um paciente cujo irmão cometeu suicídio, em vez de enfrentar a humilhação pública de expor ao funcionário da seguridade social que era incapaz de ler os formulários que tinha de preencher.) Podemos ver só pelo modo como esses jovens seguram uma caneta ou um livro que não têm nenhuma familiaridade com tais instrumentos.

Mesmo aqueles que têm a impressão de que podem ler ou escrever de maneira adequada são completamente derrotados por palavras de três sílabas, e embora possam, às vezes, ler as palavras de um texto, não as compreendem melhor do que se estivessem escritas em eslavo eclesiástico.

Não lembro de ter encontrado uma menina branca de dezesseis anos, procedente do conjunto habitacional próximo ao hospital, que conseguisse multiplicar 9 x 7 (não estou exagerando). Às vezes 3 x 7 os derrota. Um rapaz de dezessete anos disse-me: "Ainda não estamos tão adiantados na matéria". Isso depois de doze anos de educação compulsória (ou, devo dizer, frequência escolar).

Quanto aos conhecimentos em outras esferas, são quase os mesmos padrões da matemática. A maioria dos jovens brancos que encontrei não consegue, literalmente, nomear um único escritor e, por certo, não sabe recitar um verso de poesia. Nenhum de meus jovens pacientes sabia as datas da Segunda Guerra Mundial, para não mencionar as da Primeira Guerra; alguns nunca ouviram falar dessas guerras, embora um deles, que ouvira falar da Segunda Guerra há pouco tempo, pensasse que tivesse acontecido no século XVIII. Na circunstância da total ignorância reinante, fiquei impressionado por ele ter ouvido falar no século XVIII. O nome de Josef Stalin nada significa para esses jovens e nem mesmo soa minimamente familiar, como (às vezes) acontece com o nome de William Shakespeare. Para eles, 1066 é mais parecido com um preço do que com uma data histórica.[2]

Assim, os jovens estão condenados a viver num eterno presente, um presente que existe simplesmente, sem conexão com o passado que pode explicá-lo ou com um futuro que dele possa surgir. A vida desses jovens é, verdadeiramente, uma sucessão de maldições. Da mesma maneira, estão privados de quaisquer padrões razoáveis de comparação pelos quais julgar os próprios males. Acreditam que são carentes porque as únicas pessoas com as quais podem comparar-se são as que aparecem nos anúncios ou na televisão.

O simples semianalfabetismo e a ignorância não necessariamente impedem esses jovens de passar nos exames públicos, ao menos nas provas de

---

[2] Ano da conquista da Inglaterra pelos normandos. (N. T.)

nível mais baixo. Uma vez que o insucesso é visto, agora, como fatalmente prejudicial à autoestima, quem quer que se apresente para fazer as provas provavelmente sairá com um diploma. Recentemente estive com um rapaz de dezesseis anos em minha clínica que escrevia "*Dear sir*" [Prezado senhor] como "Deer sur" e "I'm as ime" [*I'm as I am* – Sou como sou] (a gramática está em plena consonância com sua ortografia), que fora aprovado nas provas públicas – em Inglês.

Claramente, algo muito estranho está acontecendo em nossas escolas. Nossas práticas educacionais atuais são tão grotescas que seria uma afronta à pena de Jonathan Swift satirizá-las. Na grande área metropolitana em que trabalho, por exemplo, os professores receberam instruções de que não devem ministrar as tradicionais disciplinas de ortografia e gramática. Dizem que a atenção mesquinha aos detalhes da sintaxe e da ortografia inibe a criatividade da criança e a capacidade de autoexpressão. Além disso, afirmar que existe uma maneira correta de falar e de escrever é favorecer uma espécie de imperialismo cultural burguês; e dizer para a criança que ela fez algo errado é necessariamente conferir-lhe um senso de inferioridade debilitador do qual nunca se recuperará. Encontrei poucos professores que desobedeceram tais instruções numa atmosfera de clandestinidade, temendo pelos próprios empregos, o que lembra um pouco a atmosfera que cercava aqueles que secretamente tentavam propagar a verdade por trás da Cortina de Ferro.

Contaram-me de uma escola em que o diretor autorizara os professores a fazer correções, mas somente cinco por trabalho, independente do número verdadeiro de erros. Assim, é claro, preservava-se o *amour-propre* das crianças, mas parecia não ter ocorrido a esse pedagogo que a regra de cinco correções teria consequências lamentáveis. O professor poderia escolher corrigir um erro ortográfico de uma palavra, por exemplo, e desconsiderar exatamente o mesmo erro num próximo exercício. Como a criança interpretará essa correção segundo o princípio do diretor? O menos inteligente, talvez, verá como uma espécie de desastre natural, como as condições meteorológicas, e a respeito disso, pouco pode fazer; ao passo que o mais inteligente provavelmente chegará à conclusão de que o princípio de correção, como tal, é inerentemente arbitrário e injusto.

O mais alarmante é que essa arbitrariedade reforça precisamente o tipo de disciplina que vejo, ao meu redor, ser exercida por pais cuja filosofia educacional é uma criação *laissez-faire* misturada com fúria insensata. Uma criança pequena corre fazendo barulho, causando estragos e destruição ao seu redor; a mãe (os pais dificilmente existem, exceto na mera acepção biológica), primeiro, ignora a criança; depois, grita para ela parar; novamente a ignora; suplica que ela pare; volta a ignorá-la; ri da criança; por fim, perde a cabeça, grita algumas ofensas e dá-lhe um safanão.

Que lição a criança tira disso? Aprende a associar a disciplina, não ao princípio e à punição, não ao próprio comportamento, mas a associá-los ao estado exasperado da mãe. Esse próprio humor dependerá de muitas variáveis, poucas sob o controle da criança. A mãe pode estar irritadiça por conta da última briga com o último namorado ou por um atraso no último pagamento do cheque da seguridade social, ou pode estar comparativamente tolerante porque recebeu convite para uma festa ou acabou de descobrir que não está grávida. O que a criança certamente nunca aprenderá, no entanto, é que a disciplina tem um significado além da capacidade física e do desejo da mãe de impô-la.

Tudo é reduzido ao mero concurso de vontades, e assim a criança aprende que toda limitação é apenas uma imposição arbitrária de alguém ou algo maior e mais forte do que ela. Estão lançadas as bases para uma intolerância sangrenta para com qualquer autoridade, mesmo que essa autoridade esteja baseada numa patente superioridade, no conhecimento benevolente e na sabedoria. O mundo é, dessa maneira, um mundo de egos permanentemente inflamados, que tentam impor as próprias vontades uns aos outros.

Nas escolas, as crianças pequenas não são mais ensinadas em classes, mas em pequenos grupos. Esperam que aprendam por descobertas e brincadeiras. Não há quadro-negro e nada é aprendido de cor. Talvez o método de ensino que transforma tudo em brincadeira funcione quando o professor é talentoso e as crianças já estejam socializadas para aprender; todavia, quando, e normalmente é o caso, nenhuma dessas condições ocorre, os resultados são desastrosos, não só no curto prazo mas, provavelmente, para sempre.

As próprias crianças, no final, percebem que há algo errado, mesmo que não sejam capazes de articular esse conhecimento. Das gerações de crianças que cresceram com tais métodos pedagógicos, é impressionante ver quantas, das mais inteligentes do grupo, percebem, por volta dos vinte anos, que falta algo nas suas vidas. Não sabem o que é, e perguntam-me o que poderia ser. Cito-lhes Francis Bacon: "Mau centro de ações humanas é a própria pessoa".[3] Perguntam-me o que isso quer dizer, e respondo que se não têm interesses além deles mesmos, o mundo torna-se tão pequeno quanto o era no dia em que nasceram, e que os horizontes não se expandem minimamente.

– Como vamos nos interessar por alguma coisa? – perguntam.

É aí que o efeito fatal da educação como mero entretenimento se faz notar. Para o desenvolvimento do interesse, é necessário poder de concentração e a capacidade de tolerar certo grau de tédio enquanto são aprendidos os elementos de uma determinada habilidade visando um fim meritório. Poucas pessoas são atraídas naturalmente pelos caprichos da ortografia inglesa ou pelas regras da aritmética elementar; no entanto, tais regras devem ser dominadas, caso a vida diária em um mundo cada vez mais complexo deva ser transacionada com sucesso. É um simples dever dos adultos, do ponto de vista de possuidores de maior conhecimento e experiência de mundo, transmitir às crianças o que precisam saber, de modo que, mais tarde, possam verdadeiramente escolher. A equação demagógica de toda autoridade ser um injustificado autoritarismo político, mesmo para as crianças pequenas, somente conduz ao caos pessoal e social.

Infelizmente, vinte anos não é idade para aprender a concentrar-se nem a tolerar esforços que, em si, não são prazerosos. Por nunca terem experimentado as alegrias de dominar algo pelo esforço disciplinado e com mentes profundamente influenciadas pelos movimentos rápidos e superficiais de imagens excitantes na televisão, esses jovens adultos

---

[3] Francis Bacon, *Ensaios*. Trad. e pref. Álvaro Ribeiro. Lisboa, Guimarães Editores, 1992, XIII, p. 98. (N. T.)

descobrem que um interesse continuado em qualquer coisa está além do alcance. No moderno mundo urbano, qualquer um que não consiga concentrar-se é, na verdade, uma alma perdida, pois as comunidades em tal mundo são aquilo que cresce em torno de interesses que as pessoas têm em comum. Além disso, numa era de crescente mudança tecnológica, as pessoas sem habilidade ou disposição para o aprendizado ficarão cada vez mais para trás.

A noção pedagógica patética de que a educação deva ser "relevante" para a vida das crianças ganhou terreno na Inglaterra nos anos 1960. A ideia de que isso confinaria as crianças ao mundo que já conheciam – e que também era um mundo bastante desanimador, como pode dar testemunho qualquer um com o menor contato com a classe trabalhadora inglesa – aparentemente nunca ocorreu àqueles educadores que alegavam ter excepcional comiseração pelos que estavam em relativa desvantagem. Como resultado, a estrada para o progresso social – talvez, amiúde, a mais trilhada – estava-lhes, substancialmente, fechada.

Infelizmente, é muito difícil derrubar esses incrementos pedagógicos (ou antipedagógicos) mesmo hoje, quando o governo central percebeu tardiamente as consequências desastrosas. Por quê? Primeiro, os professores e os professores dos professores nas faculdades de Pedagogia estão profundamente imbuídos dessas ideias educacionais que nos fizeram chegar a esse ponto. Segundo, uma enorme burocracia educacional cresceu na Inglaterra (um burocrata por professor, pululando como almirantes nas marinhas sul-americanas), que usa de todos os subterfúgios para evitar a mudança: da falsificação de estatísticas a interpretações errôneas intencionais da política do governo. O ministro da educação propõe, mas a burocracia dispõe. Dessa maneira, sói acontecer de a Grã-Bretanha gastar uma parcela percentualmente maior do PIB na educação que qualquer um dos concorrentes e acabar com uma população catastroficamente mal-educada, cuja falta de inteligência torna-se evidente no olhar bovino visto em cada rua do país, e que é notado por meus amigos estrangeiros.

Más como tem sido as políticas educacionais, contudo, subsiste uma dimensão cultural importante e refratária ao problema. É fácil – ao menos conceitualmente – ver o que deve ser feito no plano da política pública, porém o desdém inglês pela educação não é facilmente superado, mesmo no princípio.

No bairro em que trabalho há muitos grupos de imigrantes. Os maiores são do noroeste da Índia, de Bangladesh e da Jamaica. Há também um grande número de brancos da classe trabalhadora. As crianças de todos esses grupos frequentam as mesmas escolas ruins, com os mesmos maus professores, mas os resultados são expressivamente diferentes. As crianças dos imigrantes pobres e desempregados do noroeste da Índia nunca são analfabetos ou semianalfabetos; um número considerável prossegue nos estudos, chegando até o nível mais alto, apesar da casa superlotada e da aparente pobreza. Os outros grupos competem entre si para ver quem obtém padrão educacional mais baixo.

O fato lamentável é que uma proporção substancial da população inglesa simplesmente não percebe a necessidade da educação. Parece que estão presos na ideia vitoriana de que a Inglaterra é, por direito e pela providência divina, a oficina do mundo, que os ingleses, em virtude do local de nascimento, vêm ao mundo sabendo tudo o que é necessário que saibam e, se não houver empregos para o trabalho não qualificado (e um tanto relutante, deve-se dizer) é culpa da união do governo com os plutocratas de cartola e casaca que conspiraram para explorar a mão de obra japonesa barata. Uma coisa que um inglês jovem desempregado definitivamente não fará é concentrar esforços para adquirir qualquer habilidade para o mercado.

Tive esse tipo de conversa, em inúmeras ocasiões, com jovens em torno dos vinte anos que estão desempregados desde que deixaram a escola, cujo nível educacional geral está esboçado acima:

– Você não pensa em melhorar sua formação?

– Não.

– Por que não?

– Não tem porquê. Não tem emprego.

– Será que não teria outro motivo para buscar uma educação melhor?

– Não. (Isso após ficar perplexo com o que eu estava tentando dizer com aquilo.)

Há duas coisas que devemos notar nessa conversa. A primeira é que o jovem desempregado considera o número de empregos de uma economia como uma quantidade fixa. Assim como a renda nacional é um bolo a ser repartido em fatias iguais ou desiguais, da mesma maneira o número de empregos numa economia não guarda nenhuma relação com a conduta das pessoas que nela vivem, mas está fixado de modo imutável. Isso é um conceito de como o mundo funciona que é assiduamente vendido, não só nas escolas durante os "Estudos Sociais", mas nos meios de comunicação de massa.

A segunda coisa que é digna de atenção é a ausência total da ideia do cultivo do intelecto como um bem em si mesmo, que possui um valor independente das perspectivas de emprego. Assim como as respostas dos pacientes às mesmas doenças e incapacidades variam de acordo com a predisposição e o temperamento, assim também varia a resposta de um homem ao desemprego. Alguém com interesse em buscar, ou ao menos com as ferramentas mentais para procurar, algo que lhe interesse não está em situação tão desesperadora quanto alguém que, obrigado pela tábula rasa do próprio intelecto, tem o olhar vago em quatro paredes por semanas, meses ou anos a fio. Provavelmente, terá uma ideia de um emprego autônomo ou, pelo menos, buscará trabalho em lugares e campos novos. Não está condenado à estagnação.

Existe uma grande vantagem psicológica para a subclasse branca manter desdém pela instrução: permite que mantenham a ficção de que a sociedade que os rodeia é brutal ou até grotescamente injusta e que eles são as vítimas dessa injustiça. Se, ao contrário, a educação fosse vista por eles como um meio disponível para todos ascenderem no mundo, como de fato pode acontecer em muitas sociedades, todo o ponto de vista deles terá, naturalmente, de mudar. Em vez de atribuir seus infortúnios aos outros, terão de olhar para dentro deles mesmos, o que sempre é um processo doloroso. Aqui vemos o motivo de o sucesso escolar ser extremamente desencorajado, e aqueles que não o abandonam serem perseguidos nas escolas da subclasse: é percebido, de modo incipiente, sem dúvida, como uma ameaça para toda a *Weltanschauung*. O sucesso de um é a exprobração de todos.

Todo um modo de vida está em jogo. Esse modo de vida é semelhante ao vício das drogas, em que o crime é a heroína e a pensão do Bem-Estar Social, a metadona. Esta última, sabemos, é o hábito mais difícil de romper, e seus prazeres, apesar de menos intensos, duram por mais tempo. A satisfação amarga de ser dependente do sistema de seguridade social é inerente à atribuição da condição de vítima, o que por si só explica, simultaneamente, o insucesso da pessoa e a absolve da obrigação de fazer algo por si mesma, *ex hypothesi* impossível, por causa da natureza injusta da sociedade que a tornou, primeiramente, numa vítima. O valor redentor da educação destrói todo o cenário de faz de conta: não é de admirar que tais pessoas não queiram ser educadas.

De certo modo (e somente de um modo), no entanto, a subclasse foi vitimizada ou, talvez, traída seja uma palavra melhor. Os disparates pedagógicos impingidos às classes mais baixas foram ideias, não dessas próprias classes, mas daqueles que estavam em posição de evitar seus efeitos perniciosos, ou seja, os intelectuais da classe média. Caso tivesse propensão para a paranoia (o que, felizmente, não tenho), diria que os esforços dos pedagogos foram parte de um imenso complô das classes médias para conservar o poder para si mesmas e restringir a competição, no processo de criar sinecuras para alguns de seus membros menos capazes e dinâmicos – a saber, os pedagogos. Se essas classes médias conservaram o poder, foi em um país enfraquecido e empobrecido.

1995

É Chique Ser Grosseiro

No último mês de junho, em Paris, um jovem inglês entrou num bar frequentado por britânicos, pois combinara de encontrar-se ali com a namorada. Durante todo o dia tinham experimentado um clima de briga e o rapaz pedira que ela saísse dali com ele; mas, como estava se divertindo, ela objetou. Em seguida, ele a arrastou para a sala adjacente, derrubou-a com um soco e a chutou de maneira tão cruel que deixou a cabeça e o abdome da moça cheio de hematomas. Um funcionário do bar o puxou e o rapaz foi expulso, mas não sem antes receber um "*Glasgow Kiss*" – uma cabeçada – do cavalheiresco dono do bar.

Apenas dois meses antes, um tribunal absolvera o jovem inglês por uma investida contra a namorada anterior, a mãe de seu filho de dois anos. O casal brigara a respeito do direito de visita à criança, e a mulher alegou, para rebater o argumento dele, que o rapaz a espancara. Ao saber da absolvição afortunada, provavelmente imerecida, sua nova namorada – a que ele espancou em Paris – disse: "para qualquer pai, o que ele tem passado é um pesadelo, mas o caso não afetará nosso relacionamento". (Possivelmente, como mãe de uma criança de três anos de um relacionamento anterior, ela tinha uma percepção especial do coração dos pais). Quando a ex-namorada, a mãe de seu filho, soube da agressão à sua sucessora em Paris, foi menos sentimental. "Francamente", disse, "não estou surpresa de que outro alguém tenha se colocado na posição de receber algo desse tipo".

Quando o jovem inglês teve tempo de refletir sobre o incidente, disse: "Arrependo-me totalmente de tudo o que aconteceu", como se o que acontecera tivesse sido um tufão nas Índias Orientais que não pudesse ter influenciado de maneira nenhuma.

Excetuando o cenário parisiense, todos os aspectos dessa história são familiares ao estudioso da vida da subclasse inglesa: ego facilmente inflamável, rápida perda de calma, violência e filhos ilegítimos dispersos, autojustificação pelo uso de uma linguagem impessoal. O jovem inglês, no entanto, não é membro da classe desprivilegiada, nem a mulher que ele agrediu. Só o salário do rapaz estava em 1,25 milhão de dólares por ano, e a moça era uma conhecida apresentadora televisiva da "previsão do tempo" transformada em âncora de um *talk show*. A pobreza não é a explicação do comportamento deles.

O jovem inglês é um jogador de futebol famoso. É verdade que jogadores de futebol normalmente saem das classes sociais próximas à subclasse, e que um deslize para baixo é muito fácil. No passado, todavia, aqueles que conseguiam escapar da origem humilde normalmente aspiravam a ser tomados como verdadeiros membros da classe média ou da classe alta, ao conformar suas condutas aos padrões da classe média.

O jovem jogador de futebol não sentia tal impulso, e por que deveria, uma vez que seu comportamento público não redundou em sanção legal, ostracismo social ou mesmo forte desaprovação? A verdade é que, na Grã-Bretanha moderna, a direção da aspiração cultural foi invertida. Pela primeira vez na história as classes média e alta é que aspiram a ser tomadas pela classe social inferior, uma aspiração que (na opinião deles) necessita do mau comportamento. Não é de admirar, portanto, que o jovem jogador de futebol não tenha sentido que sua nova fortuna não lhe impunha obrigação alguma de mudar os modos.

Os sinais – grandes e pequenos – do reverso no fluxo das aspirações estão em toda parte. Recentemente, um membro da família real, uma neta da rainha, teve um botão de metal inserido na língua e orgulhosamente apresentou-o à imprensa. Tais *piercings* corporais começaram como uma moda exclusiva da subclasse, embora tenham se espalhado por toda a indústria da cultura popular, da qual a monarquia rapidamente está se transformando, é claro, em um dos ramos.

Moças de classe média agora consideram chique ostentar uma tatuagem — outra moda da subclasse, como rapidamente atesta uma visita a qualquer prisão inglesa. A ideia de que uma moça deva deixar-se tatuar teria horrorizado a classe média há muito pouco tempo, como, por exemplo, há dez anos. As moças da classe média agora orgulhosamente usam as tatuagens como emblemas de rebeldia antinomiana, de independência intelectual e de identificação, talvez, com os supostamente oprimidos — se não os do mundo, ao menos os dos nossos bairros pobres.

A propaganda agora confere *glamour* ao estilo de vida da subclasse e a sua postura diante do mundo. Stella Tennant, uma das mais famosas modelos britânicas e, ela mesma, uma aristocrata de nascimento, adotou quase como marca registrada a postura e expressão facial de estúpida hostilidade geral a tudo e a todos, que é característica de muitos de meus pacientes da subclasse. Um anúncio recente para uma marca de camisas esporte mostrava um rapaz que falava de maneira ríspida "Tá olhando o quê?" — exatamente as mesmas palavras que surgem em tantas brigas de faca entre jovens rapazes da subclasse de extraordinário ego sensível. Um novo estilo foi inventado: o grosseiro-chique.

A dicção, na Inglaterra, sempre foi um importante identificador social, em certa medida, até mesmo determinante da posição da pessoa na hierarquia social. Podemos discutir se esse é um fenômeno saudável, mas é um fato inquestionável. Mesmo hoje, os psicólogos sociais descobrem que os britânicos, quase universalmente, associam aquilo que é conhecido como *"received pronunciation"*[1] com grande inteligência, boa educação e um modo de vida culto. Certo ou errado, veem isso como um indicador de autoconfiança, riqueza, honestidade e até asseio. Os sotaques regionais, em geral, costumam identificar as qualidades opostas, mesmo para as pessoas que os possuem.

Dessa maneira, é uma evolução digna de nota que, pela primeira vez em nossa história moderna, pessoas que pelo modo como foram criadas e educadas usavam a *"received pronunciation"* rotineiramente, agora, buscam suprimi-la. Em outras palavras, estão aflitas para não aparentar ser inteligentes, bem-educadas e cultas para os compatriotas, como se tais atributos

---

[1] Sotaque padrão da língua inglesa como falado no sul da Inglaterra. (N. T.)

fossem, de alguma maneira, vergonhosos ou desvantajosos. Onde outrora o aspirante devia imitar a dicção dos que eram os seus superiores sociais, as classes altas agora imitam a dicção dos inferiores. Pais que enviam os filhos para escolas particulares caras, por exemplo, hoje relatam, com regularidade, que os filhos saem com a dicção e um vocabulário que pouco difere da gíria da escola estadual local.

A BBC, que até poucos anos insistia, com muito poucas exceções, na "*received pronunciation*" de seus locutores, agora está correndo para assegurar que a fala enviada pelas ondas do rádio seja demograficamente representativa. A ideologia política por trás da decisão dessa mudança é clara e simples, um remanescente do marxismo: as classes altas e médias são más; o que era tradicionalmente considerado alta cultura não é nada mais senão algo usado para esconder o jugo das classes média e alta sobre a classe trabalhadora; a classe trabalhadora é a única cuja dicção, cultura, modos e gostos são verdadeiros e autênticos, pois são valorados por si mesmos e não como um meio de manter a hierarquia social. A utopia comunista pode estar morta na Rússia, mas é modelo na BBC – exclusivamente entre as pessoas de classe alta e de classe média, é claro.

Simbólico dessa mudança radical de influência cultural, fruto do ódio a si mesma da classe média progressista, é o contraste entre dois recentes primeiros-ministros, a Sra. Margaret Thatcher e o Sr. Tony Blair. A Sra. Thatcher, de origem humilde, aprendeu a falar como uma pessoa da nobreza; o Sr. Blair, mais próximo da nobreza por nascimento, agora brinca com a oclusiva glotal e outros maneirismos vocais das classes mais baixas, tais como o *a* curto em palavras como "*class*" e "*pass*". Os únicos clubes dos quais o Sr. Blair admite participar ao entrar para o *Who's Who* [Quem é quem][2] são o Trimdon Colliery and Deaf Hill Working Men's Club e o Fishburn Working Men's Club. De fato, a organização social mais exclusiva de que qualquer um de seus auxiliares de gabinete admite fazer parte no *Who's Who* é o Covent Garden Community Centre. Por outro lado, o gabinete parece restringir a socialização ao Jewel Miners' Welfare Club e o

---
[2] Publicação britânica anual que, desde 1849, traz a biografia de britânicos famosos. (N. T.)

Newcraighall Miners' Welfare Club: um fenômeno curioso para um grupo de pessoas notabilizadas principalmente pela riqueza.

Após sua eleição, Sr. Blair perdeu pouco tempo para provar que seus gostos eram comuns, ao contrário da impressão criada pela recente venda de sua casa por um milhão de dólares. Convidou um dos irmãos Gallagher, do grupo pop Oasis, para sua primeira festa em Downing Street, aparentemente como uma questão de urgência nacional.

Os irmãos Gallagher são notórios pela rudeza. Suas travessuras podem ser mero golpe publicitário, é claro, e é possível que, em privado, sejam uns encantos de pessoas; mas foi como figura pública que um deles foi convidado para Downing Street. Eu mesmo os vi atuando quando um jornal me pediu para ir a um dos shows, um evento que, noutra circunstância, teria feito esforço por evitar. Nove mil jovens fãs (a 30 dólares cada ingresso) lotavam o salão; eram, em grande maioria, pessoas dos mais baixos segmentos do espectro social e educacional. Os agentes publicitários do grupo deram-me tampões de ouvido, certamente um modo estranho de atrair a simpatia para um show de música. Não que houvesse perigo de não conseguir ouvir, pois apesar dos tampões, as ondas sonoras eram tão fortes que senti a vibração na garganta, e podia detectá-la até na minha mão.

Os Gallaghers estavam vestidos exatamente como as pessoas da subclasse; os maneirismos precisamente os mesmos de meus pacientes da subclasse. Entre as músicas, um deles falava umas poucas palavras, dentre as quais "fuck"[3] e seus vários derivados eram frequentes, ditas nem tanto para comunicar um significado, mas para transmitir um clima geral de desafio arrogante. Mais ou menos na metade do show, um dos irmãos perguntou à audiência:

— Algum filho da puta aí fora tem alguma merda de droga?[4]

---

[3] Em inglês, "fuck" é uma palavra multiuso. Como interjeição pode indicar de ira a alegria; após um pronome interrogativo serve para enfatizar o que está sendo dito; antes de um adjetivo, indica grande quantidade, muito; e dá origem a expressões como "cai fora" (fuck off), "p.q.p" (fucking hell); "filho da puta" (fucker) e *motherfucker* (grau mais ofensivo de fucker). (N. T.)

[4] No original: *Any of you fuckers out there got any fucking drugs?* (N. T.)

É claro que a postura de insolência feroz e intocável não foi à toa com essa audiência; nem o será o endosso eficaz dado pelo convite do primeiro-ministro. Por que coibir e manter a circunspecção se tal vulgaridade conscienciosa pode ganhar não apenas dinheiro e fama, mas total aceitação social? Para centenas de milhares de rapazes e moças que foram a shows do Oasis, o que é bom para os Gallaghers e para o primeiro-ministro, será bom para eles.

Por ter convidado um dos Gallaghers de maneira tão faustosa, o primeiro-ministro também endossou uma crença a respeito da música que hoje está generalizada na Inglaterra: não existe música melhor ou pior, somente a música popular e impopular. A diferença é feita não para separar a qualidade da música, mas para classificar o tamanho e a composição social da audiência, de modo que o fácil e o popular, que antes eram considerados piores, agora são considerados não somente iguais, mas melhores. Até pessoas que poderíamos ter esperado que defendessem a alta cultura sucumbiram desgraçadamente ao populismo — na verdade, abanaram suas chamas com fervor multicultural. Recentemente ouvi um professor de estudos clássicos de Oxford declarar que em termos de qualidade não existia escolha alguma entre Mozart e as produções dos mais recentes grupos de *rap* (embora me atreva a adivinhar quais sejam as preferências da pessoa, por trás de toda aquela pose e má-fé). Quando qualquer um menciona grandes compositores, agora, é obrigatório juntar os Beatles com Schubert para consagrar a própria abertura mental, a *bona fides* democrática. O Midland Bank acabou de retirar o patrocínio à Royal Opera House, Covent Garden — alegando que a ópera é interesse de uma minoria — e agora dará o dinheiro para um festival de música pop. O mecenato das artes, por conseguinte, transformou-se em mera pesquisa de opinião pública e exploração dos gostos mais baixos e das fraquezas das pessoas.

Mesmo no comportamento, a nova ortodoxia para todas as classes é a seguinte: já que nada é melhor e nada é pior, o pior é melhor porque é mais popular. Todos sabem que as torcidas inglesas de futebol são as piores em comportamento da Europa, se não forem as piores do mundo; mas o que poucos sabem é que essas multidões não são compostas, somente ou principalmente, de pessoas da mais baixa extração social — e, de fato, verdadeiros cidadãos da classe média perpetram muitos dos piores atos. O que antes era um entretenimento proletário agora é nitidamente burguês, e longe de ter melhorado os comportamentos nos jogos, a mudança na composição social da audiência causou a deterioração.

Presenciei isso em Roma, aonde fui para fazer uma reportagem para um jornal sobre o vandalismo das torcidas de futebol inglesas num jogo entre Itália e Inglaterra. Durante a invasão inglesa, o clima em Roma era o de uma cidade sitiada (embora os bárbaros estivessem dentro dos portões). Milhares de policiais estavam de prontidão em toda a cidade para evitar motins de bêbados e saques, nos quais a multidão inglesa, caso deixada à vontade, agora, quase sempre degenera.

Durante o jogo propriamente dito, no estádio Olímpico, a multidão inglesa comportou-se com os típicos modos desagradáveis. Por cerca de três horas – antes, durante e depois da partida – lançou insultos em uníssono à torcida italiana. Cantavam: "Que porra vocês pensam que são?" e "Vocês são uns merdas e sabem disso",[5] quase sem parar. Até onde sei, eu era a única pessoa na seção inglesa do estádio que não aderiu à cantoria. Foi exatamente para isso que milhares se dirigiram a Roma. Pior ainda, essa turba de ingleses livres acompanhavam o canto com o que parecia inconscientemente uma saudação fascista – levando o adágio "Em Roma, aja como os romanos", um passo além da urbanidade.

Os dez mil britânicos que foram a Roma – uma cidade notoriamente cara – têm empregos que pagam muito bem, que exigem instrução e treinamento. O homem que estava perto de mim, por exemplo, era um programador de computadores, responsável pela tecnologia de informação de uma Câmara Municipal. Todos aqueles a que perguntei eram funcionários qualificados; um leiloeiro da Sotheby's, disseram-me, estava na multidão.

Perguntei aos poucos que estavam ao meu redor por que se comportavam daquela maneira. Não achavam impróprio viajar 1.600 km somente para gritar obscenidades para estranhos? Todos afirmaram que era divertido e, para eles, uma libertação necessária. Libertação exatamente de quê?

---

[5] No original: *"Who the fuck do you think you are?"* e *"You're shit and you know you are"*. (N.T.)

Da frustração, responderam, caso respondessem alguma coisa. A nenhum deles ocorreu que os dramas mesquinhos de suas vidas particulares não justificam uma atividade antissocial. Pensavam que a frustração era como o pus em um abscesso, melhor fora do que dentro, e recordei-me de um assassino que certa vez me disse que teve de matar a vítima, caso contrário não sabia o que poderia ter feito.

No aeroporto de Roma testemunhei um momento extraordinário do desejo pela aparência, se não pela realidade, da mobilidade social descendente. Uma inglesa de uns trinta anos que estava na minha frente, sem dúvida da classe média alta, falava educadamente em um inglês de "*received pronunciation*", com a balconista no *check-in*. Um pouco depois a vi novamente no ônibus que nos conduzia para a aeronave. Agora que estava entre os amigos torcedores de futebol com quem foi para Roma, adotou o sotaque da classe baixa e entremeava na fala, com liberalidade, a palavra de quatro letras.

De modo algum os torcedores de futebol são os únicos britânicos prósperos que empregam o vandalismo da subclasse no estrangeiro. Recentemente, o vice-cônsul britânico na ilha de Ibiza demitiu-se por não querer mais resgatar cidadãos de seu país das consequências jurídicas dos próprios comportamentos incontinentes.

Por que os britânicos se tornaram pessoas tão vulgares e despudoradas em questão de três ou quatro décadas? Por que agora opera uma espécie de lei de Gresham comportamental, de modo que a má conduta expulsa a boa conduta?

Como muitos dos males modernos, a rudeza do espírito e do comportamento cresce das ideias cultivadas na academia e entre os intelectuais – ideias que transbordaram e que agora têm efeito prático no restante da sociedade. O relativismo que regeu a academia por muitos anos, hoje, vem reger a mentalidade da população. A classe média britânica comprou o jargão multicultural de que, no que diz respeito à cultura, só há diferença, não melhor ou pior. Como questão prática, significa que não há nada que escolher entre boas e más maneiras, refinamento e rudeza, discernimento e falta de discernimento, sutileza e grosseria, o elegante e o mal-educado.

Esquivar-se de urinar nas soleiras das portas, digamos, não é melhor que urinar: é apenas diferente, e a preferência por soleiras de portas sem o cheiro de urina não é nada mais que um preconceito burguês sem justificativa intelectual ou moral. Já que é mais fácil e imediatamente mais gratificante comportar-se sem nenhuma restrição do que com limitações, e não há mais nenhum argumento amplamente aceito ou mesmo predisposições favoráveis à restrição que orientem o decoro público, não existe mais um ponto de vista a partir do qual possamos criticar a vulgaridade.

A sociedade e a cultura britânicas estiveram ainda mais vulneráveis aos ataques dos intelectuais, pois historicamente eram abertamente elitistas e, portanto, supostamente não democráticas. Que suas produções culturais foram magníficas, que Isaac Newton e Charles Darwin, William Shakespeare e Charles Dickens, David Hume e Adam Smith não falaram de ou para uma elite nacional, mas para toda a humanidade, isso tem sido convenientemente esquecido. Nem importa, para propósitos ideológicos, que, embora elitista, a sociedade e a cultura britânicas nunca foram fechadas, mas que qualquer pessoa de talento era capaz de dar sua contribuição; que a Grã-Bretanha absorveu com facilidade forasteiros nos seus círculos mais restritos, de Sir Anthony van Dyck a Joseph Conrad, de Sir William Herschel a Sir Karl Popper, de Georg Friedrich Händel a Sir Ernst Gombrich. Foi vendida uma narrativa simplificada da história britânica, segundo a qual essa história nada foi senão opressão, exploração e esnobismo (todos existiram, é claro). Uma rejeição às tradições da alta cultura britânica foi, em si, um ato político meritório, um sinal de solidariedade com aqueles que a história oprimiu e explorou.

Uma primeira manifestação dessa rejeição foi a metamorfose do visconde de Stansgate em Tony Benn, o político de esquerda, por meio do estágio intermediário ou de pupa como Anthony Wedgwood-Benn. Ele foi obrigado a renunciar à nobreza hereditária para continuar como membro da Câmara dos Comuns, mas a contração plebeia de seu nome de família foi invenção própria. Esquerda em tudo, menos nas próprias finanças, mandou os filhos, com muita publicidade, para a escola pública local, sem mencionar o grande número de aulas particulares que recebiam. Uma solução perfeita para o dilema moral que enfrenta todo pai de classe média ou alta com tendências esquerdistas: superioridade moral por ter rejeitado abnegadamente a educação privada, enquanto, ao mesmo tempo, evita os desastrosos baixos padrões educacionais do sistema público que deixou ao menos um quarto da população britânica praticamente analfabeta.

A combinação de relativismo e antipatia com a cultura tradicional exerceu um grande papel na criação da subclasse, transformando, dessa maneira, a Grã-Bretanha de sociedade de classes em sociedade de castas. As pessoas mais pobres foram privadas tanto de um senso de hierarquia cultural como de um imperativo moral para conformar suas condutas a qualquer padrão. Doravante, o que tinham e faziam valia tanto quanto qualquer outra coisa, porque todas as culturas e todos os artefatos culturais eram iguais. Aspirações eram despropositadas; e assim, foram imobilizados na pobreza — material, mental e espiritual — de maneira tão absoluta quanto os condenados ao *Inferno* de Dante.

Por ter, em parte, criado essa subclasse, a *intelligentzia* britânica, sentindo-se culpada pelos próprios antecedentes supostamente não democráticos, sente-se obrigada a agradá-la pela imitação e convenceu o restante da classe média a fazer o mesmo. Dessa maneira, assim como na Rússia czarista em que cada cidade e vila tinha seu santo louco de Deus cujo egoísmo e conduta imprópria eram tomados como sinais de compromisso profundo com os princípios cristãos, nós, na Grã-Bretanha, temos agora centenas de milhares, talvez milhões, de pessoas de classe média cuja disposição de gritar "cai fora"[6] por horas para os italianos é a prova viva da pureza de seus sentimentos democráticos.

Para aquele que não quer ver o triunfo do menor denominador cultural comum, mas que também permanece preso ao ideal da democracia liberal, o espetáculo da vulgaridade britânica é muito perturbador. Obtêm-se mais votos lisonjeando a vulgaridade do que a combatendo.

Isso quer dizer que a vulgaridade será sempre vitoriosa?

1998

---

[6] No original: "*Fuck off*". (N. T.)

O Coração de um Mundo sem Coração

Na frente da minha casa, no centro da praça, há uma igreja gótica vitoriana, uma construção de certa grandeza, que se eleva aos céus com imensa ousadia. Seu interior está intocado; os vitrais, magníficos. Está quase sempre vazia.

O arquiteto, quando a construiu, só poderia ter suposto que estava expressando, em pedra, uma fé que duraria para sempre. Não imaginaria que, 125 anos depois, a igreja oficial que encomendara aquele esplêndido edifício estaria à beira da extinção, seus bispos futilmente se esforçando para alcançar a modernidade ao assinar embaixo das inverdades sociológicas da moda de décadas passadas ou ao sugerir que Jesus era homossexual e que não ressuscitou corporeamente de modo algum. Menos ainda poderia imaginar que os membros do sínodo da Igreja da Inglaterra, algum dia, interessar-se-iam mais pelas dívidas do Terceiro Mundo ou pelo aquecimento global que pelo pecado. Do típico modo morno e tímido, a Igreja adotou (e diluiu) a Teologia da Libertação que precipitou a erosão da hegemonia católica na América Latina.

A Igreja da Inglaterra, no entanto, é uma igreja tolerante, e o vigário dessa paróquia é um sobrevivente dos dias em que Deus ainda estava do lado das classes mais abastadas. Ex-militar, usa monóculo e tem um tremor no outro olho. É um dos mais divertidos convidados de um jantar, muitíssimo cortês para trazer à baila assuntos de religião.

Não guarda qualquer semelhança com seu bispo bolchevique; ainda acredita em boas obras inspiradas por um coração bondoso, agora vistas como uma concepção de caridade retrógrada, até reacionária. Certa vez conseguiu um emprego na igreja para um de meus pacientes, um ex-detento alcoólatra que, finalmente, queria emendar-se. Disse, com uma risada afável que se a Igreja não pudesse dar oportunidade aos pecadores arrependidos, quem lhes daria?

Entretanto, a religião tolerante e comedida do vigário não é do tipo que desencadeia avivamentos, e ele sabe que é um dos últimos de sua espécie. A influência de uma Igreja na sociedade é como a florada da uva, uma vez ocorrida, vai-se para sempre.

A crença no sobrenatural, no entanto, não acabou necessariamente na mesma proporção que a frequência à Igreja da Inglaterra. Até bem pouco tempo supunha, um tanto casualmente, que os ingleses estivessem entre os povos menos religiosos, e que tivessem, de alguma maneira, se tornado indiferentes ao mundo supralunar de anjos, demônios, maus espíritos e daí por diante. Abandonei minha suposição demasiado cômoda em um programa de debates na televisão, em que fui convidado a participar do painel sobre exorcismo, representando a ciência – ou, ao menos, a racionalidade.

Os outros participantes incluíam um bispo autoproclamado que criara uma "igreja católica" em oposição àquela governada pelo impostor de Roma e um membro ativo da Associação Humanista Britânica, um tipo que passa as tardes chuvosas de domingo no Recanto do Orador, no Hyde Park, pregando ferozmente sermões contra Deus para uma congregação de uma pessoa.

Ao meu lado, no estúdio, sentou um homem que cumprira várias sentenças na prisão por crimes violentos, obviamente um psicopata que, no entanto, se emendara desde seu exorcismo, no qual vomitara um pequeno demônio verde num balde de plástico. Desde então não fora sentenciado e fui instado – como o único representante da razão no estúdio – a comentar.

Obviamente, fui incapaz de humilhar o psicopata exorcizado diante de dez milhões de telespectadores. Usei o argumento padrão e o que me surpreendeu foi a reação da audiência, trabalhadores de uma fábrica local levados para lá naquela noite. A teoria do pequeno demônio verde para explicar o desvio de conduta era tida como perfeitamente plausível e não como inerentemente absurda. Fiquei surpreso.

Desde então, prestei mais atenção aos sintomas de um renascimento religioso na cidade. Grandes placas (e competitivas) exortam o transeunte a ler o Alcorão, o Deus do último Testamento ou a ler a Bíblia antes da vinda de Cristo. Nas Páginas Amarelas, surpreendentemente, existem listados tantos locais de adoração quanto bares – dentre eles, a mesquita do presidente Saddam Hussein, que recentemente recebeu uma doação de 75 mil dólares do conselho municipal para ampliar o estacionamento, que agora será, suponho, o maior de todos os estacionamentos. A Eterna Ordem Sagrada dos Querubins e Serafins, por outro lado, não consta na lista porque não tem telefone – embora o apóstolo-chefe tenha celular. Acontece que a capela da Eterna Ordem Sagrada não fica a mais de 180 metros da igreja defronte a minha casa, e embora falte certa grandiosidade à construção, pois ainda demonstra algumas características arquitetônicas da fria escola gradgrindiana[1] que fora, não há dúvidas de que dela emana um sentimento de cordialidade durante as cerimônias.

Encontrei pela primeira vez a Eterna Ordem Sagrada no Leste da Nigéria, perto da cidade de Port Harcourt, onde a Ordem foi fundada. Todos os domingos, um grande número de fiéis, trajando vestes seráficas, compridas e brancas, marchava por um caminho de terra batida em meio à vegetação exuberante até a grande igreja de tijolos de concreto, onde cantavam e oravam com entusiasmo, esquecidos por um breve momento das inseguranças da vida em um país em que a polícia e os soldados alugavam as armas à noite para bandidos, e onde ao menos um dos quatro cavaleiros do Apocalipse nunca esteve muito longe.

---

[1] Referência à personagem Mr. Gradgrind do romance de Charles Dickens *Hard Times*, caracterizado como um professor pedante, rigoroso, que gostava somente de "fatos e cálculos". Na verdade, era uma crítica aberta aos filósofos utilitaristas ingleses, Jeremy Bentham e James Mill. (N. T.)

Assim, a 180 metros da igreja onde a religião da classe alta inglesa gentilmente dá os últimos suspiros, uma assembleia de imigrantes nigerianos (todos do estado de Rivers, no sudeste da Nigéria) veste suas túnicas (agora de cetim), canta e grita aleluia. Dentro da capela, sentimos o ar pesado de incenso, dilacerado por preces urgentes. A polícia inglesa não aluga suas armas para bandidos, pelo menos ainda não o faz, mas a vida permanece cheia de inseguranças para esses imigrantes. Não são acolhidos, de modo algum, pela população local de braços abertos; acham o clima frio; o custo de vida inesperadamente alto e os perigos morais para seus filhos multiformes e onipresentes.

— Ah, *Senhô* — diz suspirando um apóstolo júnior (o apóstolo sênior viajou para Jerusalém) — muitos *tão* sem emprego, muitos *tão* sem mãe nem pai, muitos *tão* sem casa. Vos *pedimo*, *Senhô*, ache trabalho *prá* eles, ache casa *prá* eles, leve consolo *pros qui tão* sem pai nem mãe.

A congregação está de joelhos, com pessoas voltadas para todas as direções, e profere em uníssono um amém sincero, com algumas batidas de cabeça no chão, para dar mais ênfase. Depois, uma das mulheres da congregação — composta por dois terços de mulheres — vai à frente e ora em uma linguagem nitidamente bíblica, inspirada na versão da Bíblia do rei James, para os doentes do mundo, em especial para a irmã Okwepho que está no hospital com dores abdominais. Pede ao Senhor que guie os médicos e os cientistas que estão tentando acabar com as doenças do mundo, e daí derivou, por progressão natural, para a Segunda Vinda, quando não haverá mais sofrimento ou dores abdominais, quando não haverá mais doença ou fome, injustiça ou guerra, desemprego ou pobreza, mas somente bondade, irmandade e contentamento. Agora a congregação está de pé, com as mãos levantadas e começa a balançar ritmicamente, de olhos fechados, já banhados pela bem-aventurança do mundo sem os céus cinzentos hostis, sem um departamento de imigração suspeitoso, ou tentações para os adolescentes começarem a andar em más companhias.

A capacidade de dar sentido às aflições diárias da existência e de superá-las, ao menos na imaginação, é uma das características que unem uma miríade de florescentes igrejas, invisíveis, salvo quando buscadas entre os pobres. A uns noventa metros da penitenciária onde trabalho existe uma outra igreja que não pode ser encontrada no catálogo das Páginas Amarelas, uma grande construção octogonal (um panóptico benthamita eclesiástico para combinar com a prisão ao lado) com capacidade para oitocentas pessoas sentadas, construída por subscrição de seus membros pobres.

São jamaicanos ou pessoas de ascendência jamaicana e vivem no centro do turbilhão, tanto física quanto socialmente, de uma favela urbana. O que para mim são meros acontecimentos dignos de observação e elaboração de teorias, para eles são os problemas diários da vida; e dois dias antes, assisti a um culto na igreja: um jovem traficante de *crack* fora assassinado a tiros, disparados de um carro em movimento, a uns vinte metros do portão da prisão e, uns poucos minutos depois, outro traficante foi morto a uns quatrocentos metros. No total, uns cinco jovens foram mortos a tiros no mês passado; um registro baixo para os padrões de Washington, talvez, mas suficiente para instilar medo na população local.

Conheci os suspeitos de assassinato na prisão no dia anterior à cerimônia na igreja, três jovens negros de uns vinte anos, para os quais matar não era mais moralmente problemático que dar um telefonema: homens que, ao conversar, notei estarem tão convencidos da imensa injustiça do mundo que também tinham a certeza de que qualquer coisa que fizessem não acrescentaria nada ao montante.

A congregação – de, talvez, umas quatrocentas pessoas fiéis e, mais uma vez, composta por uns dois terços de mulheres – era toda negra. Os congregantes estavam elegantemente vestidos, com chapéus requintados e vestidos deslumbrantes; as mais idosas usavam véu e luvas. Poderíamos ficar tentados a rir dessa pitoresca indumentária que imita a respeitabilidade de eras passadas, mas há muito tempo aprendi, quando por um breve período exerci a medicina em uns municípios na África do Sul, que a ânsia das pessoas pobres por respeitabilidade, por parecerem limpas e bem-vestidas em público, não é de modo algum risível, mas ao contrário, é algo nobre e inspirador. É prerrogativa dos prósperos que não se dão conta da própria prosperidade desdenhar das virtudes burguesas, e hoje recordo-me com desgosto, nesse sentido, de meus gestos e da minha presunção adolescentes.

Os tiroteios estavam na mente da congregação, pois tanto as vítimas como os perpetradores poderiam ser seus filhos, irmãos ou consortes (dificilmente ouso falar de maridos, por medo de que pensem que sou implicitamente intolerante) das mulheres que agora soluçavam orações improvisadas, de cabeças baixas nos bancos. A pregadora, uma mulher jovem, convocou a congregação a dar testemunho do Senhor e uma senhora idosa, manca, com quem cruzara por diversas vezes na rua, dirigiu-se para a frente da audiência. Agradeceu ao Senhor, em voz vacilante, por todas as bênçãos que Ele lhe cumulara, Sua serva, dentre as quais estava o próprio dom da vida.

— Agradeço-te, Senhor! Agradeço-te, Senhor! Agradeço-te, Senhor!

Foi extraordinário ouvir essa senhora, que em outras circunstâncias parecia retraída e pouco expansiva, levar uma grande congregação ao frenesi de emoção pela repetição de uma frase simples, com entonação cada vez maior. Logo após, com maestria instintiva da psicologia das massas (que partilhava com muitos outros que depois foram à frente da assembleia), esperou o tumulto de gratidão incendida acalmar, escolhendo o momento preciso para retomar o testemunho.

— Agradeço-te, Senhor, pelo dom da cura.

— Amém! — murmurou a congregação. — Louvado seja o Senhor!

— Semana passada caí da escada e cortei a perna. Fui para o hospital [era o hospital em que trabalho, e diversas enfermeiras estavam na assembleia], veio o doutor e viu que eu estava sangrando. Ele disse que teria de dar uns pontos; deu os pontos e ainda estava sangrando. (Isso realmente parece o meu hospital, pensei.) — Daí, o doutor disse: "vou ter de fazer um curativo", mas ainda saía sangue pelo curativo. Então, orei para o Senhor Jesus fazer parar de sangrar. E sabem o que aconteceu? O sangue estancou.

A congregação estava profundamente comovida.

— Doutor Jesus! Doutor Jesus! Doutor Jesus! — exclamou a senhora idosa.

Um rapaz muito animado que estava à minha direita — achei-o um pouco exibicionista — começou a falar em línguas.

– Shalalá garabalaga shalalalá singapatola hamagaruga! – disse (mais ou menos).

A senhora idosa deixou-o falar até ficar sem fôlego, e então, quando ele terminou, ela voltou ao testemunho.
– Todos somos pecadores, Senhor! Por isso imploramos o teu perdão. Nem sempre seguimos tuas veredas, Senhor; somos orgulhosos, teimosos, queremos fazer as coisas da nossa maneira. Só pensamos em nós mesmos. É por isso, Senhor, que há tanto pecado, tantos roubos, tanta violência em nossas ruas.

Lembrei dos rostos dos jovens na prisão que agora eram acusados de assassinato; dos olhares duros, brilhantes e inexpressivos – jovens que não reconheciam lei alguma senão o próprio desejo momentâneo. A senhora idosa descreveu (e explicou) o egoísmo radical deles em termos religiosos.
Rumores de assentimento eram ouvidos em toda parte. Não era culpa da polícia, do racismo, do sistema ou do capitalismo; era a incapacidade dos pecadores de reconhecer qualquer autoridade moral acima do capricho pessoal. Ao afirmar isso, a congregação reconhecia a própria liberdade e dignidade: seus membros podiam ser pobres e desprezados, mas ainda eram humanos o suficiente para decidir, por si mesmos, entre o certo e o errado. Também davam esperança aos outros, pois se uma pessoa escolhesse fazer o mal, mais tarde poderia, por um ato de vontade, fazer o bem. Ninguém tinha de esperar até que chegasse a justiça perfeita deste mundo, ou que todas as circunstâncias fossem perfeitas, antes que ele mesmo pudesse fazer o bem.

A uma centena de metros há ainda outra igreja pentecostal. Na parede lateral dessa igreja está pintada, em letras de quase um metro, a frase: O AMOR DE DEUS NÃO É SORTE. Dentro, como se para enfatizar que Deus ajuda a quem se ajuda, uma nota aconselha os congregantes a não estacionarem na rua, mas no estacionamento da igreja, que possui um sistema de segurança.

Qual é a necessidade, Deus meu, desse aviso! As calçadas de todas as ruas locais estão apinhadas de cacos de vidro dos milhares de furtos de veículos (ou de coisas dos veículos) ali estacionados; mas o furto é o que menos importa nesses arredores, como fiquei sabendo pelos meus pacientes. Uma paciente vive numa casa que dá vista para a igreja, onde é praticamente prisioneira do crime. Seu carro já foi levado, a casa arrombada três vezes no último ano e a filha, que a visita todos os dias, comprou um celular para ligar para a mãe assim que o ônibus chegasse no ponto. A mãe olha do andar de cima para ver se há possíveis assaltantes e diz a ela que está tudo calmo, mas, mesmo assim, ela corre os 180 metros que separam o ponto de ônibus da porta de entrada da casa da mãe. Ela já foi assaltada com uma faca certa vez; e assim como uma vítima francesa dos campos de concentração alemães observou que uma vez torturada, a pessoa permanece torturada para o resto da vida, do mesmo modo, se a pessoa já foi assaltada e ameaçada com uma faca, permanece com medo de ser assaltada e retalhada pelo resto da vida.

Também com vista para a igreja — na verdade, avistando-a do alto — está o prédio de vinte andares do conjunto habitacional público, ao qual os ironistas do Departamento de Habitação deram um nome repleto de conotações rurais (descobri que quanto mais rural o nome, maior é a área de concreto ao redor). Conheço muito bem esse determinado bloco, já atendi duas chamadas domiciliares lá — acompanhado pelo batalhão de choque para proteger-me, o que se mostrou uma precaução muito necessária. Uma outra paciente que lá vive já se apunhalou, por diversas vezes, no abdômen (pelo menos cinco vezes) numa tentativa, até agora inútil, de fazer o Departamento de Habitação — cuja preocupação com os arrendatários faz com que qualquer senhor de terras do século XVIII pareça, indiscutivelmente, um sentimental — mudá-la para um lugar menos violento. O Departamento insiste em afirmar que ela está adequadamente estabelecida, e com isso quer dizer que ela está entre quatro paredes e tem um teto impermeável à água, mas não ao barulho ou aos intrusos.

Assim, penso saber o que Karl Marx queria dizer quando escreveu que a religião é o suspiro do oprimido, o coração de um mundo sem coração, o ópio do povo. É claro, errou a identidade do opressor. Na Inglaterra de hoje, o opressor não é o plutocrata envaidecido; é o vizinho traficante que ouve rock nas alturas e bate com bastão de beisebol nos outros.

Dentro dessa igreja pentecostal o pastor se dirige para a grande assembleia que sabe muito bem o que é viver à sombra da ilegalidade, onde reina a psicopatia. Cita o caso de uma menina de sete anos, colocada em cima da mesa de um bar e vendida, pela própria mãe, para o abusador que desse o maior lance, para fazer o que quisesse com ela por uma noite – uma história que tenderia a descartar como apócrifa, caso não ouvisse, todos os dias, casos tão medonhos quanto esse no hospital.

Essa congregação possui uma característica surpreendente: é metade negra e metade branca. Isso é ainda mais notável visto que, a uma centena de metros, existem bares com segregação racial, onde uma pessoa da raça errada é tão bem-vinda quanto um blasfemador no Irã. Na igreja, no entanto, todas as raças estão unidas pela experiência mútua da miséria moral que as rodeia e pela incapacidade das autoridades públicas de combatê-la, ou mesmo de reconhecer sua existência.

Mais uma vez, buscam ter certeza de que o sofrimento não é em vão. Congregante após congregante fala de delinquência e uso de drogas, de filhos ilegítimos e violência doméstica, de criminalidade e de crueldade. Todos oram para a conversão do mundo e, exultantes com a perspectiva iminente, falam em línguas. Essa paralinguagem de sons inarticulados é pronunciada com um sentimento profundo: é uma catarse, uma libertação.

A busca desesperada por ordem em meio à anarquia muitas vezes faz com que as pessoas fiquem vulneráveis a certas autoridades autoproclamadas, que avançam para preencher o vácuo moral. Um paciente, recentemente, revelou-me um mundo de cultos religiosos que florescem, anonimamente, e que não é visto pelo resto de nós, nas cidades modernas.

Meu paciente foi levado ao hospital por quase ter conseguido suicidar-se. O suicídio era o único meio, acreditava, pelo qual poderia escapar do culto que abraçara e que o abraçara nos seus dias difíceis.

– Se não posso tirar a Igreja da minha vida – disse – ao menos posso tirar minha vida da Igreja.

Era um homem inteligente que abandonara a faculdade para casar-se cedo. Poucos anos depois, a mulher o trocou por outro. Começou a beber muito, e em pouco tempo estava numa situação desesperadora. Perdera não só a mulher e o filho, mas a casa e o emprego. Os pais o deserdaram por conta da tendência à agressividade quando estava embriagado. Desceu de padrão social muito rapidamente e logo se viu em um albergue para homens com histórias semelhantes.

Estava contemplando a possibilidade do suicídio quando encontrou, nas ruas, uma jovem missionária de um culto chamado *Jesus Army* [Exército de Jesus]. Ela o levou a um encontro em uma das muitas casas comunais mantidas por esse grupo na cidade.

Nesse lugar, as pessoas pareciam profundamente satisfeitas, felizes e sorrindo o tempo todo; batiam palmas e cantavam nos encontros diários. Demonstravam um profundo interesse pelo bem-estar do meu paciente e pareciam oferecer um amor incondicional, que somente mais tarde ele reconheceu ser altamente condicional, manipulador e falso. Quando pediram que entrasse para uma das casas comunais do *Army*, pensou ter encontrado a salvação, e prontamente concordou.

A maioria dos outros internos desses lares esteve em situações semelhantes, causadas por bebidas ou drogas. E não havia dúvida de que, ao ingressar no *Jesus Army*, eles superavam os vícios (demonstrando assim, como afirmam muitos especialistas, que o vício é uma questão moral ou, ao menos, existencial). Ainda que, sem dúvida, o *Jesus Army* salvasse a vida, não a engrandecia.

Tentavam recriar as primeiras comunidades cristãs no mundo moderno, tomando os Atos dos Apóstolos como texto fundamental. Todos os bens eram comuns e o uso era determinado pelos chefes da Igreja. A ninguém era permitido ter dinheiro algum, e mesmo a mais ínfima despesa, tal como uma passagem de ônibus, tinha de ser justificada em termos teológicos. O pedido de uma barra de chocolate, por exemplo, seria recebido com uma pergunta irreplicável: "Em que isso ajuda na obra redentora da igreja?". Dessa maneira, a insignificância da existência antes do culto era substituída pela igualmente deprimente e profunda insignificância dos desejos e ações mais triviais, e o pedido de uma barra de chocolate tornava-se ocasião de uma batalha entre as forças do bem e do mal. Nenhum tipo de entretenimento era permitido: nada de rádio, televisão, jogos, revistas ou livros. A igreja era chamada de "Reino", e tudo o que não era da igreja era chamado de "Mundo". Cada membro tinha o seu pastor, um degrau acima na hierarquia, que agia como um espião das autoridades da igreja e de quem nada podia ser ocultado. No Reino não eram permitidos segredos.

O *Army* tinha os próprios negócios, dentre eles, clínicas médicas e escritórios de advocacia, que vistos de fora pareciam completamente normais. Um paciente da clínica médica do *Army* (fundada pelo Serviço Nacional de Saúde) não perceberia a diferença entre essa e qualquer outra clínica; mas os salários pagos à equipe de tais estabelecimentos, incluindo os médicos e advogados, iam diretamente para os cofres do culto: os contracheques dos pagamentos eram meramente nominais. Se um empregado de um dos negócios do culto decide recair em erro e opta por trocar o Reino pelo Mundo, imediatamente perde o emprego. Considerado pelo Estado como desempregado voluntário, a ele será oferecida uma assistência mínima em termos de auxílio desemprego; um acordo que convém admiravelmente aos propósitos do *Army*.

É claro que aqueles que ingressam no Reino são encorajados a romper os laços com quaisquer membros de suas famílias que permaneçam no Mundo. Em poucos meses, portanto, um novo estreante está mais enredado no Reino que mosca em teia de aranha. Sem nenhum dinheiro, pertences, emprego e família é difícil para um membro da igreja deixar o Reino, quaisquer que sejam as reservas pessoais a respeito disso. Ademais, se o desejo de desertar se torna conhecido, imediatamente é submetido a métodos de reforma mental chineses que o farão mudar de ideia. Fazem-no sentir-se um membro do partido de Judas Iscariotes. Ninguém se liberta do poder do culto de uma só vez: permanece sempre a dúvida de que, afinal de contas, talvez o culto seja o caminho, a verdade e a vida. O apóstata tem de acreditar que o culto não é de todo mau, caso contrário, seria forçado a concluir que fora tolo e crédulo – o que todos nós relutamos, compreensivelmente, em admitir.

Muitas centenas de pessoas vivem nas comunidades do *Jesus Army* na minha cidade. Os sinais mais visíveis da existência desse grupo são os grandes ônibus em que os missionários pescam pessoas vulneráveis nas ruas. Esse não é, de modo algum, o único culto nas ruas ou o mais extremo. Outro culto manda seus pastores diretamente para o redil das ovelhas: o pastor é enviado para viver na casa do novo membro, e a família é mantida, praticamente, como prisioneira do pastor até que este o julgue suficientemente doutrinado para deixá-lo viver por conta própria.

Apesar da aparente indiferença religiosa, nossa cidade tem, inesperadamente, uma intensa vida religiosa. Em uma época de relativismo, as pessoas buscam por certezas; quando a violência grassa ao acaso, buscam um sentido transcendente; quando o crime não é punido pelo poder secular, buscam refúgio na lei divina; quando reina a indiferença pelo próximo, buscam comunidade. Todos com quem falei acreditam que há uma espécie de renascimento religioso subterrâneo acontecendo em nossos bairros pobres. No que diz respeito ao *Jesus Army*, quanto mais degradado o mundo, mais rica será a colheita para o Reino. Como Vladimir Lenin e Mao Tse-Tung, sabem que as contradições devem ser avivadas. Como disse Lenin, de maneira tão encantadora, quanto pior, melhor.

1996

Não Há um Pingo de Mérito

Os britânicos têm uma postura curiosa com relação à riqueza: desejam-na para si, mas querem negá-la aos outros. Dessa maneira, não é surpresa alguma que aprovem poucos métodos para adquirir fortuna. Dentre os aprovados está o jogo de azar.

Quando, em 1991, o governo instituiu a loteria nacional, os britânicos foram imediatamente fisgados. Parecia-lhes que comprar um bilhete premiado era uma maneira perfeitamente legítima – talvez a única perfeitamente legítima – de ganhar muito dinheiro. Afinal, quem compra um bilhete tem uma oportunidade igual: o esforço e o talento normalmente necessários para acumular riqueza são redundantes. Uma pessoa com problemas mentais tem a mesma chance de ganhar que um gênio, um preguiçoso perdulário tem a mesma chance de um industrioso poupador. Isso é o que os britânicos entendem agora quando falam de igualdade de oportunidade – embora ainda não tenham descido ao nível do autor nigeriano do manual de autoajuda que, para ilustrar a necessidade do trabalho árduo como condição prévia para o sucesso, pergunta retoricamente: "Como uma pessoa pode ganhar na loteria se não preencher o bilhete?".

Anúncios de página inteira na imprensa britânica recentemente alardearam o imenso sucesso da loteria nacional. Em sua breve existência (jactava-se o anúncio) obteve mais dinheiro que suas equivalentes no Japão, na França e na Espanha, e acrescentava que esse sucesso não era por acaso.

Não, certamente não é por acaso: a população britânica é reconhecida universalmente como a de pior nível educacional de todos os países da Europa Ocidental e, como escreveu um comentarista, qualquer loteria nacional pode ser criada como um imposto sobre a estupidez. Na verdade, é muito mais um imposto sobre a falta de esperança e impaciência do que sobre a estupidez. Os mais pobres e aqueles de pior nível educacional gastam mais, tanto relativa quanto absolutamente, em bilhetes de loteria. Os que sentem que não há como fugir de seu predicamento pelos próprios méritos estão mais dispostos a recorrer à loteria; e toda semana – e, logo, duas vezes por semana – a escolha de números ao acaso atiça as brasas de esperança de inúmeras pessoas em desespero.

A loteria nacional tanto é uma espécie de jogo de azar como uma verdadeira tributação por meio da qual os pobres pagam pelos prazeres dos ricos. Um comitê concede os lucros para orquestras, galerias de arte, companhias de dança – e mesmo um grupo teatral de ex-presidiárias feministas radicais. O maior beneficiário até agora foi a Royal Opera House em Covent Garden, onde um assento, altamente subsidiado, ainda pode custar quatrocentos dólares. Como todos os jogos de azar, os compradores de loteria não pensam em para onde vão as apostas perdidas, mas como irão dispor de seus ganhos.

Se os britânicos aceitassem, contentes, as desigualdades de renda como parte da natureza das coisas, realmente como precondição e consequência de uma sociedade livre, o efeito pernicioso da loteria nacional na moralidade da nação não seria tão grande. Seria apenas um pouco de diversão; mas a maioria dos britânicos equaciona desproporção de rendas com desigualdade e injustiça, e explica o impulso por tal enriquecimento súbito como uma espécie de vingança do pobre contra um sistema que permite a alguns acumularem uma enorme e injusta porção dos bens terrenos pelo talento e trabalho árduo. Ainda assim, há mais júbilo na Grã-Bretanha pela falência de um milionário que ficou rico pelos próprios méritos do que pelo enriquecimento de 99 pobres.

A legitimidade social do jogo de azar na Grã-Bretanha é de origem relativamente recente. Quando era criança, ouvia indiretas obscuras de que um tio meu perdera suas posses em pôneis; também tinha, nas palavras do Sr. Mantalini de *Nicholas Nickleby*, ido "atrás do demônio do latido dos cães", e apostara – e perdera – uma fortuna neles. Casas de apostas em cavalos (delicadamente chamadas, nos primórdios, de agências de turfe para conferir-lhes um ar de respeitabilidade profissional) eram ilegais até 1963. Na verdade, meu primeiro contato com jogos de azar, quando criança, foi na barbearia local, que mantinha um livro ilegal de apostas. O barbeiro interrompia o cortador de cabelo no pescoço (ainda posso ouvir o zumbido) e corria para o telefone, onde falava, *sotto voce*, em um jargão incompreensível – exata 4-9, placê, acumulada, e assim por diante.

Nesse meio tempo, ficava a contemplar os misteriosos envelopinhos roxos e beges na prateleira em frente, que meu irmão, mais velho e mais sabido, me explicou, mais tarde, se tratar de "camisinhas". Assim, sexo e jogos de azar vieram a simbolizar, para mim, o ilícito e o proibido. Até hoje, na minha cabeça, sexo e jogos de azar têm uma ligação: muitas de minhas jovens pacientes, ao explicar a existência de um ou dois filhos ilegítimos, usam as expressões universalmente comuns por estas redondezas: "peguei gravidez" ou "ganhei um menino". Inevitavelmente, vem à mente a imagem de uma roleta girando, cada vez mais devagar, até que a bola caia no compartimento que, em vez de um número, traz a palavra "menino" ou "menina".

Poucas proibições sociais permanecem: agora as Páginas Amarelas listam cassinos e casas de bingo na mesma categoria que as associações de veteranos, clubes políticos e sociedades voluntárias que oferecem diversão aos idosos. *Bookmakers*, no entanto, têm uma seção própria: consideravelmente mais longa que a seção seguinte que lista os vendedores de livros.

Além da Loteria Nacional e das "raspadinhas", que transformaram todos os supermercados, lojas de conveniência e postos de gasolina em casas de jogos, há três tipos de estabelecimento para jogos de azar na cidade, cada um com sua própria clientela, que listo em ordem ascendente de insociabilidade: o bingo, a casa de apostas e o cassino.

A indústria do bingo expandiu nos anos 1960 e o que antes fora um divertimento jogado uma vez ao ano à beira-mar durante as férias tornou-se o ponto focal das vidas sociais de centenas de milhares de britânicos.

Não há cidade, por menor que seja, sem uma casa de bingo, e quase todos os cinemas tornaram-se bingos com nomes como Ritzy, Rex ou Roxy. Assim como framboesas, que hoje em dia são importadas durante todo o ano das partes mais remotas do planeta de modo que nunca deixemos de tê-las, agora o bingo é perene. Chova ou faça sol, os jogadores podem ser avistados ao chegar na casa de bingo tão pontualmente quanto alcoólatras na hora em que os bares são abertos.

Luzes neon rosa ou verde-limão decoram a parte exterior dos prédios, conferindo um ar festivo barato e espalhafatoso. A atmosfera no interior, no entanto, no auditório *Art Déco*, é bem diferente. A multidão, demograficamente, parece as congregações ortodoxas russas na época de Khrushchev: preponderantemente composta de senhoras, com grande concentração de viúvas e de bengalas. Todos os homens – não mais de um quinto do total – são idosos; um olhar rápido mostra que muitos sofrem da antiga ruína da classe trabalhadora inglesa, a bronquite crônica.

Não é para menos: o ar está repleto de fumaça de cigarro, tão denso que sinto uma irritação na garganta, como em um ataque com gás. Meus olhos começam a arder. Não respirava um ar assim desde a infância, quando a névoa de novembro em Londres fazia-nos andar na frente dos ônibus para guiá-los e ficava muito escuro para ir à escola.

O politicamente correto da medicina ainda não chegou aos salões de bingo. É com algum prazer – melhor, com alegria – que vejo mulheres com o físico e a mobilidade de baleias encalhadas renovando constantemente as forças (enquanto marcam suas cartelas) com montanhas de comidas cheias de colesterol e grandes copos de cerveja inglesa aguada. No dia seguinte irão aos médicos, é claro, e dirão que, por mais que tentem, parecem não perder peso: engordam só de olhar.

Imediatamente sou reconhecido como alguém que não pertence àquele lugar, seja por minha relativa juventude ou por minha ignorância sobre o que fazer e como jogar. Um homem mais idoso, um viúvo, tomou-me sob sua proteção e ensinou-me o que fazer. Aconselha-me a pegar somente duas cartelas por vez: um novato como eu não conseguiria lidar com mais do que isso. Está feliz por iniciar uma geração mais jovem na cultura do bingo, satisfeito por saber que o bingo sobreviverá a ele.

Para minha desgraça, encontro-me rodeado de senhoras idosas do tipo que, caso aparecessem no hospital, normalmente eu faria o teste para o mal de Alzheimer; marcam oito, dez e doze cartelas simultâneas com serenidade. Têm tempo até para fazer observações bem-humoradas com os vizinhos. Dão conta de uns 180 números em uma única olhada e marcam os números tão logo são cantados, sem dificuldade alguma, como se tivessem memorizado perfeitamente todas as cartelas. Será que o exercício mental de marcar as cartelas, horas e horas e dias após dias, mantivera jovens os cérebros? Será que a esperança renovada, sistematicamente, de ganhar o *jackpot* do dia — uma ou duas semanas em Tenerife com todas as despesas pagas ou um jogo completo de panelas Le Creuset — é o que põe em xeque a degeneração neuronal?

Um rapaz de *smoking* de cetim dourado que canta os números aleatórios gerados pelo computador tenta, desesperadamente, infundir ao processo um atrativo humano: alguns números parecem surpreendê-lo e outros, diverti-lo. Alguns dos números são conhecidos por apelidos: "um atrás do outro" para o número 11, por exemplo. Os participantes saúdam-no com uma murmuração apreciativa, como se fossem velhos amigos.

Pouco tempo depois alguém grita: "bingo!". Eu e todos os demais perdemos, mas o triunfo do vencedor não parece dar ensejo à inveja, somente ao prazer verdadeiro e até gera cumprimentos: afinal, poderia ter sido qualquer um de nós e, da próxima vez, provavelmente será. Como disse Lorde Melbourne, primeiro-ministro britânico no século XIX ao explicar as vantagens da Ordem da Jarreteira, a mais ilustre condecoração britânica que, na ocasião, era dada exclusivamente aos membros da alta aristocracia: "Não há um pingo de mérito". Triunfo sem mérito, certamente, é o sonho de metade da humanidade e de 75% dos britânicos.

As primeiras rodadas de bingo quase prenderam a minha atenção, mas o encanto logo se evaporou e acabou em tédio. Como se sentisse meu incipiente enfado ao término da segunda rodada, o homem que cantava os números disse ter um anúncio importante a fazer: era o aniversário de Beryl. Irrompem os aplausos e o sujeito puxa um "Parabéns a você" para Beryl. Pede que Beryl vá à frente e receba o *"champagne"* — na verdade, uma imitação barata – com que o gerente sempre solícito está feliz em presenteá-la nessa ocasião auspiciosa. Mais aplausos.

Todos ficam emocionados. Beryl faz uma mesura como se tivesse conquistado algo. Na verdade, a casa de bingo celebra ao menos um aniversário por dia, às vezes uns cinco ou seis, porque para ingressar no clube (por lei ninguém pode entrar direto em um salão de bingo e jogar) a pessoa tem de ter dado à gerência sua data de nascimento. O computador cospe convites de aniversário para os membros comemorarem a data no estabelecimento. Já que o clube possui mais de três mil membros, tem ao menos um aniversário por dia. No entanto, cada aniversário, como cada garrafa de vinho achampanhado, não só acende o encanto, mas a surpresa, e cada aniversário pode ser aplaudido com vontade, pois não há um pingo de mérito: todo mundo faz aniversário.

Beryl volta ao anonimato após passar como um cometa pelo firmamento do salão de bingo e de ter acabado o assunto sério do dia. Agora estou completamente entediado.

– Quantas vezes o senhor vem aqui? – pergunto ao meu mentor de bingo.

– Três a quatro vezes por semana – responde –, mas não sou um fanático como alguns deles.

– Isso é comum? – pergunto.

– Sim, para eles é um lugar para frequentar e algo para fazer.

A vida, por esse ponto de vista, é feita de setenta anos de tédio imprensada entre duas eternidades de esquecimento. Deixo o salão de bingo com um amálgama estranho de reflexões e sentimentos, pois o bingo oferece para muitas pessoas idosas ao menos um simulacro de vida social e, com exceção dos poucos que se tornam obsessivos a ponto de gastar todos os rendimentos no jogo, é inofensivo. A atmosfera no salão é calorosa, receptiva, tão tranquilizadora quanto um útero, e os jogadores são gente decente que pretende se divertir um pouco. A repetição displicente do jogo diz muito do vazio mental e espiritual que, dada a idade dos jogadores, evidentemente está presente na Inglaterra por muitos anos. Somos um país não de pão e circo, mas de batatas fritas e bingo.

Em comparação, as casas de apostas são uma área de preservação masculina, como costumavam ser os clubes londrinos. Como meu hospital está em uma região de grande número de desempregados (na verdade, 24%), existem várias casas de apostas em poucas centenas de metros da entrada principal. Nunca vi uma cliente em nenhuma dessas casas, e a maioria dos frequentadores é pobre e desempregada. Não precisamos ser revolucionários marxistas para notar como os pobres são espoliados do pouco dinheiro que possuem – com a colaboração ardente deles mesmos, é claro – pelos donos do capital, nesse caso, os proprietários das casas de apostas, afiliados a uma ou duas grandes cadeias comerciais. Os pobres, como observou certa vez um bispo alemão do século XVI, são uma mina de ouro – embora, curiosamente, entre os meus pacientes somente tenha encontrado aqueles que dizem ganhar nos cavalos, nunca perder.

Dentro da casa de apostas, cujas janelas voltadas para a rua sempre são opacas (um resíduo do tabu contra jogos de azar), um amontoado de homens se reúne para discutir os mexericos locais e as dicas quentes das corridas do dia. Irrompem discussões sobre os méritos relativos de *Kevin's Slipper* e *Aladdin's Cave* para a corrida de 3h30 em Uttoxeter. São o tipo de homem que conheço bem de minha prática médica: homens cujas dores crônicas nas costas lhes impedem, para sempre, de obter um emprego lucrativo, mas que são capazes de surpreendentes façanhas de resistência física nas circunstâncias corretas, tais como em uma briga de bar.

Afixados às paredes estão os resultados das corridas. Homens de meia-idade os leem com um ar atento, examinando-os com pernósticos óculos meia-lua. Acho um pouco difícil acompanhar a linguagem técnica, como na descrição de um cavalo: "*Dancing Alone*: filho de um *sprinter* vencedor, mas sem sinal da habilidade para *Pip Payne* aos dois, quando açoitado em *Maidens* e por um vendedor (instruído pelo último); fora das pistas desde então, estreia em novo grupo". A linguagem da corrida de cães, sucinta, é quase tão obscura: "Bem colocado na largada, vem numa cadeira de balanço" ou "funcionou muito bem no 'vermelho', merece respeito".

Até mesmo a maneira de realizar as apostas requer conhecimento técnico especializado de diferentes tipos de aposta: a *Round Robin*, a *Patent*, a *Yankee* e a *Super Yankee*, a *Tricast* e a *Alphabet*. A casa de apostas não é tanto uma forma de entretenimento, mas é aquilo que os antropólogos sociais norte-americanos chamariam de uma cultura. É um modo de vida: de norte a sul do país, milhares de pessoas passam todo o dia, toda a semana, na casa de apostas. Nunca há menos de quinze pessoas nas lojas em que estive, e já que existem ao menos umas duzentas lojas do tipo na cidade, deve haver ao menos umas trezentas pessoas nas casas de apostas, a qualquer momento do dia, na nossa cidade de menos de um milhão de pessoas, ou cerca de 1% da população masculina adulta.

Acima de nossas cabeças as televisões transmitem as corridas ao vivo: uma cacofonia de comentários rivalizam-se, misturados aos anúncios no sistema de som que promovem novos tipos de aposta – não somente em cavalos ou cães – com prêmios de 150 mil dólares para uma aposta de apenas 1,50 dólar. Parece que a pessoa pode apostar em qualquer coisa: nos resultados de partidas de futebol a lutas de boxe, nos resultados da próxima eleição, em um debate na Câmara dos Comuns, no número de ganhadores da faixa de número três desta noite no estádio de corrida de cães de *Small Heath*, e até mesmo na possibilidade de o fim do mundo acontecer no ano 2000, embora o possível recebimento do prêmio, na hipótese de o evento ocorrer, possa se mostrar difícil.

Um homem de casaco de lã de camelo e bigode de gângster dos anos 1920 aborda-me e aponta para uma das telas de TV: um cavalo está ganhando a corrida por uma milha. Meu interlocutor comporta-se como alguém superior à escória que fuma drogas na esquina (o centro de tráfico de *crack* é num local próximo à casa de apostas). Por isso aproximou-se de mim.

– Aquele é um bom cavalo – diz, com ares de profundo conhecedor. – Ele ganhou assim da última vez. Estou pensando em apostar nele para o Clássico. O que acha?

– Eu... é... – não sei bem o que dizer: ele está sendo cordial e quer começar uma conversa longa e versada sobre as chances de *White Admiral* no Clássico, mas não levará muito tempo para descobrir que não sei nada a respeito, que sou um completo ignorante, um estrangeiro nesse campo. – Pessoalmente, aposto a esmo – respondi e desejei boa sorte, provavelmente considerado o cúmulo do mau gosto nesses círculos.

Um bilhete premiado de loteria é boa sorte; ganhar nos cavalos é resultado de um longo estudo dos estilos de corrida e de uma perspicácia superior. O estudo dos estilos de corrida é, de uma só vez, a filologia, a filosofia, a ciência e a crítica literária do apostador. Tal apostador investe um esforço imenso e longos períodos ao cogitar permutações de variáveis – a partida, as desvantagens ou vantagens concedidas, o desempenho anterior, os jóqueis, a posição na largada, e assim por diante – como alquimistas que se dedicavam com pedantismo inútil na transmutação de um metal ordinário em ouro. Quantas "viúvas" de apostadores não encontro no hospital, que quase não veem os maridos enquanto as casas de apostas estão abertas!

O terceiro tipo de estabelecimento de jogos de azar em nossa cidade é o cassino. A uma curta distância da minha casa existem dois deles, e agora sou membro do mais salubre. Às vezes, ao caminhar, passo por prostitutas que fazem ponto toda noite na esquina da minha rua, e sigo até passar o cassino, um prédio vitoriano reformado com uma decoração de bordel cor-de-rosa com pequenos lustres turcos. No estacionamento, a toda hora do dia ou da noite, podem ser vistos Jaguares e BMWs, e parece que seus proprietários sempre têm de dar um último telefonema antes de seguirem para as mesas de roleta. São homens de negócio com dinheiro para jogar fora: perdem uns milhares diante de seus colegas, e mantêm o sangue-frio, o que lhes traz prestígio. Devem ir muito bem nas finanças, uma vez que ao perder uma soma como essas, em questão de minutos, dificilmente parecem ficar incomodados.

Esses não são os únicos clientes. Peixes menores também abundam, normalmente vestidos em distintas roupas surradas, vêm arriscar nas mesas de jogo rendimentos que mal podem dispensar. Ninguém fica de fora: o cassino é uma instituição democrática.

Existem cinco cassinos em nossa cidade, e a lei diz que a pessoa tem de ser membro ao menos por 48 horas antes de entrar em um deles. Apresento meu passaporte e ouço as seguintes regras: 1) É proibida a entrada de pessoas de camiseta; 2) É proibida a entrada de pessoas de tênis.

Prometo observar as restrições, e dois dias depois recebo minha carteira de membro e uma carta de algo chamado Comitê dos Membros, que soa como uma invenção de G. K. Chesterton: "O Comitê dos Membros tem o prazer de informar que Vossa Senhoria foi eleito sócio vitalício do Clube ...". Não pude deixar de sentir-me lisonjeado, embora tenha vindo a descobrir mais tarde que mais de 3% da população de nossa cidade, ou melhor, trinta mil pessoas são igualmente membros vitalícios deste mesmo cassino, exclusivamente. Como o gerente de um outro cassino me explicou, a verdadeira pergunta é: quantos desses membros continuam ativos? Essa é exatamente a mesma pergunta que as igrejas fazem: em batismos e funerais está tudo muito bem, mas o que acontece no intervalo?

Os cassinos não mudaram muito com o passar do tempo. Tudo o que pode ser observado no cassino em que sou membro vitalício pode ser encontrado em uma história de Fiódor Dostoiévski escrita em 1866.[1] Jogar em um cassino é um vício solitário, antissocial e atomístico. Assisto a um homem arremessar, desesperadamente, sessenta dólares para o crupiê, que pega as notas e rapidamente as insere nas entranhas da mesa com a rapidez de um lagarto, entregando ao homem algumas fichas. No intervalo de dois minutos ele ganhara – e perdera – dezesseis mil dólares. Como a avó na obra de Dostoiévski, ele ganhara duas vezes seguidas em um único número; e assim como os espectadores quando o protagonista do romance ganha uma imensa soma, quero recomendar-lhe com insistência que vá embora, que parta enquanto está ganhando; no entanto, não é possível: mais um minuto e perdera tudo. Como observa Dostoiévski, não há outra atividade humana que ofereça emoções tão fortes em tão curto tempo: uma esperança febril, desespero, júbilo, miséria, excitação, desapontamento. É um *crack* de cocaína sem química.

Viúvas com grandes solitários de diamante andam ao redor das mesas com bloquinhos oferecidos pelo cassino para marcar os números e tentar desenvolver um método. É claro que não existe um método,

---

[1] Referência ao romance O Jogador. A obra pode ser encontrada em diversas edições em português e narra, em primeira pessoa, as aventuras e desventuras de um jogador compulsivo, bem como mostra os destinos trágicos dos frequentadores do cassino. (N. T.)

nunca houve, não existe desde que as mulheres em O Jogador andavam ao redor das mesas com bloquinhos oferecidos pelo cassino tentando desenvolver um método...

Os melhores clientes dos cassinos mudaram: costumavam ser os judeus, depois os gregos, os chineses, e agora cresce o número dos hindus. A mesa de jogo, no entanto, desfaz todas as barreiras raciais e sociais: muçulmanos e hindus, homens de negócio e trabalhadores sem qualificação tornam-se irmãos e iguais nas voltas da roleta. Se o leão e o cordeiro pudessem jogar roleta, permaneceriam um ao lado do outro em plena paz.

Observo um homem de uns cinquenta anos, que obviamente não é rico e está mal-vestido, comprar quarenta dólares em fichas. Perde tudo em poucos minutos. Retira vinte dólares do bolso e os perde ainda mais rapidamente. Ao perdê-los, está sem um tostão. Desespero e desgosto – consigo mesmo e com o mundo – estão estampados no seu rosto; mas voltará, provavelmente amanhã, ou quando sua pensão chegar.

Fui a uma reunião dos Jogadores Anônimos, realizada em um centro comunitário pequeno e lúgubre. Há cinco grupos como esse na cidade, no mesmo número de cassinos. A maioria dos jogadores tiveram problemas com a lei: desviaram dinheiro das empresas em que trabalhavam; mentiram; trapacearam; furtaram e desfalcaram até os próprios parentes e entes queridos para custear seus hábitos. Não havia, praticamente, nenhuma profundeza em que não tivessem imergido, e poderiam recuperar suas perdas em um único e último lance.

– Como organização, os Jogadores Anônimos não têm nenhuma opinião a respeito de jogos de azar – disse um deles, um homem "viciado" em caça-níqueis. Jogava por mais de oito horas por dia antes de frequentar, ou de ser forçado a frequentar por ter sido ameaçado de responder judicialmente por desfalque, e cair em si.

– Milhões de pessoas jogam sem causar nenhum tipo de dano.

– Mas os jogos de azar devem ser oficialmente estimulados ou desestimulados?

Silêncio.

1997

Escolhendo o Fracasso

Os filhos dos imigrantes do subcontinente indiano formam um quarto de todos os estudantes de medicina britânicos, doze vezes mais que a proporção de pessoas da população geral. Da mesma maneira estão sobrerrepresentados nas faculdades de Direito, Ciência e Economia de nossas universidades. Além disso, entre os imigrantes indianos que chegaram ao país com quase nada, dizem que há hoje alguns milhares de milionários.

Apesar da reputação de ser ossificada e determinada por classes sociais, a Grã-Bretanha ainda é um local em que é possível haver mobilidade social – desde que, é claro, a crença de que a Grã-Bretanha é uma sociedade ossificada e estratificada não tenha abafado completamente o esforço pessoal. É a mente, e não a sociedade, que forja as algemas que mantêm as pessoas presas aos seus infortúnios.

Onde há mobilidade social ascendente, há mobilidade na direção contrária. Os filhos dos indianos estão divididos em dois grupos: um segmento que escolhe o caminho ascendente, e um segmento que escolhe descer até a classe mais baixa.

Às vezes a divisão ocorre dentro da mesma família. Por exemplo, semana passada encontrei dois prisioneiros de origem indiana, os dois tinham irmãos que cursaram faculdade e se tornaram profissionais ou homens de negócios. Os irmãos e irmãs escolheram o direito, a medicina, o comércio;

eles escolheram a heroína, o assalto e a intimidação de testemunhas. A condição financeira dos pais não explicava as escolhas: o pai de um era motorista de ônibus e o pai do segundo era um agente de turismo bem-sucedido, e ambos os pais não só estavam dispostos e tinham condições, mas desejavam patrocinar-lhes uma educação superior, caso desejassem.

Notei os primeiros sinais de uma subclasse indiana há poucos anos na prisão em que trabalho, onde houve um aumento inexorável tanto em números absolutos quanto relativos de prisioneiros de origem indiana. Nos últimos oito anos, a proporção de prisioneiros indianos mais que dobrou, e se continuar a crescer na mesma taxa nos próximos oito anos, os prisioneiros indianos terão ultrapassado sua proporção em relação à população geral. Como a proporção de indianos na faixa etária de maior probabilidade de ir para a prisão não aumentou, a demografia não explica a mudança.

Há oito anos a maior parte dos prisioneiros indianos era acusada por crimes do colarinho-branco, tais como evasão fiscal, que não é o tipo de coisa que faça alguém temer andar pelas ruas à noite. Agora tudo isso mudou. Assaltos a prédios, furtos nas ruas, furto de carros, tráfico de drogas, com suas respectivas violências, tornaram-se tão comuns entre eles que a menção da seriedade disso só causa um enfastiado dar de ombros de incompreensão. Por que fazer todo esse estardalhaço por conta de algo tão corriqueiro como um assalto? Todo mundo assalta. Os liberais aos quais mencionei o fenômeno aplaudiram-no como representativo da assimilação e aculturação de uma minoria étnica na grande sociedade.

Eles estão corretos ao ver essa evolução como um fenômeno cultural. Existem muitos outros sinais externos da aculturação dos indianos às camadas mais baixas da sociedade. Embora suas compleições físicas não sejam de modo algum adequadas, a tatuagem está crescendo rapidamente entre o grupo. Outros adornos, como argolas nas sobrancelhas ou no nariz, por exemplo, são sinais de adesão de alguns clãs. Dentes frontais de ouro, seja substituindo os incisivos ou cobrindo-os com uma coroa de ouro, são praticamente um diagnóstico de vício em heroína e criminalidade. Tal odontologia decorativa imita os negros das camadas mais inferiores e pretende ser sinal tanto de sucesso como de periculosidade.

Os jovens indianos também adotaram os modos deselegantes da classe a qual aspiram pertencer. Agora andam cheios de si, com o mesmo passo rápido e ladino dos compatriotas brancos, não apenas como meio de locomoção, mas como meio de comunicar ameaça. Como os brancos, raspam as cabeças para revelar as cicatrizes, as feridas da guerra da subclasse de cada um contra todos.

Tomaram como seus os gestos e posturas dos mentores brancos e negros. Quando um membro dessa subclasse indiana emergente vem ao consultório, senta-se na cadeira de um modo muito desmazelado, formando um ângulo agudo com o chão que nunca acreditei ser possível, para não dizer confortável, que alguém pudesse ficar naquela postura. Ele, no entanto, não está em busca de conforto: está declarando seu desrespeito a alguém que supõe ser uma autoridade. Seu ego frágil exige que domine todas as interações sociais e não se submeta a nenhuma convenção.

Ele também adota uma expressão facial exclusiva da subclasse britânica. Ao ser questionado, responde arqueando e projetando metade o lábio superior para frente, parte rosnando, parte escarnecendo. Essa é uma expressão tanto de desdém quanto de ameaça, e de modo algum fácil de fazer, como pude comprovar ao tentar, sem sucesso, reproduzi-la diante do espelho. Demonstra a necessidade, ao mesmo tempo, de perguntar: "Por que você está me perguntando isso?" e adverte: "Não abuse!". Essa é a resposta para todas as perguntas, não importando quão inócuas tenham sido, pois em um mundo em que cada contato é uma luta por poder, o melhor é demonstrar imediatamente que não se deve ser menosprezado.

A crescente subclasse indiana adere aos valores da subclasse branca – valores que são, ao mesmo tempo, pouco profundos e defendidos com intensidade. Por exemplo, certa vez fui testemunha em um julgamento de assassinato de quatro jovens indianos acusados de matar um de seus companheiros no decorrer de uma briga a respeito da marca de tênis que um deles usava. Debochavam do rapaz porque o tênis dele não era do último tipo. Por fim, o rapaz, transtornado, partiu para bater-lhes. Na briga que se seguiu, mataram o rapaz e deixaram o corpo na entrada do prédio em que ele morava.

Nascimentos ilegítimos agora estão começando a surgir entre os indianos. De prática quase desconhecida para um indiano, hoje em dia, os filhos fora do casamento não são nem mais algo raro. Os indianos chegaram a um nível de 5% da taxa de filhos ilegítimos na população inglesa, e a partir daí isso cresceu exponencialmente desde os anos de 1960. Não há motivo para que, em poucos anos, não alcancem a média nacional de 33%, pois quando a história se repete, normalmente ela o faz em passo acelerado.

No início, somente os homens indianos geravam filhos ilegítimos; alguns dos rapazes que eram submetidos a casamentos arranjados mantinham concubinato, normalmente com uma mulher branca, mas às vezes negra, em algum lugar da cidade. Muitas vezes, a concubina, nada sabendo dos antecedentes, da biografia ou da cultura do homem, não fazia ideia de que ele era casado. Ela tinha o filho daquele homem com base na impressão totalmente errada de que conseguiria prender sua atenção, até o momento, inconstante.

Mais recentemente, contudo, dar à luz filhos ilegítimos disseminou-se entre as jovens indianas. Uma moça indiana foge de casa após um longo período de conflito com os pais por causa da maquiagem, das roupas, da hora de voltar da boate para casa e assim por diante. Em pouco tempo, cai no laço de um jovem – branco, negro ou indiano – muitíssimo disposto a provar a própria masculinidade ao engravidá-la e depois, é claro, abandoná-la.

Dessa experiência ela nada aprende. Está sozinha, necessita de uma companhia masculina e – no mundo predatório em que agora se encontra – precisa da proteção masculina. O ciclo se repete até que ela tenha três filhos de três pais diferentes, embora ao final de sua carreira reprodutiva ela permaneça tão isolada e sem amigos quanto no momento em que deixou a casa dos pais. Poderíamos supor que jovens indianas fariam qualquer coisa para evitar uma sina tão terrível e previsível quanto essa. Nem tanto: cada vez mais a abraçam como se fosse algo invejável. Embora o número delas ainda seja pequeno, são a legião do futuro.

Como a subclasse indiana se formou tão rapidamente? Por que uma parcela da população indiana abraçou essa vida de classe baixa com aparente entusiasmo? Essas são perguntas importantes: a resposta que daremos refletirá e determinará toda a nossa filosofia social.

O esquerdista, sem dúvida, afirmará que a formação de uma subclasse indiana é a resposta inevitável à pobreza, ao preconceito e ao desespero que suscitam. Com o caminho do progresso bloqueado por nossa sociedade racista, os jovens indianos saem da escola, raspam as cabeças, tatuam o corpo, injetam heroína, fazem filhos fora do casamento e cometem crimes.

Mas, se estão aprisionados em um círculo vicioso de pobreza e preconceito, por que muitos de seus compatriotas chegam a obter sucesso, e são espetacularmente bem-sucedidos? Por que os filhos de pais indianos bem-sucedidos também escolhem o modo de vida da subclasse? E por que o sucesso esplêndido e o fracasso odioso tantas vezes acontecem na mesma família?

A explicação, por certo, deve envolver uma escolha humana consciente. Jovens indianos não aderem à subclasse por inadvertência ou por força do exemplo dos pais, como fazem os jovens brancos – agora na terceira geração desse modo de vida – no mais das vezes. Em todos os casos de que tomei conhecimento, nenhum dos genitores dos jovens indianos aprovou as escolhas dos filhos; na verdade, ficaram horrorizados.

Esses pais com frequência vêm me consultar após assistirem, com crescente consternação, a um ou todos os filhos tomarem a estrada dos prazeres para a perdição urbana. Por exemplo, um motorista de táxi que, às vezes, me leva para casa, pediu que falasse com seu filho. O motorista era, claro, uma espécie perfeita do pequeno-burguês do tipo que, quando não é verdadeiramente detestado pelos intelectuais, é desprezado como serviçal desinteressante e sem imaginação, cujo sonho é alcançar aquilo que há tanto escarneceram – uma independência respeitável. Está, portanto, proscrito da compreensão compassiva, pois os homens humildes só devem ser defendidos caso consintam em permanecer vítimas, necessitados de auxílios custeados pelo público.

O filho do motorista (o único dos seus cinco filhos) tinha começado a usar drogas injetáveis, e ao fazê-lo, causara uma tristeza ao pai além da sua capacidade de expressá-la em inglês. O filho agora roubava do próprio lar, mentia, trapaceava, bajulava, ameaçava e até era violento ao arrancar dinheiro dos pais e dos irmãos para comprar drogas. O pai não queria expulsá-lo de casa ou entregá-lo à polícia, mas também não queria trabalhar longas horas para prover o filho das drogas que, um dia, o matariam.

Perguntei ao filho – com os dentes frontais todos em ouro, calças *baggy* e boné de beisebol com a aba para trás, usado mesmo dentro do consultório, e tênis da última moda – por que ele começara a usar heroína.

– Não tem mais nada para fazer na rua – respondeu. – É a sociedade que te coloca nessa vida.

A atribuição da própria escolha à sociedade não é incomum. Perguntei-lhe se não conhecia os perigos da heroína antes de começar a utilizá-la.

– Sim – respondeu.

– E mesmo assim você começou a usar? – perguntei.

– Sim.

– Por quê?

– Sem querer ofender, doutor, mas as pessoas que me apresentaram a essa droga conhecem mais a vida que o senhor. Eles sabem do que se trata, sabem como é a vida nas ruas. E não têm preconceitos ou são racistas.

Ele estava sob a influência da ideia de que alguns aspectos da realidade são mais reais do que outros; de que o lado moralmente degradado da vida é mais verdadeiro, mais autêntico, que o lado refinado e culto – e certamente mais glamoroso que o lado respeitável e burguês. Essa ideia poderia ser tomada como a premissa fundamental da moderna cultura popular. Quanto à referência ao racismo, ela pretendeu claramente ser uma autojustificativa universal, uma vez que seu irmão era um advogado de razoável sucesso.

Outros pais consultaram-me a respeito do filho de dezoito anos que tinha optado por um caminho semelhante. O pai e a mãe tinham empregos administrativos e não eram nem ricos nem pobres. Por volta dos treze anos, o filho começou a cabular as aulas, fumar maconha, beber álcool, passar a noite fora de casa e a enfrentar a lei. Nas poucas ocasiões em que ia à escola, discutia com os professores e, finalmente, foi expulso ao atacar um deles. Deixou a casa dos pais aos dezesseis anos para viver com a namorada que estava grávida, cujo nome tatuou no antebraço como um preâmbulo ao completo abandono da moça ao descobrir que ele ainda não estava pronto para uma vida doméstica. Caiu nas mãos dos traficantes de drogas e vivia agora uma vida itinerante, esquivando-se da lei, cedendo ao *crack* e, vez ou outra, acabando no hospital com *overdose*, tomada nem tanto para se matar, mas para buscar proteção temporária ou asilo das consequências do próprio estilo de vida.

O pai disse que seu filho tornara-se exatamente aquilo que nunca desejou que fosse: um membro da subclasse inglesa. Vira o rapaz descer ao barbarismo, muito ciente da própria impotência para evitar isso. Dificilmente a Inquisição espanhola poderia ter inventado uma tortura pior para o pai.

Seu filho era muito inteligente e fora tido pelos professores como alguém que seria bem-sucedido. Perguntei ao rapaz por que objetara tanto a frequentar a escola.

— Queria ganhar dinheiro.
— Para quê?
— Para me divertir. E comprar roupas.

As roupas que ele queria eram deselegantes, mas eram o uniforme caro (e em constante mutação) da juventude dos bairros pobres. O divertir-se consistia somente em frequentar clubes com milhares de jovens de mesma mentalidade. Nada havia na sua concepção de bem-viver que fosse diferente de excitação constante e gratificação instantânea. Sua ideia de paraíso era uma vida como a MTV.

— Você não acha que ainda tem coisas a aprender?
— Não.

Em outras palavras, considerava-se perfeitamente formado e completo aos treze anos de idade. Adolescente precoce, estava preso na imaturidade. Em certo sentido era uma vítima: não da pobreza, do racismo ou de um círculo vicioso de privações, mas da cultura popular que primeiramente o atacou e depois o dominou por completo, porém sempre pela mediação das próprias escolhas.

Existe uma previsibilidade terrível na explicação que os jovens indianos dão para essa queda à subclasse, igual à dada pelas contrapartes brancas. "Fui facilmente levado", dizem. "Caí na turma errada". Ouvi essas coisas umas centenas de vezes. Eles fingem não notar a natureza autodefensiva dessas respostas, cuja verdade esperam que aceite sem maiores explicações.

Pergunto-lhes: "Por que, se vocês são tão facilmente levados, os seus pais não foram capazes de orientá-los? E vocês escolheram sair com a turma errada ou caíram nela como uma pedra?".

Quanto ao motivo de terem começado a usar heroína, a justificativa padrão é a que Sir Edmund Hillary deu quando perguntado por que escalou o monte Everest: "Porque ele estava lá". No caso da heroína, no entanto, o "lá" é "em toda parte": "A heroína está em toda parte", dizem, como se fosse o ar que não pudessem deixar de respirar.

— Você está dizendo para mim que todas as pessoas da sua área usam heroína?

— Não, claro que não.

— Logo, você escolheu usar, não foi?

— É, acho que sim.

— Por quê?

Assim como os brancos, fazem algum esforço para dar uma resposta diferente de "porque gosto" e sentem prazer em fazer aquilo que sabem que não deveriam.

"Meu avô morreu" ou "minha namorada me deixou", ou "estava na prisão": nunca admitem uma escolha ou uma decisão consciente. Mesmo assim, sabem que aquilo que estão a dizer não é verdadeiro, pois imediatamente entendem quando lhes digo que o meu avô também já morreu e nem por isso uso heroína, como também não o faz a maioria das pessoas cujos avós já morreram.

Na verdade, foram assimilados à cultura local e ao clima intelectual; um clima em que a explicação pública do comportamento, até mesmo do próprio comportamento, contradiz completamente toda a experiência humana. Essa é a mentira que está no âmago de nossa sociedade, uma mentira que favorece o surgimento de toda forma de autojustificativa destrutiva; pois enquanto atribuímos a conduta às pressões externas, obedecemos aos caprichos que brotam do nosso íntimo, concedendo carta branca para comportamo-nos como desejarmos. Dessa maneira, sentimo-nos bem ao agir mal.

Isso não é negar que os fatores sociais na educação influenciem o modo como as pessoas pensam e tomam decisões. Se a incompetência negligente, e por vezes brutal, de grande parcela dos pais (cuidadosamente justificados por intelectuais de esquerda e subsidiados pelo Estado de Bem-Estar Social) explica a perpetuação e expansão da subclasse britânica branca, se não suas origens, será que a severidade e rigidez da educação indiana, combinada com o canto de sereia de autossatisfação da cultura britânica, pode explicar o desenvolvimento de uma subclasse indiana? O fato de a população muçulmana ter um índice de criminalidade seis vezes maior que a hindu e três vezes maior que a dos *sikhs* indica que essa pode ser uma explicação, pois a cultura muçulmana do subcontinente, em geral, tem mais dificuldade de transigir criativamente com a cultura ocidental que as duas outras religiões. Essa diferença surpreendente é mais um argumento contra aqueles que veem o aparecimento da subclasse indiana como uma resposta inevitável ao preconceito racial, pois certamente é improvável que aqueles que possuem preconceitos raciais se deem ao trabalho de diferenciar muçulmanos, *sikhs* e hindus. Os pais muçulmanos são mais refratários que os pais *sikhs* e hindus em reconhecer que seus filhos, criados em um ambiente cultural muito diferente do que eles mesmos cresceram, inevitavelmente desviam dos costumes tradicionais e aspiram a um modo de vida diferente. Enquanto muitos pais muçulmanos mandam as filhas para fora do país aos doze anos de idade para evitar que sejam infectadas pelas ideias locais (mas, como os jesuítas lhes diriam, já é muito tarde – deveriam mandar as filhas embora aos sete anos), poucos *sikhs* e nenhum hindu o fazem.

A inflexibilidade dos pais é um convite à revolta adolescente, portanto, dificilmente surpreende que, no crescimento de uma subclasse indiana, os muçulmanos predominem de modo tão pronunciado. Existe, todavia, mais de um meio de rebeldia e, infelizmente, os adolescentes indianos rebeldes têm de lidar com um exemplo antinomiano na forma de uma subclasse britânica preexistente. A cultura popular diz que cuspir na cara de quem quer que seja é um sinal de escolha moral — à medida que é possível escolher moralmente em um mundo sem julgamento moral. A vida da subclasse oferece-lhes a perspectiva da liberdade sem responsabilidade, ao passo que os pais oferecem somente responsabilidades sem liberdade. Têm de descobrir sozinhos que o exercício da liberdade requer virtude, para não vir a ser um pesadelo.

O surgimento de uma subclasse indiana na Grã-Bretanha é uma questão de importância maior do que os números parecem sugerir. Não é uma resposta quase mecânica às condições econômicas, ao preconceito racial ou a qualquer outra forma de opressão amada pelos engenheiros sociais de esquerda. É a refutação de uma máxima marxista infinitamente perniciosa que tem corrompido a vida intelectual ao afirmar que "não é a consciência dos homens que determina o seu ser, mas, ao contrário, é o seu ser social que determina a consciência". Homens — até mesmo os adolescentes — pensam: e o conteúdo daquilo que pensam determina, em grande parte, o curso de suas vidas.

2000

Livres para Escolher

Semana passada um homem de meia-idade foi levado ao meu hospital em condição desesperadora. Havia três semanas tinha saído por conta própria de um hospital psiquiátrico contra as recomendações médicas; ao chegar em casa, percebeu que a perspectiva de viver com sua mulher era tão convidativa quanto a vida nas alas de um hospício. Foi para o centro da cidade, onde acampou em plena rua, em um jardinzinho público próximo a um hotel de luxo. Lá ficou, sem comer nada e bebendo pouco, até que finalmente foi encontrado inconsciente e tão desidratado que o sangue espessara e coagulara em uma das pernas, que estava gangrenada e, portanto, tinha de ser amputada.

Que história ilustraria melhor a suposta indiferença fria e o individualismo cruel de nossa sociedade que a do homem encontrado próximo a um hotel com diárias de duzentos dólares, à simples vista não só dos hóspedes, mas de milhares de cidadãos, quase morto no meio da cidade por faltar-lhe um pouco d'água?

Outras interpretações dessa história, todavia, são possíveis. Talvez os milhares de transeuntes que viram o infeliz sujeito enfraquecer a ponto de chegar à beira da morte estivessem tão acostumados com a ideia de que o Estado iria (e deveria) intervir naquilo que não sentiam como um dever pessoal agir em prol desse homem. Afinal, a pessoa não paga metade da sua renda em impostos para assumir responsabilidade pessoal pelo bem-estar do próximo! Os impostos devem prevenir a falta de cuidados não só do contribuinte, mas de todas as demais pessoas. Assim como ninguém é culpado quando todos o são, ninguém é responsável quando todos o são.

Novamente, talvez os transeuntes pensassem que o homem estava apenas exercendo seu direito de viver como desejava, como advogado por aqueles primeiros defensores da desinstitucionalização dos doentes mentais, os psiquiatras Thomas Szasz e R. D. Laing. Quem somos nós para julgar, em um país livre, como as pessoas devem viver? Exceto por uma pequena desordem, o homem não perturbava o público. Talvez os transeuntes pensassem, ao tolerar que quase chegasse à morte, que ele estava cuidando de sua vida, e no conflito entre agir como o bom samaritano e o imperativo do respeito às autonomias pessoais, este último prevaleceu. No ambiente moderno, afinal de contas, os direitos sempre prevalecem sobre os deveres.

Mesmo assim, a existência de pessoas que moram nas ruas, ou que não têm estadia fixa, é geralmente tomada, ao menos pelos esquerdistas, não como uma indicação do compromisso de nossa sociedade com a liberdade, mas do compromisso com a injustiça, com a desigualdade e a indiferença ao sofrimento humano. Não há assunto mais provável que moradores de rua para gerar pedidos de que o governo intervenha para pôr fim ao escândalo; e não há assunto que melhor satisfaça a mais agradável das atividades humanas: a preocupação compassiva.

No entanto, como muitas vezes é o caso dos problemas sociais, a natureza exata e a localização da suposta injustiça, da desigualdade e da indiferença aos que sofrem não estão claras caso o problema seja visto em si mesmo, e não visto por meio de generalizações éticas ("ninguém em uma sociedade afluente deveria não ter onde morar") ou estatísticas (os moradores de rua crescem em períodos de desemprego).

Em primeiro lugar, está mais que provado que nossa sociedade, em abstrato, é indiferente aos que não têm onde morar. De fato, a falta de tetos é a fonte de emprego de um considerável número de pessoas da classe média. O pobre, escreveu um bispo alemão do século XVI, é uma mina de ouro; e assim, por sua vez, os moradores de rua.

Por exemplo, em um abrigo para os moradores de rua que visitei, situado em uma igreja vitoriana um tanto grande, porém fora de uso e desconsagrada, descobri que havia 99 residentes e 41 membros da equipe; somente poucos deles tinham qualquer contato direto com os objetos de sua assistência.

Os desabrigados pernoitavam em dormitórios sem nenhuma privacidade. Havia um cheiro rançoso que qualquer médico reconhece (mas nunca registra nos prontuários) como cheiro de mendicância. Depois, ao passar pelo corredor e por uma porta com fechadura de combinação para evitar intromissões inconvenientes, de repente, ingressamos em um outro mundo: o mundo higienizado, refrigerado (e hermético) da burocracia da compaixão.

O número dos escritórios, todos computadorizados, era espantoso. A equipe, vestida em elegantes roupas informais, estava concentrada nas tarefas, diligentemente observando as telas dos computadores, imprimindo documentos e correndo apressadamente para consultas urgentes entre si. A quantidade de atividade era impressionante, o senso de propósito estava claro; tive de esforçar-me para recordar os residentes que encontrara ao entrar no abrigo, espalhados no que antes fora o pátio da igreja, que estavam agitados, caso estivessem na vertical, ou roncando, caso na horizontal, rodeados por latas vazias e garrafas plásticas de sidra com 9% de teor alcoólico (que oferece a maior relação álcool por dólar disponível, no momento, na Inglaterra). Nero tocava lira enquanto Roma pegava fogo, e os administradores do abrigo faziam "gráficos de pizza" enquanto os residentes bebiam até cair.

Existem 27 abrigos catalogados nas Páginas Amarelas de nossa cidade, e muitos que conheço não estão na lista. Alguns dos abrigos são menores e possuem menos funcionários que o que descrevi, mas certamente umas centenas de pessoas – e possivelmente milhares – devem seus empregos aos desabrigados. Além dos próprios empregados dos abrigos, existem para os desabrigados os assistentes sociais e os agentes do serviço de habitação; há uma clínica especial com médicos e enfermeiras, e um time de psiquiatras de cinco pessoas, capitaneado por um médico com salário anual de cem mil dólares, que toma conta dos doentes mentais moradores de rua. O médico é um acadêmico que passa metade do tempo em pesquisa e eu estaria disposto a apostar uma boa quantia de dinheiro que a extensão dos problemas dos desabrigados com doença mental em nossa cidade não diminuirá na proporção do número de artigos acadêmicos escritos ou do número de conferências acadêmicas em que o médico comparecerá.

Já que nossa cidade não é de modo algum atípica e possui aproximadamente 2% da população da Grã-Bretanha, é justo presumir que não muito menos de cinquenta mil pessoas ganham o sustento por conta dos desabrigados nestas ilhas. Isso pode representar um sinal de ineficiência, incompetência, ou mesmo prodigalidade, mas dificilmente de indiferença no sentido esquerdista da palavra; e compaixão para alguns é, sem dúvida, uma boa jogada na carreira.

Poderiam argumentar, no entanto, que toda essa atividade nada mais é senão um *Band-Aid* na fratura ou uma aspirina para a malária. Pelo trabalho das agências de caridade e agências governamentais, a sociedade abranda a consciência e fecha os olhos para as causas fundamentais da situação dos moradores de rua.

É aceito como axiomático que a situação dos moradores de rua é inalterável. Quem pode contemplar sem asco os arredores da maioria dos abrigos, ou olhar sem náusea para a comida que vem dos "sopões"? Não é verdade que aqueles que passam a vida nessas condições são os mais desafortunados dos seres e devem ser recuperados?

Quando criança, sempre que via na estrada um cavalheiro que se vestia um tanto como Leon Tolstói ao fingir ser camponês, com a barba grisalha emaranhada, murmurando imprecações e invocando todas as maldições do mundo, não sentia pena dele, ao contrário, pensava que era um tipo superior de ser, na verdade, um tanto como o Deus do Antigo Testamento ou, ao menos, como um de seus profetas. Esses homens eram esquizofrênicos, sem dúvida, e logo deixei de lado a ideia absurda de que o comportamento estranho deles era consequência de uma sabedoria esotérica que lhes fora conferida, mas que não o fora, digamos, aos meus pais. Mesmo nesses dias, digamos, de cuidados comunitários aos lunáticos, o esquizofrênico responde somente por uma minoria dos desabrigados. Aprendi por outros caminhos, no entanto, que não devemos apenas sentir pena dos moradores de rua, como sentimos de um porco-espinho machucado ou de um passarinho de asa quebrada que pode ser curado por uma intervenção bem-intencionada de auxiliares profissionais, *de haut en bas*. O morador de rua sofre, certamente, mas nem sempre da maneira ou pelos motivos que imaginamos.

Um senhor de 55 anos que passou metade da vida de abrigo em abrigo ao redor do país deu entrada na minha enfermaria sofrendo de *delirium tremens*. Sua condição, na ocasião, era deplorável; estava apavorado pelos animaizinhos que via rastejando, saindo das roupas de cama e das paredes, seu tremor era tão profundo que não podia ficar de pé, e segurar uma xícara ou um talher estava fora de questão. Ao olhar para sua cama poderíamos crer que estávamos sob um longo e sério terremoto. Sofria de incontinência urinária e tinha de utilizar um cateter; o suor escorria como a chuva goteja da folhagem de uma floresta tropical. Levou uma semana de banhos para tirar o cheiro de mendicância e uma semana de tranquilizantes para acalmá-lo. Certamente, poderíamos pensar, qualquer tipo de vida era preferível a uma vida que chega a esse ponto.

No entanto, uma vez recuperada a saúde, ele não era mais a criatura digna de pena que fora havia tão pouco tempo. Ao contrário, era um homem inteligente, perspicaz e cativante. Havia um brilho maroto em seus olhos. Também não tinha o tipo de antecedente familiar que comumente (e de maneira errônea) supomos que o compeliria a um futuro desanimador: sua irmã era uma enfermeira-chefe e seu irmão era diretor de uma grande empresa pública. Ele mesmo saíra-se bem na escola, mas insistira em abandoná-la na primeira oportunidade e fora para o mar. Após um casamento prematuro, o nascimento de um filho e a tediosa hipótese de uma hipoteca, ansiou por recuperar a liberdade pré-matrimonial e redescobriu as alegrias da irresponsabilidade: abandonou a esposa e o filho, não trabalhou mais e, em vez disso, passou os dias a beber.

Dentro de pouco tempo desceu do nível de casa para apartamento, deste para quarto de aluguel e daí para uma cama no abrigo. De nada se arrependia: disse que sua vida fora cheia de acontecimentos, atrativos e diversão, muito mais do que se tivesse seguido o caminho estreito das virtudes que conduz diretamente ao recebimento de uma pensão. Pedi-lhe que quando estivesse plenamente recuperado escrevesse um artigo curto descrevendo um incidente de seu passado, e ele escolheu a primeira noite que passara em um abrigo. Chovia muito e uma fila de vagabundos esperava, do lado de fora, permissão para entrar no prédio do Exército da Salvação. Começou uma briga e um homem arrastou o outro pelos cabelos. Ouviram algo sendo rasgado, e o atacante ficara com o escalpo da vítima nas mãos.

Longe de isso ser algo tão terrível a ponto de decidir imediatamente se emendar, meu paciente ficou curioso. Seu temperamento era o de alguém que buscava sensações; detestava o tédio, a rotina e receber ordens de outras pessoas. Juntara-se à grande fraternidade de andarilhos que viviam à margem da lei, que tomavam trens sem bilhete, insultavam os burgueses das pequenas cidades com seu comportamento ultrajante, enfureciam os magistrados ao confrontá-los com a própria impotência, e muitas vezes acordavam a umas centenas de quilômetros de onde tinham partido na noite anterior, sem recordar como chegaram ali. Em suma, a vida de um morador de rua crônico, de altos e baixos.

É claro que, quanto mais se vive esse tipo de vida, mais difícil torna-se abandoná-la, não só por conta do hábito, mas porque é cada vez mais difícil a pessoa se reinserir na sociedade normal. Um homem de 55 anos pode sentir alguma dificuldade de explicar para um potencial empregador o que estivera fazendo nos últimos 27 anos. Com a idade, contudo, as dificuldades físicas da existência aumentam, e meu paciente disse-me que acreditava que, a menos que desistisse da vida errante, não teria muito mais tempo de vida. Concordei com ele.

Consegui para ele um abrigo para alcoólatras recuperados e comprometidos a não voltar mais a beber. Num primeiro momento, comportou-se perfeitamente: manteve as consultas comigo e estava se saindo muito bem. Parecia até feliz e satisfeito. Surpreendentemente, possuía muita leitura e tivemos agradáveis conversas literárias.

Depois de cerca de três meses dessa existência estável, meu paciente confessou que estava ficando inquieto novamente. Sim, estava feliz e também estava fisicamente bem – muito melhor, de fato, do que se sentira em muitos anos; mas faltava alguma coisa na vida. Era a agitação: ser perseguido pelas ruas por policiais, a presença nos tribunais, a simples cordialidade e companheirismo do bar. Sentia saudades daquela pergunta importante com que costumava acordar todas as manhãs: "Onde estou?". Andar pelos mesmos lugares todos os dias não tinha, nem de longe, a mesma graça. É certo que faltou à última consulta e nunca mais o vi.

Esse não é, de modo algum, um caso isolado: longe disso. Pessoas como esse paciente são a categoria mais numerosa entre os moradores dos abrigos. Ao menos dois deles dão entrada em minha ala a cada semana. Hoje, por exemplo, conversei com um homem de 45 anos que tivera um emprego de responsabilidade como gerente de loja, mas que fora admitido há poucos dias com *delirium tremens*. Concordou que sua vida de vagabundo, na ocasião decorridos doze anos, não havia sido totalmente miserável. Este paciente, que bebia tanto quanto qualquer outro paciente que já vi, orgulhava-se do fato de não ter tido problemas com a polícia nos últimos sete anos, não porque tenha deixado de desobedecer à lei. O pagamento que recebia da previdência social era totalmente inadequado ao seu consumo de bebidas destiladas, e tornara-se um experiente ladrão, "embora só roubasse para aquilo que eu precisava, doutor". Estava claro que a arte de furtar sem ser pego lhe trouxe muito prazer. Admitiu que não fora levado ao furto por necessidade: disse-me que era um pintor talentoso de retratos e poderia ter ganhado, em poucas horas, bastante dinheiro com essa habilidade para mantê-lo bêbado por uma semana.

– Na minha época tive um bocado de dinheiro, doutor. Dinheiro não é problema para mim. Posso conseguir um monte de novo, mas quanto mais eu ganho, mais caio na bebedeira.

Esse paciente também sabia que voltaria à vida que levava, não importando o que fizéssemos por ele, o que quer que lhe oferecêssemos.

Tais moradores de rua, portanto, fizeram uma escolha que podemos até dignificar como uma escolha existencial. A vida que escolheram não é privada de compensações. Uma vez superado o asco inicial das condições físicas em que decidem viver, encontram segurança: mais segurança, na verdade, que a maioria da população que luta para manter um padrão de vida e que não possui nenhuma garantia de sucesso. Esses homens sabem, por exemplo, que existem abrigos em vários lugares, em cada bairro e cidade, que estes o aceitarão, o alimentarão e o manterão aquecido, não importando o que aconteça ou se o mercado está em alta ou em baixa. Não temem o fracasso e vivem sem quaisquer restrições da rotina: a única tarefa diária é aparecer na hora da refeição e a única tarefa semanal é sacar o dinheiro da previdência social. Além disso, são automaticamente parte de uma fraternidade – conflituosa e, por vezes, violenta, mas que também é tolerante e, muitas vezes, divertida. A doença segue no território, mas um hospital nunca está longe demais, e o tratamento é gratuito.

Para a maioria de nós é difícil aceitar que esse tipo de vida, tão pouco atraente na superfície, seja livremente escolhido. Pensamos, por certo, que deve haver algo errado com aqueles que escolhem viver dessa maneira. Sem dúvida devem sofrer alguma doença ou anomalia mental que explique tal escolha e, portanto, devemos ter pena deles. Ou ainda, como acreditam os assistentes sociais que visitam os abrigos, todos os que lá se hospedam são vítimas de infortúnios dos quais não têm culpa e que estão além de seu controle. A sociedade, como é representada pelos assistentes sociais, deve, portanto, resgatá-los. Consequentemente, os assistentes sociais escolhem alguns dos moradores mais antigos dos abrigos para aquilo que chamam de reabilitação, o que quer dizer remanejamento para alguma residência cadastrada no Serviço Nacional de Habitação, completado com doações de algumas centenas de dólares para a compra daqueles bens de consumo cuja ausência, hoje, é considerada pobreza. Não é difícil imaginar os resultados: após um mês, o aluguel do apartamento continua sem pagamento e o dinheiro doado foi gasto, não em refrigeradores ou fornos de micro-ondas. Alguns dos moradores de rua mais experientes já foram remanejados umas três ou quatro vezes, o que lhes assegurou períodos curtos, porém gloriosos, de extrema popularidade no bar à custa do pagador de impostos.

Dizer, contudo, que a escolha é livre não significa endossá-la como boa ou sábia. Não há dúvidas de que esses homens vivem de maneira completamente parasitária, em nada contribuindo para o bem comum e abusando da tolerância da sociedade para com eles. Quando famintos, têm apenas de comparecer à cozinha de um abrigo; quando doentes, vão ao hospital. São profundamente antissociais.

E dizer que a escolha deles é livre não é negar que careça de influências externas. Uma parcela significativa do contexto social desses moradores de rua é uma sociedade preparada a nada exigir deles. Está, de fato, preparada para subsidiá-los na bebedeira – na embriaguez até a morte. Todos eles, sem exceção, consideram isso parte da ordem natural e imutável das coisas que a sociedade deve prover; todos, sem exceção, chamam o ato de receber pensão da previdência social de "ser pago".

Esses "cavalheiros" da rua são acompanhados na ausência de residência fixa por um número cada vez maior de jovens que fogem de seus lares desastrosos, onde a ilegitimidade, a sucessão de padrastos abusivos e a ausência total de autoridade é a norma. Somos constantemente advertidos por aqueles esquerdistas cujas panaceias do passado contribuíram tão fartamente para essa situação miserável que a sociedade (leia-se o governo) deve fazer ainda mais por essas pessoas tão dignas de pena. Mas a falta de um lar não é, ao menos na sociedade de hoje, a instância especial de uma lei, enunciada pela primeira vez por um colega médico britânico, de que a miséria aumenta para satisfazer os meios disponíveis para reduzi-la? E o comportamento antissocial não aumenta na proporção das desculpas criadas pelos intelectuais?

1996

O Que É Pobreza?

O que chamamos de pobreza? Não aquilo que Charles Dickens, William Blake ou Henry Mayhew chamavam. Hoje ninguém espera seriamente passar fome na Inglaterra ou viver sem água corrente, cuidados médicos ou mesmo televisão. A pobreza foi redefinida nos países industriais, de modo que ninguém na camada mais baixa da distribuição de renda seja, por assim dizer, pobre *ex officio* – pobre em virtude de ter menos que o rico. É claro que, por essa lógica, a única maneira de eliminar a pobreza é pela redistribuição igualitária da riqueza – mesmo se, como resultado, a sociedade como um todo venha a se tornar mais pobre.

Tal redistribuição era o objetivo do Estado de Bem-Estar Social. No entanto, ele não eliminou a pobreza, apesar das enormes quantias gastas e não obstante o fato de os pobres estarem agora substancialmente mais ricos – de fato, pelos padrões tradicionais, não são pobres de modo algum. Enquanto existirem ricos, deverão existir pobres como agora os definimos.

Certamente estão na miséria – uma descrição muitíssimo mais precisa da condição dessas pessoas do que pobreza – apesar de a renda *per capita* ter aumentado em três vezes, mesmo a do pobre, desde o final da última guerra. O motivo de estarem nessa situação requer uma explicação – e chamar essa situação de pobreza, ao empregar uma palavra mais apropriada para a Londres de Henry Mayhew do que para a realidade atual, faz com que não captemos quão grande foi a mudança no quinhão "dos pobres". Não há dúvida de que "sempre tereis pobres convosco",[1] mas hoje não são pobres da maneira tradicional.

O pobre inglês vive uma vida mais curta e menos saudável que o mais próspero de seus compatriotas. Mesmo que não conheçamos as estatísticas, o problema de saúde seria óbvio em uma observação fortuita das áreas ricas e pobres, assim como os observadores vitorianos notaram que os pobres eram, em média, o equivalente a uma cabeça mais baixos que os ricos, graças a gerações de desnutrição e difíceis condições de vida. As razões das diferenças atuais na saúde, todavia, não são econômicas. Não há hipótese de o pobre não conseguir comprar um remédio ou seguir uma dieta nutritiva; nem viver em casas superlotadas sem higiene adequada, como na época de Mayhew, ou trabalhar quatorze exaustivas horas por dia dentro de minas com ar poluído ou moinhos. Epidemiologistas estimam que o alto consumo de cigarro entre os pobres é responsável por metade da diferença na expectativa de vida entre as classes mais ricas e mais pobres da Inglaterra – e fumar tanto assim custa muito!

Também notório é o índice de mortalidade infantil, duas vezes mais alto na classe social mais baixa do que na mais alta. A taxa de mortalidade infantil de crianças ilegítimas, no entanto, é duas vezes maior que a de crianças legítimas, e a taxa de ilegimimidade aumenta drasticamente à medida que descemos na escala social. Assim, a deterioração do casamento, a ponto de quase desaparecer na classe social mais baixa, pode muito bem ser a responsável por grande parte do excesso de mortalidade infantil. É o modo de vida, e não a pobreza *per se*, que mata. Hoje, a causa mais comum de morte entre os 15 e 44 anos é o suicídio, que aumentou mais precipitadamente entre aqueles que vivem no mundo dos padrastos temporários da subclasse e da conduta sem restrições por lei ou convenção.

Assim como é mais fácil reconhecer a saúde prejudicada em alguém que não vemos por algum tempo em vez de reconhecê-la em uma pessoa que vemos diariamente, da mesma maneira um visitante, chegando a uma sociedade vindo de outro lugar, muitas vezes pode enxergar mais

---

[1] São João 12,8.

claramente seus traços que aquele que nela vive. Todos os meses chegam, no aeroporto, novos médicos de países como Filipinas ou Índia para trabalhar por um ano em meu hospital. É fascinante observá-los desenvolver uma resposta à miséria britânica.

No início, estão entusiasmados e dão igual atenção a todos de maneira generosa e sem hesitação, independente da condição econômica. Eles mesmos provêm de cidades – Manila, Bombaim, Madras – onde, em muitos dos casos que vemos em nosso hospital, os pacientes simplesmente são abandonados para morrer, muitas vezes, sem socorro algum. Ficam impressionados por nosso zelo ir além do meramente médico: ninguém fica sem comida, roupas, abrigo ou mesmo entretenimento. Parece existir uma agência pública para lidar com cada problema imaginável. Por umas semanas pensam que tudo isso representa o ponto alto da civilização, especialmente quando recordam os horrores nos seus países de origem. A pobreza – como eles a conhecem – foi abolida.

Em pouco tempo, contudo, começam a sentir um vago desconforto. Uma médica filipina perguntou-me, por exemplo, por que tão poucas pessoas pareciam estar agradecidas por aquilo que estava sendo feito por elas. O que suscitou a pergunta fora um drogado que, após tombar por uma *overdose* acidental de heroína, foi levado ao nosso hospital. Precisou de cuidados intensivos para recuperar os sentidos, com médicos e enfermeiras tratando dele durante toda a noite. Suas primeiras palavras para o médico quando, subitamente, recuperou a consciência, foram: "Me dá a merda de um cigarro pra bolar!" (enrolar manualmente o fumo). A grosseria imperiosa não proveio de uma simples confusão: continuou a tratar a equipe como se eles o tivessem sequestrado e o mantivessem no hospital contra a sua vontade, para realizar experiências. "Deixa eu sair fora dessa porra!". Não havia qualquer reconhecimento naquilo que havia sido feito por ele, tampouco gratidão. Caso acreditasse que havia recebido algum benefício daquela estadia, bem, isso era, simplesmente, obrigação.

Meus médicos de Bombaim, Madras ou Manila assistem a esse tipo de conduta boquiabertos. No início, supõem que os casos testemunhados são falhas estatísticas, uma espécie de erro de amostragem, e que, passado certo tempo, encontrarão uma parcela melhor, mais representativa da população. Aos poucos, no entanto, fica claro para eles que o que viram é representativo. Quando qualquer benefício recebido é um direito, não há lugar para boas maneiras, muito menos para gratidão.

Cada caso os faz reconsiderar a opinião favorável inicial. Dentro de pouco tempo já terão experimentado centenas, e o ponto de vista deles terá mudado completamente. Semana passada, por exemplo, para o assombro de um médico recentemente vindo de Madras, uma mulher de quase trinta anos deu entrada em nosso hospital na condição mais comum que os transforma em nossos pacientes: uma *overdose* intencional. Inicialmente, não queria falar nada além de que desejava partir dessa vida, de que já estava cansada daqui. Perguntei um pouco mais. Antes de tomar a *overdose*, seu ex-namorado, pai do seu filho mais novo de oito meses (que agora estava com a mãe desse ex-namorado), invadira seu apartamento, arrebentando a porta da frente. Destruiu o interior do apartamento, quebrou todas as janelas, roubou 110 dólares em dinheiro e arrancou o telefone da parede.

— Ele é muito violento, doutor — contou que ele quebrara o seu polegar, costelas e a mandíbula ao longo dos quatro anos que ficaram juntos, e seu rosto precisou ser suturado diversas vezes. — Ano passado precisei pôr a polícia atrás dele.

— O que aconteceu?

— Tirei as acusações. A mãe dele disse que ele iria mudar.

Outro problema era estar grávida de cinco semanas e não querer o bebê.

— Quero me livrar disso, doutor.

— Quem é o pai?

Era o ex-namorado violento, é claro.

— Ele a estuprou?

— Não.

— Logo, você concordou em ter relações com ele?

— Eu estava bêbada; não foi amor. Esse bebê veio do nada e me pegou de surpresa. Não sei como isso aconteceu.

Perguntei a ela se pensava ser boa ideia ter relações sexuais com um homem que repetidamente batia nela e de quem ela disse que queria separar-se.

— É complicado, doutor. Às vezes a vida acaba sendo assim.

O que ela sabia a respeito desse homem antes de ter relações com ele? Conheceu-o em uma boate; e ele foi imediatamente morar com ela porque não tinha onde ficar. Ele tinha um filho com outra mulher e não pagava pensão a nenhum dos dois. Estivera na prisão por assalto. Tomou drogas. Nunca trabalhou, a não ser em uns "bicos". É claro que nunca se ofereceu para ajudá-la com dinheiro algum; ao contrário, a conta do telefone dela cresceu vertiginosamente.

Ela nunca fora casada, mas tinha dois outros filhos. A primeira, uma menina de oito anos, ainda vivia com ela. O pai era um homem que ela abandonara porque descobrira que ele fazia sexo com meninas de doze anos. A segunda criança era um menino, cujo pai era "um idiota" com quem passara apenas uma noite. Aquela criança, agora com seis anos, vivia com o "idiota", e ela nunca o vira.

O que sua experiência tinha ensinado?

— Não quero pensar nisso. O Serviço de Habitação irá me cobrar pelo estrago, e não tenho esse dinheiro. Estou deprimida, doutor; não estou feliz. Quero me mudar, ir para longe dele.

Mais tarde, naquele dia, sentindo-se solitária, telefonou para o ex--namorado e ele foi visitá-la.

Discuti o caso com o médico recém-chegado de Madras, que sentia que havia entrado em um mundo insano. Nem mesmo nos sonhos mais loucos ele havia imaginado que poderia ser assim. Não havia nada em Madras que pudesse ser comparado com aquilo. Perguntou-me o que aconteceria ao feliz casal.

— Encontrarão um apartamento novo para ela. Comprarão móveis novos, uma televisão e uma geladeira, pois viver sem isso hoje em dia é de uma pobreza inaceitável. Não cobrarão da moça nada pelos danos no antigo apartamento porque ela não pode pagar nada e por não ter sido ela quem o danificou. Ele sairá dessa ileso e sem ter de pagar nada. Uma vez acomodada no novo apartamento, ela o convidará para ficar por lá, ele destruirá tudo de novo e, então, encontrarão outro lugar para ela morar.

Não há nada, de fato, que ela possa fazer que acarrete na perda da obrigação estatal de oferecer casa, comida e diversão.

Perguntei ao médico de Madras se pobreza seria a palavra que ele usaria para descrever a situação dessa mulher. Disse que não: o problema dela era não aceitar limites ao próprio comportamento, ela não temia a possibilidade de passar fome, a condenação por parte dos pais, dos vizinhos ou de Deus. Em outras palavras, a miséria da Inglaterra não era econômica, mas espiritual, moral e cultural.

Muitas vezes levo meus médicos do terceiro mundo para uma breve caminhada do hospital à prisão próxima. São os setecentos metros mais instrutivos. Em um bom dia – bom dia para fins didáticos – há, no trajeto, uns sete ou oito montinhos de vidro estilhaçado na sarjeta (nunca acontece não haver nenhuma, exceto durante o mais inclemente dos climas, quando até mesmo o ladrão de carros mais maníaco controla os impulsos).

– Cada um desses montinhos de vidro representa um carro que foi arrombado – digo a eles. – Haverá mais amanhã, caso as condições meteorológicas permitam.

As casas ao longo do percurso são, como são as habitações públicas, bem decentes. As autoridades locais, finalmente, aceitaram que juntar pessoas em inexpressivos e gigantescos blocos de concreto à Le Corbusier era um erro, e passaram a construir casas individuais. Somente algumas janelas estão tapadas. Por certo, em comparação com a casa dos pobres em Bombaim, Madras ou Manila, são bastante espaçosas e luxuosas. Cada uma delas tem um pequeno jardim gramado na frente, com uma cerca viva e um quintal bem maior; a metade tem antena parabólica. Infelizmente, os terrenos estão tão cheios de entulho quanto o lixão municipal.

Digo aos meus médicos que nos quase nove anos em que faço esse percurso quatro vezes por semana, nunca vi, em nenhum momento, alguém tentando limpar o jardim. Já vi, no entanto, mais entulho ser despejado; em um bom dia chego até a ver alguma das pessoas da parada de ônibus jogarem algo no chão, mesmo estando a meio metro da lata de lixo.

– Por que não limpam os jardins? – pergunta-me um médico de Bombaim.

Uma boa pergunta: afinal, a maioria das casas possui ao menos uma pessoa com tempo livre. Toda vez que fiz essa pergunta, a resposta sempre foi a mesma: já falei com a administração local a respeito disso, mas eles ainda não vieram. Como inquilinos, sentem ser responsabilidade do senhorio manter o quintal e o jardim limpos, e não estão dispostos a fazer o trabalho da administração local, mesmo que isso signifique ter de abrir caminho no meio do lixo – o que literalmente fazem. Por um lado, a autoridade não pode dizer a eles o que fazer; por outro, tem uma infinitude de responsabilidades para com essas pessoas.

Pedi aos meus médicos do terceiro mundo que examinassem de perto o lixo. Deu-lhes a impressão de que nenhum britânico é capaz de andar mais de dez metros sem consumir *junk food*. Cada arbusto, cada gramado, e até mesmo cada árvore estavam enfeitados com embalagens de chocolates ou invólucros de comida *fast-food*. Latas vazias de cerveja e refrigerantes ficam espalhados pela sarjeta, nos canteiros de flores, em cima das cercas vivas. Mais uma vez, em um bom dia, realmente observamos alguém arremessando uma lata cujo conteúdo já fora consumido, da mesma maneira que um russo joga fora o copo de vodca.

Além do desdém social pelo bem comum que cada um desses atos de espalhar detritos encerra (centenas por semana no intervalo de apenas setecentos metros), a enorme quantidade de comida consumida na rua tem implicações mais profundas. Digo aos médicos que, em todas as minhas visitas às casas dos brancos na área, e que já fiz centenas de vezes, nunca – nenhuma vez – vi nenhum indício de alguém cozinhando. O mais próximo dessa atividade que já testemunhei foi alguém aquecendo uma comida industrializada pré-pronta, normalmente no micro-ondas. E, por essa mesma razão, nunca vi sinal algum de refeições feitas em comum como uma atividade social – a menos que duas pessoas comendo hambúrguer juntas na rua enquanto caminham seja considerado uma atividade social.

Isso não quer dizer que não vi pessoas comendo em casa; ao contrário, sempre estão comendo quando chego. Comem sozinhas, mesmo se estão presentes outros membros da casa, e nunca se sentam à mesa. Estão afundados no sofá diante da televisão. Todos na casa comem quando querem e no horário que escolhem. Até mesmo em uma questão tão elementar quanto comer, não há autodisciplina alguma, mas, em vez disso, uma obediência imperiosa ao impulso. É desnecessário dizer que a oportunidade de conversa ou socialização que oferece uma refeição tomada em conjunto é perdida. As refeições inglesas são, portanto, solitárias, pobres, desagradáveis, brutais e curtas.

Pedi aos médicos que comparassem as lojas em áreas habitadas por brancos pobres e aquelas em que vivem os imigrantes indianos pobres. É uma comparação instrutiva. As lojas dos indianos estão sempre apinhadas de todos os tipos de produtos frescos e atraentes que, pelos padrões dos supermercados, são surpreendentemente baratos. As mulheres esforçam-se para comprar bem e fazem distinções sutis. Não existem comidas pré-prontas. Em comparação, uma loja frequentada por brancos pobres oferece uma gama restrita de produtos, na maioria, comidas pré-prontas relativamente caras que requerem, no máximo, adição de água quente.

A diferença entre os dois grupos não pode ser explicada por diferenças de renda, pois são insignificantes. A pobreza não é a questão. A disposição dos indianos para escolher cuidadosamente o que comem e para tratar as refeições como ocasiões sociais importantes que impõem obrigações e, por vezes, requerem a subordinação da vontade pessoal é indicativa de toda uma postura diante da vida que muitas vezes lhes permite, apesar dos baixos rendimentos, subir na hierarquia social. De modo alarmante, no entanto, a ânsia dos filhos de imigrantes de pertencer à cultura local predominante está começando a criar uma subclasse indiana (ao menos entre os rapazes): o gosto por *fast-food*, e tudo mais que tal gosto encerra, está crescendo rapidamente entre eles.

Quando tal desmazelo alimentar se espraia para todas as outras esferas da vida, quando as pessoas satisfazem todos os apetites com o mesmo mínimo esforço e falta de compromisso, não é de admirar que se deixem cair na armadilha da miséria. Não tenho problemas em mostrar para os meus médicos da Índia e das Filipinas que a maioria de nossos pacientes aplicam a postura *fast-food* a todos os prazeres, obtendo-os da maneira mais fugaz e com o mínimo esforço. Não têm atividades culturais próprias, e suas vidas parecem ser, até mesmo para eles, sem propósito. No Estado de

Bem-Estar Social, a mera sobrevivência não é o mesmo feito heroico que, digamos, nas cidades da África e, portanto, não confere autorrespeito, que é a precondição do autoaprimoramento.

Ao fim de três meses, meus médicos, sem exceção, mudaram a opinião original de que o Estado de Bem-Estar Social, como exemplificado na Inglaterra, representa o ápice da civilização. Ao contrário, veem como isso agora está criando um miasma de apatia subsidiada que frustra as vidas dos supostos beneficiários. Começam a perceber que o sistema de Bem-Estar, por não fazer julgamentos morais ao alocar retribuições econômicas, promove o egoísmo antissocial. O empobrecimento espiritual da população parece-lhes pior do que qualquer coisa que já viram antes nos próprios países. E o que veem é pior, é claro, porque poderia ser muito melhor. A riqueza que permite que todos tenham, sem esforço, comida em quantidade suficiente poderia ser algo libertador, e não aprisionador. Ao contrário, isso criou uma grande casta de pessoas para quem a vida é, na realidade, um limbo em que nada têm a esperar ou a temer, nada a ganhar ou a perder. É uma vida esvaziada de significado.

"No geral", disse-me um médico filipino, "é preferível a vida nas favelas de Manila". Disse sem ilusões com relação à qualidade de vida em Manila.

Esses fizeram a mesma jornada que eu mesmo fiz, mas em direção oposta. Ao chegar como jovem médico na África há 25 anos, primeiramente, fiquei horrorizado com condições físicas de um tipo que nunca experimentara antes. Pacientes com insuficiência cardíaca que andavam oitenta quilômetros debaixo de um sol escaldante, com respiração ofegante e pernas inchadas, para conseguir tratamento – e depois voltavam caminhando para casa. Tumores ulcerados e supurados eram comuns. Homens descalços contraíam tétano pelas feridas infligidas pelo bicho-de-pé que punha ovos entre os dedos. A tuberculose reduzia as pessoas a esqueletos vivos. As crianças eram mordidas por surucucus e os adultos eram atacados por leopardos. Vi leprosos cujos narizes haviam apodrecido e lunáticos que vagavam nus debaixo de chuvas torrenciais.

Mesmo os acidentes eram espetaculares. Cuidei dos sobreviventes de um acidente na Tanzânia no qual, pela falta de freios – o que era perfeitamente normal e esperado nas circunstâncias –, o caminhão começou a derrapar ladeira abaixo. Estava carregado de sacas de milho, sobre as quais encontravam-se vinte passageiros, dentre eles, muitas crianças. Ao derrapar, os passageiros, em primeiro lugar, e depois o milho, caíram. Quando cheguei ao local, dez crianças mortas estavam alinhadas à margem da estrada, dispostas em ordem ascendente, tão bem arranjadas quanto os tubos de um órgão. Foram esmagadas e sufocadas pelas sacas de milho que caíram em cima delas: uma morte tristemente irônica em um país com escassez crônica de alimentos.

Ademais, a autoridade política nos países em que trabalhei era arbitrária, inconstante e corrupta. Na Tanzânia, por exemplo, é possível identificar só pela circunferência quem são os representantes do partido político único e onipotente, o Partido da Revolução. Os tanzanianos são magros, mas os homens do Partido são gordos. O representante do partido da minha aldeia mandou um homem para a prisão porque a esposa do sujeito se recusou a dormir com ele. Na Nigéria, a polícia aluga as armas para os bandidos à noite.

No entanto, nada do que vi – nem a pobreza ou a opressão ostensiva – jamais teve o mesmo efeito devastador na personalidade humana que o Estado de Bem-Estar Social indiscriminado. Nunca vi a perda de dignidade, o egocentrismo, o vazio espiritual e emocional ou a absoluta ignorância de como viver que vejo diariamente na Inglaterra. Numa espécie de manobra de duplo envolvimento, portanto, eu e os médicos da Índia e das Filipinas chegamos à mesma e terrível conclusão: o pior da pobreza está na Inglaterra – e não é a pobreza material, mas a pobreza da alma.

1999

Os Chiqueiros Fazem os Porcos?

Até bem pouco tempo atrás, supunha que a extrema feiura da cidade em que vivo era atribuível à Luftwaffe. Acreditava que as construções altas, baratas e sem nenhum encanto que desfiguram a paisagem urbana tinham sido construídas pela necessidade de preencher os vazios deixados pelos bombardeiros Heinkel. Passei boa parte da infância brincando em abrigos antiaéreos abandonados nos parques públicos e, apesar de ter nascido alguns anos após o fim da guerra, a grande conflagração ainda tinha uma influência considerável na imaginação das crianças britânicas de minha geração.

Descobri quão errado estava quando entrei em uma loja cujas paredes eram decoradas com grandes fotos antigas da cidade antes da guerra. Era, na ocasião, um lugar agradável, à moda grandiloquente dos vitorianos. Cada construção, sem dúvida de maneira pomposa e ridícula, bafejava certo orgulho municipal. A indústria e o trabalho eram glorificados na estatuária, e um germe dos templos gregos e da Renascença italiana mitigava a arquitetura neogótica veneziana.

— Foi uma pena essa guerra — disse à vendedora, que tinha idade para relembrar dos velhos tempos —, veja como a cidade está agora.

— A guerra? — disse ela. — A guerra não teve nada com isso. Foi o Conselho.

O Conselho Municipal — os representantes eleitos do povo —, soube, causou muito mais danos às construções da cidade nos anos de 1950 e

1960 do que a força aérea de Hermann Göring. De fato, conseguiram transformá-la em um terrível ordálio visual para quem quer que tenha a menor sensibilidade visiva.

A primeira das razões para esse vandalismo arquitetônico em larga escala foi o prolongado asco a tudo o que era vitoriano. Na Grã-Bretanha isso ficou particularmente pronunciado após a guerra porque, pela primeira vez, tinha ficado muitíssimo evidente o quanto a nação decaíra em influência e como potência mundial desde o apogeu vitoriano; uma decadência que se tornou fácil de suportar, em termos psicológicos, pela difamação firme e descarada não só dos próprios vitorianos, mas igualmente de todas as suas ideias e obras.

Fui testemunha de um exemplo notável dessa repugnância em minha própria casa. Meu pai, um comunista e, portanto, predisposto a ver o passado sob uma luz lúgubre, especialmente se comparado às inevitáveis glórias pós-revolucionárias que haveriam de vir, comprara várias pinturas vitorianas na Sotheby's durante a guerra por dez *shillings* cada uma. (Os comunistas não necessariamente se opõem a tirar vantagem de uma baixa de preços temporária.) Manteve as pinturas no sótão da casa. Então, um dia na década de 1960, muito arbitrariamente, achou que elas estavam ocupando muito espaço – ao contrário das frutas em lata que armazenara durante a Guerra da Coreia na expectativa de que o conflito, aos poucos, se tornaria uma guerra no terceiro mundo e que, agora, estão começando a explodir, mas sempre as guardou. Pegou todas as pinturas, exceto uma, e fez uma fogueira, um ato que mesmo aos dez anos parecia ser de um terrível barbarismo. Implorei-lhe que não o fizesse – que doasse as pinturas se não gostava delas – mas não, elas tinham de ser destruídas.

Lá estava a arrogância modernista não apenas com relação ao passado vitoriano, mas a todos os séculos anteriores – minha cidade varrera muitos dos prédios do século XVIII juntamente com os edifícios vitorianos e eduardianos. Os arquitetos britânicos finalmente se equipararam ao arquiteto italiano Marinetti que, sem exceção, condenou o passado, que exigia a total ruptura com tudo o que existira antes, que ridicularizou todos os estilos anteriores e que adorou somente aqueles atributos da modernidade:

velocidade e tamanho. Dentre os projetos, estava o aterramento dos canais de Veneza e a substituição dos *palazzi* por fábricas modernas.

Assim como os arquitetos italianos de sua época estavam tecnologicamente atrasados, da mesma maneira os arquitetos modernizadores britânicos não estavam mais na vanguarda e há muito a vitória da modernidade já passara aos Estados Unidos. Os arquitetos acreditavam que a modernidade tinha um valor que transcendia a todas as demais virtudes; pensavam que poderiam despertar o país de seu torpor nostálgico, arrastando-o ao século XX ao empregar o que lhes parecia o mais moderno dos materiais de construção – o concreto armado – em tudo. Por isso, dentre muitos outros crimes, derrubaram todos os elegantes ornatos de ferro batido vitorianos da estação de trem da cidade, com os esplêndidos tetos abaulados sobre as plataformas e trilhos e, em seu lugar, erigiram uma construção abrutalhada de aço e concreto esmaecido; um plano que não se mostrou mais prático e funcional que o antigo.

Minha cidade está longe de ter sido a única a sofrer esse fervor demolitório bakuninista dos modernizadores (como disse Mikhail Bakunin, a paixão por destruir também é uma paixão criativa). Até as pequenas cidades do interior não passaram despercebidas: Huntingdon, o local de nascimento de Oliver Cromwell, ganhou um anel rodoviário de aparência muito feia e desfuncional, que ao mesmo tempo dificulta e torna perigosa a entrada e saída da cidade, cujo estudo por arquitetos e planejadores urbanos ao redor do mundo, hoje em dia, é feito como uma admoestação. Shrewsbury, o local de nascimento de Charles Darwin e a cidade que por vários séculos conseguiu combinar os estilos arquitetônicos mais diversos de modo que a paisagem urbana como um todo fosse maior que a soma das partes, foi arruinada como experiência estética por uns prédios modernos de escritórios visualmente inescapáveis e edifícios-garagem de vários andares. Seria igualmente deprimente listar as cidades e vilarejos ingleses estragados por esse tratamento.

São as habitações públicas, no entanto, que exemplificam de maneira mais clara as ideias daqueles que transformaram a paisagem urbana inglesa durante as décadas de 1950 e 1960. Aí a nova estética está combinada com o zelo socialista por reforma para produzir um desastre em múltiplos níveis.

Depois da guerra, *bien-pensants* concordaram universalmente que a sociedade britânica pré-guerra era totalmente injusta. A classe trabalhadora, diziam, fora vergonhosamente explorada, como estava evidente nas grandes desigualdades de renda e nas habitações apinhadas de gente. Um imposto de renda fortemente progressivo (que em determinado ponto chegou a 95%) iria retificar as desigualdades de renda, ao passo que a remoção dos bairros pobres e a construção de projetos em larga escala mitigaria o problema habitacional.

Os reformadores de classe média pensavam na pobreza em termos totalmente físicos: insuficiência de alimento e calefação, falta de espaço. Como, perguntavam, as pessoas conseguiriam as boas coisas da vida se as necessidades básicas eram providas de modo tão inadequado? O que significaria liberdade (recordo meu pai perguntando isso) diante da ausência de condições decentes de moradia? Uma vez que os problemas sociais como o crime e a delinquência (que logo descobriríamos estarem no início) eram atribuíveis à privação física – ao meio, e não ao criminoso ou ao delinquente – a construção de casas decentes resolveria imediatamente todos os problemas.

Mas o que era uma moradia decente? Um funcionário público, Parker Morris, deu uma resposta: um determinado número de metros cúbicos de espaço vital por habitante.[1] O Ministério da Habitação adotou o padrão Parker Morris para todas as habitações públicas; ele regia o tamanho e número de quartos – e isso era tudo.

Nas circunstâncias, quem ficaria surpreso em saber que o estilo arquitetônico de construção, se é que pode ser chamado de estilo, de Le Corbusier chegou a dominar as obras das habitações públicas, mesmo depois de já ter se mostrado desastroso em um lugar – em Marselha, onde fora dado a Le Corbusier o controle total? Era o modo mais simples e mais

---

[1] Dentre as diversas normas do padrão Parker Morris está a provisão de casas de área total de 72 m^2, critério que atualmente, na cidade de Londres, ganhou mais 10% de área total. Vale lembrar que tal metragem é muito maior que os padrões de residências populares do Brasil, que oscilam, em média, entre 42 e 62 m^2. (N. T.)

barato de sujeitar-se aos, agora, sacrossantos padrões Parker Morris. Além disso, Le Corbusier era um espírito afim de burocratas e planejadores urbanos – não só um arquiteto, mas um visionário e um aspirante a reformador social. De Paris, escreveu: "Imagine todo esse lixo, que até agora se espalhou sobre o solo como uma crosta seca, eliminado e removido, substituído por imensos cristais límpidos de vidro, de quase duzentos metros de altura!". Nesse espírito, muito da minha cidade, especialmente as *terraced houses*[2] da classe trabalhadora, foram eliminadas e removidas, para serem substituídas pela "cidade vertical [...] banhada por luz e ar" de Le Corbusier. Pouca luz, pouco ar!

Não ocorreu a nenhuma autoridade que, talvez, algo mais que uma mera crosta suja estivesse sendo varrido. Se os reformadores estivessem certos, as pessoas que viviam em tais habitações pobres deveriam recordar dessas condições com amargura; mas isso não ocorre. Mesmo levando em conta o brilho róseo que a passagem do tempo confere à experiência, o que os meus pacientes me contam das ruas em que cresceram não justifica os reformadores.

É verdade, as casas em que meus pacientes viviam careciam das comodidades básicas que hoje julgamos ser necessárias, como encanamentos internos apropriados, por exemplo. Isso era algo difícil. Muitas dessas *terraced houses* – conhecidas como dois para cima, dois para baixo – eram esteticamente indistinguíveis; mas com adaptações imaginativas e melhorias (tardiamente em andamento, agora, no que restou de tal casario), poderiam ter sido criadas acomodações mais que adequadas, até mesmo agradáveis, sem a total destruição das comunidades resultante das demolições indiscriminadas dos anos de 1950 e 1960.

Como me dizem os pacientes, um senso de comunidade realmente existia naquelas ruas de casinhas de tijolos vermelhos, de tal modo que os que moravam poucas ruas adiante eram tidos como estranhos, quase estrangeiros. Não há dúvidas de que o sentimento de comunidade resultava de certo sectarismo mesquinho, mas também significava que

---

[2] Tipo de casas geminadas de dois andares, construídas em fileiras, de aparência idêntica e que seguem o curso da rua. (N.T.)

a vida não era, naquela época, uma guerra de egos permanentemente inflamados que podem ser encontrados nos projetos habitacionais corbusianos – egos inflamados pelo fato de os moradores terem sido, e continuarem a ser, tratados pelos formuladores de políticas públicas, de modo tão evidente, como algo sem rosto, substituível, como cifras passivas cujo único modo de afirmar a individualidade é comportar-se antissocialmente. Brigo, logo existo.

Esse senso de comunidade, agora destruído, permitiu que as pessoas resistissem a verdadeiras privações – privações que não eram autoinfligidas, como muitas dos dias de hoje. Lembro-me de um paciente que descreveu muito calorosamente a rua em que vivera quando criança – "até que", acrescentou, "Adolf Hitler fez com que nos mudássemos". Que admirável profundidade de caráter, sem reclamar diante do infortúnio que aquelas poucas palavras comunicavam! Atualmente, a vítima de um bombardeio como esse provavelmente estaria, antes de mais nada, culpando o governo por ter declarado guerra aos nazistas.

Os projetos habitacionais foram construídos naquilo que (para a Grã--Bretanha) era considerada velocidade recorde, e a quem quer que deseje ver por si mesmo a *reductio ad absurdum* da concepção materialista e racionalista do que é a vida humana, não há nada melhor que visitar um desses projetos. A ideia de que felicidade e bem-estar consistem na satisfação de umas poucas e simples necessidades físicas e podem, portanto, ser planejados em benefício da sociedade por administradores benevolentes é, aqui, causticamente ridicularizada.

Como os arquitetos não previram, os espaços entre as grandiosas formas geométricas dos blocos de apartamentos corbusianos funcionam como túneis de vento, transformando a menor brisa em um furacão. Conheço uma senhora idosa que já foi arrastada pelo vento tantas vezes que não se atreve mais a fazer as suas compras. A própria natureza é transformada em mais uma fonte de hostilidade. As calçadas são isoladas e mal iluminadas, de modo que os estupradores podem raptar pessoas com segurança: duas de minhas pacientes foram estupradas a caminho para minha clínica, em uma passagem de pedestres a menos de uma centena de metros do local. Avisos fincados no gramado ao redor dos blocos de apartamentos de um dos conjuntos habitacionais reforçam o espírito orwelliano do lugar antes de serem arrancados pelos residentes: NÃO PISE NO GRAMADO; ISTO É UM BENEFÍCIO PARA TODOS.

Quanto aos próprios prédios, são a desforra das "máquinas de morar" de Le Corbusier – embora, talvez "de existir" fosse mais preciso. É a supremacia da linha e do ângulo retos: não há curvas, nenhum toque decorativo inútil, nenhum material para abrandar e dar aconchego ao metal, ao vidro e ao concreto. Não há nada que Mies van der Rohe, outro ditador dos revestimentos arquitetônicos, pudesse condenar como "especulação estética".

O que os moradores pensam de seus blocos de apartamentos? Votam com urina. Os espaços públicos e elevadores de todos os blocos dos conjuntos habitacionais que conheço estão tão profundamente impregnados de urina que o odor é inextirpável. E tudo o que poderia ser amassado, o foi.

As pessoas que habitam esses apartamentos estão completamente isoladas. O que as une é somente o barulho que fazem, muitas vezes considerável, que perpassa paredes, tetos e assoalhos finos. Provavelmente estão desempregadas, não possuem muita instrução, e não são sociabilizadas pelo trabalho nem por passatempos. Mães solteiras alojam-se aí, garantindo o empobrecimento do ambiente social dos filhos; e na Grã-Bretanha estamos agora na segunda geração de crianças que não conhecem nenhum outro ambiente.

Em tais condições não é possível nenhuma vida cívica ou coletiva e, portanto, não há padrões de conduta: qualquer capricho individual é lei; e os fisicamente mais fortes e mais impiedosos são aqueles que imprimem o tom e criam as regras. Quando uma paciente foi pendurada pelos calcanhares de uma janela de seu apartamento no décimo primeiro andar por um namorado ciumento, ninguém notou ou considerou que interferir era um dever. Ela mesma não estava ciente de que havia algo de moralmente repreensível (em oposição a algo meramente desagradável) na conduta do namorado.

É verdade que, quando outro paciente meu desceu de seu apartamento no décimo quarto andar escalando seu bloco de apartamentos, a polícia solicitou-me que o visitasse para determinar se havia alguma explicação médica para seu comportamento. O que encontrei, todavia, convenceu-me de que nenhum eremita do deserto jamais esteve tão só quanto o morador dos conjuntos habitacionais ingleses.

Meu paciente passara os últimos anos de sua vida cheirando cola em seu apartamento. A água e a eletricidade tinham sido cortadas por falta de pagamento. Vivia em constante escuridão, com as cortinas sujas sempre cerradas. O apartamento não tinha mais uma peça de mobília, mas no meio da sala de estar – no padrão Parker Morris – estava um antigo barril de óleo que utilizara como braseiro para queimar os móveis e mantê-lo aquecido. As brasas do último pedaço de cama brilhavam fracas.

Por que, perguntei, ele pegara uma corda e descera pela parede externa do prédio?

– Porque – respondeu – temia que o braseiro pudesse pôr fogo em seu apartamento e queria testar uma rota de fuga.

– E os outros moradores do bloco? – perguntei.

Um olhar um tanto perplexo passou por seu rosto. Como assim?

O vago receio de que o padrão Parker Morris não bastaria para uma vida urbana agradável passou, finalmente, pela cabeça dos funcionários públicos britânicos. A resposta? Centros comunitários.

Esses também eram construídos em concreto. Com grandes cômodos morrediços eram radicalmente incapazes de manter a calefação, e desagradavelmente frios, mesmo no verão. Nos porões, que poderiam servir como câmaras de tortura, alojavam mesas de pingue-pongue. Tudo o que poderia ter sido roubado já o fora, fosse ou não útil para o ladrão: na verdade, isso era mais pela prática. Afinal, o que alguém pode fazer com uma rede de pingue-pongue na falta de uma mesa de pingue-pongue? Logo ficou claro que a fórmula Parker Morris acrescida de mesa de pingue--pongue também não funcionava. Os centros comunitários tornaram-se locais em que os jovens desempregados e os esquizofrênicos crônicos iam para trocar segurança social por maconha.

Quando externei minhas opiniões sobre os conjuntos habitacionais britânicos para um arquiteto inglês – a quem, em meu coração, imputava uma parte da culpa coletiva por aquela situação calamitosa – ele imediatamente replicou: "Sim, mas os chiqueiros fazem os porcos ou os porcos fazem os chiqueiros?".

Uma questão profunda, talvez a mais profunda que pode ser feita. Afinal, podemos levar o assaltante até a vítima, mas não podemos fazê-lo assaltar.

No meio de um conjunto habitacional particularmente ameaçador ao qual certa vez fui chamado – uma mãe solteira ameaçava imolar seu filho – havia um bloco de apartamentos visivelmente menos desagradável que os demais. Era totalmente habitado por pensionistas idosos: que não tinham mais força para vandalismos ou não tinham tal propensão. Se o padrão Parker Morris não era condição suficiente para uma vida decente, também não era condição suficiente para o oposto.

O que realmente fazia diferença, concluí, era a política de alocação do sistema habitacional, que teve uma oferta limitada, apesar da recente expansão da construção civil nas últimas décadas. Em condições de escassez, a justiça determinava que as habitações existentes fossem alocadas segundo a necessidade: e que prova maior de necessidade poderia existir senão a patologia social?

Uma mulher solteira desempregada com três filhos de três pais diferentes, e que nenhum dos pais oferecesse auxílio aos filhos, poderia ser considerada em maior necessidade que um casal com emprego, regularmente casado e com um filho, dos quais podemos esperar, normalmente, que cuidem de si mesmos. *Mirabile dictu*, logo havia patologia social mais do que suficiente para ocupar o espaço disponível. Na verdade, desenvolveu-se uma espécie de corrida armamentista de patologia social: minha violência para com o próximo subjuga suas tentativas de suicídio.

Os resultados dessa política foram verdadeiramente grotescos. Porque as habitações públicas são subsidiadas, muitos as desejam. Tradicionalmente, os conselhos municipais como proprietários relutam em despejar seus inquilinos, não importando qual seja o comportamento ou se deixam de pagar o aluguel, em parte para chamar a atenção para a diferença ideológica entre os setores público e privado, para ganho do primeiro. Diferente da luta insensível e exploradora dos proprietários privados por vantagens particulares, o senhorio do Conselho Municipal oferece de maneira benevolente um serviço social. Assim, a locação de uma habitação pública é para os psicopatas o que a estabilidade no emprego é para os professores universitários: não há como imaginar melhor convite à irresponsabilidade.

Curiosamente, o encorajamento do que seria considerado um comportamento antissocial foi realizado em nome de uma recusa, supostamente tolerante, de fazer juízos morais; todavia, uma vez que aqueles que se punham em posição de necessidade pelo próprio comportamento eram favorecidos em detrimento dos que deixavam de fazê-lo, um julgamento implícito, de fato, estava sendo feito: um julgamento cuja perversidade é evidente nos pedidos que recebo de meus pacientes de cartas para as autoridades habitacionais reforçando seus casos para que recebam a locação de um apartamento.

Nessas missivas, dizem-me as pacientes, devo dar ênfase ao alcoolismo ou ao vício em drogas, ao seu mau temperamento ou à tendência a agredir todos ao seu redor – consequência manifesta da falta de acomodações apropriadas. Devo mencionar as repetidas *overdoses*, o fato de lançarem mão de tranquilizantes obtidos ilegalmente, de que realizaram diversos abortos e agora estão grávidas pela quinta vez, de que tiveram uma sucessão de três namorados violentos, de que apostam incontrolavelmente (ou descontroladamente) em jogos de azar. Em nenhum caso alguém me pediu que escrevesse que é um cidadão decente, trabalhador e honrado e que poderia ser um bom locatário. Isso o levaria direto para o fim da linha.

Certamente, o critério perverso pelo qual as habitações públicas têm sido distribuídas durante as últimas duas ou três décadas reforça o crescimento inexorável na proporção de jovens adultos morando sozinhos, uma tendência encorajada por muitas correntes fortes de nossa cultura. Nos anos de Thatcher, o número de adultos não idosos morando sozinhos ou de pais solteiros dobrou em termos absolutos e quase como uma proporção do total de lares. Dificilmente passo um dia sem encontrar um jovem de dezoito ou dezenove anos desempregado, sem recursos financeiros, sem habilidades ou treinamento, sem o apoio da família, sem sucesso mental, que ganhou um apartamento à custa do dinheiro público. A moradia é um direito, e o governo, portanto, tem o dever de fornecê-la. A possibilidade é de que o fará somente se houver mau comportamento ou ações suficientemente impulsivas como um irritante nas relações domésticas: se um movimento noutro local é uma possibilidade real, podemos nos dar ao luxo de deixar uma pequena divergência se transformar em uma ruptura irreparável.

Logo, os chiqueiros fazem os porcos ou os porcos fazem os chiqueiros? Suspeito que exista, como meu pai costumava dizer, uma relação dialética.

1995

Perdidos no Gueto

Uma das terríveis fatalidades que podem recair sobre um ser humano é nascer inteligente e com sensibilidade em um bairro pobre inglês. É como uma tortura requintada, longa e vagarosa, imaginada por uma divindade sádica de cujas maldosas garras é quase impossível fugir.

Isso nem sempre foi assim. Meu pai nasceu em um bairro pobre nos anos que antecederam a Primeira Guerra Mundial. No distrito em que nasceu, uma a cada oito crianças morria no primeiro ano de vida. Naqueles tempos de ignorância, no entanto, quando algumas crianças londrinas, pobres demais para comprar sapatos, iam para a escola descalças, o "círculo vicioso da pobreza" ainda não havia sido descoberto. Não ocorrera aos governantes da nação que as circunstâncias de nascimento de uma pessoa podem selar seu destino. Dessa maneira, meu pai, tido como inteligente por seus professores, recebeu lições de latim, francês, alemão, matemática, ciências, literatura inglesa e história, como se fosse plenamente capaz de ingressar na corrente da civilização superior.

Quando ele faleceu, encontrei os livros escolares que ainda estavam entre seus pertences, e eram de um rigor e de uma dificuldade que aterrorizariam um professor moderno, para não dizer uma criança. Ele, contudo, que nunca fora generoso ao elogiar os outros e sempre imputava os piores motivos aos seus semelhantes, lembrava de seus professores com profundo respeito e afeição, pois não tinham lhe ensinado apenas as lições, mas dedicaram muito das horas livres para levar as crianças pobres porém inteligentes, dentre as quais ele mesmo, aos museus e concertos, para mostrar-lhes que a vida nas localidades pobres não era a única vida que existia. Dessa maneira meu pai foi despertado para a própria possibilidade da possibilidade.

É infinitamente improvável para uma criança que nasça hoje, em um bairro pobre, com a mesma inteligência do meu pai encontrar tais mentores. Afinal, os professores de hoje, impregnados da ideia de que é errado ordenar hierarquicamente civilizações, culturas ou modos de vida, negariam o valor de uma civilização superior, e seriam incapazes de transmiti-lo. Para eles não há altura ou baixeza, superioridade ou inferioridade, profundidade ou superficialidade; há somente diferença. Duvidam até mesmo de que exista um modo correto e um modo errado de grafar uma palavra ou construir uma frase – um ponto de vista apoiado por obras populares e supostamente competentes como *The Language Instinct* [O Instinto da Linguagem][1] do professor Steven Pinker (escrita, é claro, sem erros ortográficos ou gramaticais). Os professores de hoje pressupõem que a criança dos bairros pobres está plena e culturalmente guarnecida do necessário no ambiente em que vive. Seu discurso é, por definição, adequado às necessidades; seus gostos são, por definição, aceitáveis e não piores ou mais baixos que quaisquer outros. Não há motivos, portanto, para introduzi-las a nada.

A criança dos bairros pobres não encontraria mentores como meu pai encontrara, pois a crença na igualdade das culturas, que é uma ortodoxia pedagógica de longa data, agora já se infiltrou na população em geral. Atualmente, os moradores dos bairros pobres estão agressivamente convencidos da suficiência do próprio conhecimento, por mais restrito que seja, e da própria vida cultural, ou no que quer que ela consista. Meus pacientes mais velhos usam a palavra "educado" como um termo de

---

[1] Em português, o livro pode ser encontrado na seguinte edição: Steven Pinker, *O Instinto da Linguagem: Como a Mente Cria a Linguagem*. Trad. Claudia Berliner. São Paulo, Martins Editora, 2002. (N.T.)

aprovação; meus pacientes mais novos, nunca. Quando meu pai era criança, ninguém tinha dúvidas sobre o que significava ser educado ou questionava o valor de uma educação tal como a que ele recebeu, mas já que os pais e professores agora veem todas as manifestações culturais e campos do conhecimento humano como coisas de igual valor, por que ter trabalho para comunicar ou para receber uma educação tão rigorosa, difícil e pouco natural como meu pai recebera, uma vez que qualquer outra instrução (ou nenhuma) é igualmente boa? Pior, tal esforço iria impor um padrão arbitrário de valor – um mero disfarce para a continuação da hegemonia da elite tradicional – e, portanto, destruiria a autoconfiança da maioria e reforçaria as divisões sociais.

Infelizmente, em longo prazo, a cultura de periferia é profundamente insatisfatória para as pessoas inteligentes. A tragédia é que, mesmo o nível de inteligência nos bairros pobres sendo mais baixo que em qualquer outro lugar, muitas pessoas inteligentes tiveram o infortúnio de nascer neles; e fazemos todo o possível para assegurar que aí permaneçam.

Elas começam a perceber, em diferentes fases da vida, que há algo errado com a cultura que as rodeia. Algumas percebem isso quando chegam à adolescência, outras somente quando os próprios filhos vão para a escola. Muitas são incapazes de apontar o que exatamente está errado: aos trinta anos, só estão cientes de uma ausência. Essa ausência vem a ser a falta de qualquer assunto que ocupe suas mentes e seja diferente do fluxo diário de suas existências.

É bem sabido que crianças inteligentes que não são suficientemente instigadas na escola e são obrigadas a repetir as lições que já entenderam só porque outros em sua classe, mais lentos do que elas, não as dominam, muitas vezes ficam inquietas, comportam-se mal e tornam-se até delinquentes; o que é menos percebido é que esse padrão destrutivo persiste igualmente na vida adulta. Os entediados – dentre os quais estão aqueles cujo grau de inteligência é muito incompatível com as exigências do ambiente cultural – frequentemente resolvem o problema ao fomentar crises facilmente evitáveis e totalmente previsíveis na vida pessoal. A mente, assim como a natureza, abomina o vácuo, e se nenhum interesse cativante foi desenvolvido na infância e na adolescência, tal interesse é imediatamente criado com os materiais que tem à disposição. O homem tanto é um animal criador de problemas como é um solucionador de problemas. Uma crise é melhor que o tédio permanente da insignificância.

Não obstante as genuflexões oficiais na direção da diversidade e da tolerância, o triste fato é que a cultura de periferia é monolítica e profundamente intolerante. Qualquer criança que tente resistir às lisonjas de tal cultura não conta com o apoio ou defesa de nenhum adulto, que agora pode equacionar tanto liberdade e democracia com tirania da maioria. Muitos de meus pacientes inteligentes que moram em bairros pobres contam como, na escola, expressaram o desejo de aprender, e só sofreram zombarias, foram excomungados e, em algumas instâncias, sofreram violência absoluta de seus pares. Uma menina inteligente de quinze anos, que tomara uma *overdose* como um gesto suicida, disse que era submetida a constantes provocações e maus tratos por seus colegas: "Dizem que sou estúpida", disse-me ela, "porque sou inteligente".

Os professores raramente protegem tais crianças ou encorajam-nas a resistir à absorção daquela cultura que, em breve, irá aprisioná-las na condição social em que nasceram, pois os próprios professores, em geral, absorveram, acriticamente, a noção de que a justiça social – que significa pouco mais que igual distribuição de renda – é o *summum bonum* da existência humana. Ouvi dois professores apresentarem a teoria de que como a mobilidade social reforça a estrutura social existente, ela atrasa a realização da justiça social ao privar as classes mais baixas de militantes e líderes em potencial. Assim, encorajar individualmente uma criança a fugir da herança de infinitas novelas e músicas pop, jornais sensacionalistas, pobreza, imundície e violência doméstica é, aos olhos de muitos professores, encorajar a traição à classe social. Isso também, de modo conveniente, absolve o professor da responsabilidade tediosa pelo bem-estar individual de seus pupilos.

Entretanto, surgem crianças nos locais mais improváveis com ambições muito diferentes das demais e, felizmente, nem todos os professores acreditam que nenhuma criança deva fugir dos bairros pobres a menos que todas o façam. Uma de minhas pacientes, por exemplo, desde cedo desenvolveu uma paixão pela cultura e literatura francesas (nunca apareceu no hospital sem um livro de Victor Hugo, Honoré de Balzac ou Charles Baudelaire, que é um pouco como ver um urso polar numa floresta). Decidiu, desde pequena, que iria estudar francês na universidade e teve sorte, se levarmos em conta a escola que frequentou, de encontrar um professor que efetivamente não a desencorajou. Para ela, o custo nas relações sociais comuns com seus pares, todavia, foi incalculável. Tinha de sentar-se longe dos colegas na sala de aula e criar seu próprio mundinho fechado em meio à constante desordem e barulheira; foi debochada, provocada, ameaçada e humilhada; foi escarnecida enquanto esperava no ponto de ônibus; não tinha amigos e foi sexualmente violada por rapazes que desprezavam, e talvez secretamente temessem, sua paixão notória por livros; recebeu excrementos na caixa de correio de sua casa (uma expressão de desaprovação comum em nossa admirável nova Grã-Bretanha). Quanto aos pais – ela tinha muita sorte de ter os dois –, eles não a compreendiam. Por que ela não podia ser como os outros e deixá-los em paz? Não era nem mesmo como se uma predileção por literatura francesa levasse automaticamente a um emprego muito bem pago.

Ela chegou à universidade e foi feliz por três anos. Pela primeira vez na vida encontrou pessoas cujo mundo intelectual ia além da própria experiência restrita. Seu desempenho na universidade era digno, embora não fosse brilhante, pois como ela mesmo admitia, faltava-lhe originalidade. Sempre quisera o magistério, acreditando que não havia vocação mais nobre que despertar a mente dos jovens para as riquezas culturais que, de outro modo, permaneceriam desconhecidas; mas ao se graduar, por faltar-lhe poupança, voltou à casa dos pais graças à economia.

Conseguiu um emprego para ensinar francês nas imediações, no tipo de escola em que fora educada. Voltara a um mundo em que o conhecimento não era melhor que a ignorância, e a correção, fosse na ortografia ou na conduta, era, por definição, um insulto pessoal, uma afronta ao ego. Quem era ela – quem era, na verdade, o adulto – para dizer às crianças o que deveriam aprender ou fazer (uma questão bastante delicada, impossível de responder, caso acreditemos no igual valor de todas as atividades humanas)? Mais uma vez ela viu-se ridicularizada, importunada e humilhada e estava sem forças para impedir isso. Por fim, um de seus alunos – se essa é palavra para descrever o jovem em questão – tentou estuprá-la, e isso fez com que sua carreira de magistério tivesse um fim prematuro.

Agora ela consideraria qualquer emprego que a tirasse da região em que nasceu ou de qualquer área como aquela: o que corresponde dizer, ao menos, um terço da Grã-Bretanha. Até fugir, no entanto, ficou presa na casa dos pais, sem ninguém para conversar sobre as coisas que lhe interessavam, fosse dentro ou fora de casa. Talvez, devaneava, tivesse sido melhor se tivesse capitulado à maioria enquanto ainda estava na escola, pois sua luta heroica ofereceu-lhe pouco, apenas três anos de prorrogação temporária da miséria.

O caso dela não é, de modo algum, algo isolado. Com um imenso aparato de Bem-Estar Social, que consome cerca de um quinto da renda nacional, não sobra nada para uma jovem de dezoito anos, como a que se consultou comigo semana passada, que se esforça mui valorosamente para escapar de sua triste experiência pregressa. O pai era um alcoólatra que bateu na mãe da jovem todos os dias da vida de casados, e muitas vezes também batia nos três filhos, até que finalmente decidiu que já era o bastante e deixou-os. Infelizmente, o irmão mais novo de minha paciente assumiu a posição e tornou-se tão violento quanto o pai. Batia na mãe e, certo dia quebrou um vidro e usou a ponta quebrada para infligir um ferimento extremamente grave no braço esquerdo de minha paciente, do qual ela, dois anos depois, ainda não se recuperou totalmente, e provavelmente nunca o fará.

Aparentemente dotada por natureza de uma personalidade forte, minha paciente insistiu não só em chamar a polícia, mas em apresentar queixa contra o irmão, que tinha quatorze anos na ocasião. Os magistrados concederam-lhe a suspensão condicional da pena. A mãe de minha paciente, estarrecida com a falta de solidariedade familiar, expulsou-a de casa aos dezesseis anos, para cuidar de si mesma. Isso pôs fim aos seus planos – formulados sob as mais inauspiciosas circunstâncias – de continuar os estudos e tornar-se uma advogada.

Aos dezesseis anos, estava condenada aos serviços sociais por ter muita idade para os orfanatos, mas ainda não ter idade suficiente para receber quaisquer benefícios sociais. A única acomodação que o aparato local do

Bem-Estar Social pôde encontrar para ela foi um quarto em uma casa utilizada para realocar criminosos. Enquanto seu irmão recebia toda a atenção dos assistentes sociais, ela não recebia nenhuma, já que não havia nada de errado com ela. Sua colega de quarto criminosa na casa dividida era o que ela chamou de "uma *baghead*"[2] – uma viciada em heroína – e também ladra profissional.

Inteligente e esforçada, minha paciente encontrou emprego como escriturária em um escritório de advocacia e nele trabalha desde então. É cobrada na íntegra pelo aluguel barato de seu quarto miserável e todos os apelos às autoridades para ser realocada são negados com a justificativa de que ela já está adequadamente acomodada e, de qualquer modo, ainda é incapaz para gerir os próprios negócios. Quanto à assistência pública para estudar em tempo integral, isso está fora de questão, já que para obter tal educação em tempo integral ela teria de desistir do emprego, e seria, então, considerada como voluntariamente desempregada, o que a inabilitaria para receber assistência pública. Caso ela se esmerasse em ficar grávida, ora, aí a assistência pública estaria à disposição, em generosas porções.

Dificilmente a moral da história dessa jovem seria mais nítida. Primeiro, os moradores de seu meio de origem consideram o dever de não informar às autoridades muito superior ao seu direito de não ser maltratada. Segundo, as próprias autoridades consideraram o ataque à jovem como não merecedor de verdadeira atenção. Terceiro, ela não receberá ajuda alguma ao fugir das circunstâncias nas quais nasceu. Tratá-la como um caso digno de atenção especial, afinal, seria sugerir que houve casos que não mereciam atenção; e aceitar isso seria equivalente a admitir que um estilo de vida é preferível a outro – moral, econômica, cultural e espiritualmente. Esse é um raciocínio que deve, a todo custo, ser eliminado, ou toda a ideologia da educação e do Bem-Estar Social modernos desmorona. Poderia ser questionado, é claro, se foi justa a ausência de assistência pública que, inicialmente, agrilhoou a alma de minha paciente (ela ainda estava

---

[2] Literalmente, "cabeça de saco". Como a cultura da heroína não é muito difundida no Brasil, não possuímos terminologia equivalente, visto que é uma maneira injuriosa e recente de referir-se ao viciado em heroína. (N. T.).

decidida a qualificar-se como advogada); mas essa seria a resposta a uma pergunta diferente e um pouco dura demais para o meu gosto.

No entanto, ao menos essas duas jovens, cada uma excepcional a seu modo, vislumbraram de certa maneira a existência de outro mundo, mesmo que nenhuma delas tenha sido bem-sucedida em ingressar plenamente nele. A consciência de que a cultura de periferia não era suficiente para manter uma pessoa inteligente chegou muito cedo – como ou por quê, elas não conseguem mais recordar.

Essa percepção chega consideravelmente tarde para a maioria de meus pacientes inteligentes que, contudo, reclamam aos trinta anos de uma insatisfação vaga, persistente e séria com as presentes existências. A agitação da juventude acabou: na cultura dos bairros pobres, homens e mulheres já passaram da fase áurea aos 25 anos. Suas vidas pessoais, dito gentilmente, estão em desordem: os homens são pais de crianças com as quais têm pouco ou nenhum contato; as mulheres, preocupadas em suprir as exigências cada vez mais imperiosas dessas mesmas crianças, trabalham duro em empregos mal pagos, tediosos e inconstantes (o índice de ilegitimidade na Grã-Bretanha recentemente ultrapassou 40% e, embora muitos nascimentos sejam registrados em nome dos dois pais, as relações entre os sexos ficaram ainda mais instáveis). As diversões que outrora pareciam ser tão prementes tanto para os homens quanto para as mulheres – na verdade, eram o propósito da vida – não o são mais. Esses pacientes são desatentos, irritados e descontentes. Cedem a comportamentos autodestrutivos, antissociais ou irracionais; bebem muito, envolvem-se em brigas sem sentido, pedem demissão dos empregos sem poder, acumulam dívidas por ninharias, buscam relacionamentos obviamente desastrosos e mudam de casa como se o problema fossem as paredes que os cercam.

O diagnóstico é tédio, um fator muito subestimado na explicação da conduta humana indesejável. Logo que a palavra é mencionada, agarram-na, quase com alívio: o reconhecimento do problema é instantâneo, embora não tivessem pensado nisso antes. Sim, estão entediados – entediados até as profundezas do ser.

Perguntam-me por que estão entediados. A resposta, é claro, é que nunca usaram suas inteligências no trabalho, na vida pessoal ou no tempo livre, e a inteligência é uma nítida desvantagem quando não é usada: volta-se contra a pessoa. Rememorando as histórias de vida, percebem pela primeira vez que em todos os momentos escolheram a via de menor resistência, o caminho menos cansativo. Nunca tiveram orientação alguma porque todos concordavam que um caminho era tão bom quanto outro qualquer. Nunca despertaram para o fato de que a vida é uma biografia e não uma série de momentos desconexos, mais ou menos agradáveis, porém cada vez mais tediosos e insatisfatórios, a menos que a pessoa lhes imponha uma intenção propositada.

A educação que receberam foi por obrigação e, aparentemente, uma interminável irrelevância: nada do que os professores ou pais lhes disseram, nada do que absorveram da cultura que os rodeava fizeram supor que os primeiros esforços na escola, ou a falta de esforço, teriam, posteriormente, algum efeito nas suas vidas. Os empregos obtidos assim que se veem capazes de trabalhar são simplesmente para custear os prazeres do momento. Criam relações com o sexo oposto por capricho, sem pensar no futuro. As crianças nascem como instrumentos, seja para consertar relacionamentos problemáticos seja para preencher o vazio emocional ou espiritual, e logo se revelam insuficientes para tais funções. Os amigos – pela primeira vez vistos como pessoas de menor inteligência – agora os cansam. E, pela primeira vez, ao desejar escapar das crises artificiais, autoestimuladas, que não mais divertem, sofrem de um indisfarçável *tedium vitae* da periferia.

É claro que a inteligência não é a única qualidade da cultura moderna que a periferia pune. Quase todas as manifestações de sentimentos mais refinados, quaisquer sinais de fraqueza, quaisquer tentativas de recolhimento à vida privada são aniquiladas sem piedade, como presas, e exploradas. Condutas aprimoradas, a rejeição à blasfêmia em público, qualquer interesse intelectual, a aversão ao grosseiro, o reclamar da desordem e do lixo são objeto de troça e maledicência; portanto, é necessário coragem, e até mesmo heroísmo, para portar-se de modo ordinariamente decoroso.

Uma de minhas pacientes é uma mulher robusta, de cinquenta anos, que outrora poderia ser chamada de uma empregada idosa. É totalmente inofensiva, na verdade, é uma mulher de sensibilidade delicadíssima. É tão tímida que uma palavra áspera é o bastante para levá-la às lágrimas. Sempre pede desculpas pela inconveniência que acredita causar-me pela própria existência; nunca pude tranquilizá-la por completo nesse quesito. É a Miss Flite de nossa época.[3]

Não é preciso dizer que a vida de uma pessoa como essa em uma moderna vizinhança pobre inglesa é um pesadelo vivo. As crianças da rua escarnecem dela sem cessar ao sair de casa; por gozação colocam excrementos em sua caixa de correio. Há muito já desistiu de apelar às mães, já que sempre ficam do lado dos filhos e consideram qualquer comentário desfavorável a respeito do comportamento deles como um insulto pessoal. Longe de corrigir os filhos, tratam-na com mais violência. As incansáveis e alegres revelações nos jornais, no rádio e na televisão de qualquer transgressão e confissão de erro por parte das autoridades, não compensadas por nenhuma crítica dos membros do público em geral, causaram uma atrofia na faculdade de autocrítica e dispõem o raciocínio a olhar sempre para o exterior, nunca para o interior, em busca da fonte de insatisfação e de conduta ilegal. *Vox populi, vox Dei* — cada pessoa é um deus no próprio panteão.

Minha paciente, é claro, é alvo fácil para arrombadores e ladrões. Sua casa já foi arrombada cinco vezes no último ano, e foi assaltada na rua três vezes no mesmo período, duas vezes na presença de transeuntes.

Esse tipo de pessoa não conta com a simpatia das autoridades. A polícia já lhe disse, mais de uma vez, que a culpa era dela: alguém assim não deveria viver em um local como aquele. As ruas, em outras palavras, devem estar livres para *hooligans*, vândalos e assaltantes exercerem seus ofícios inevitáveis em paz, sendo dever dos cidadãos evitá-los. Não faz parte do dever do Estado defender as ruas de tais pessoas.

---

[3] Miss Flite é uma personagem do romance *Bleak House* de Charles Dickens. Idosa e um tanto excêntrica, Miss Flite é obcecada pela ideia de cortes de justiça e julgamentos, além de criar vários pássaros que serão libertados "no juízo final". Em português, a obra pode ser encontrada na seguinte edição: Charles Dickens, *A Casa Soturna*. Trad. Oscar Mendes. Rio de Janeiro, Nova Fronteira, 1986. (N.T.)

Em tais circunstâncias, decência é quase sinônimo de vulnerabilidade: uma qualidade que não conta com a simpatia das autoridades. Outra paciente minha, uma mulher jovem de respeitáveis antepassados na classe trabalhadora e caráter imaculado, desistiu de tentar encontrar um homem compatível: sua experiência nesse campo foi uniformemente desastrosa. Decidiu, desde então, viver como uma solteirona, dedicando a vida a resgatar animais abandonados. Sua casa, infelizmente, era em uma das ruas de um conjunto habitacional público em que todas as demais casas foram abandonadas após repetidos atos de vandalismo e agora estão lacradas por tapumes. Assim, a rua tornou-se um local de encontros e ponto de entrega de traficantes de drogas que não hesitam em arrombar a casa de minha paciente para usar o telefone (economizando nas contas dos próprios telefones celulares) e servem-se de qualquer comida que esteja presente. Entram na casa mesmo quando ela está presente, debocham do medo dela e a insultam por ser incapaz de fazer alguma coisa. Sua maior despesa tornou-se a conta do telefone que eles usam. Ameaçaram-na de morte, caso vá à polícia.

No entanto, ela foi à polícia e também às autoridades habitacionais. O conselho foi o mesmo: ela deveria comprar um cão de guarda. Ela seguiu o conselho, mas fez pouca diferença porque o cachorro logo se acostumou aos traficantes, que o alimentavam com petiscos. Minha paciente, todavia, pegou amor ao cão.

Minha paciente pediu às autoridades habitacionais que a mudassem para um outro lugar. A princípio – isso quer dizer durante dois anos –, seu pedido foi negado, pois julgavam que ela não tinha motivos suficientes para desejar mudar. Quando finalmente as autoridades concordaram em descobrir um novo local para ela viver, ofereceram um apartamento em que era proibido ter animais. Minha paciente observou que tinha um cachorro, uma criatura pela qual agora tinha demasiado afeto, um fato perfeitamente óbvio para quem quer que conversasse com ela a respeito da vida, ainda que por breves momentos. As autoridades habitacionais foram irredutíveis: era pegar ou largar. Em vão, ressaltou que, inicialmente, foram eles mesmos que a aconselharam a ter um cão. O argumento das autoridades habitacionais foi o de que se ela realmente estivesse falando sério sobre mudar-se do atual inferno, ela deveria aceitar qualquer oferta. Afinal, centenas de milhares de pais britânicos abandonavam seus filhos sem refletir nem mesmo por um momento: por que tanto exagero sentimentalista por um animal estúpido?

A vida nos bairros pobres da Grã-Bretanha demonstra o que acontece quando a maior parte da população, bem como as autoridades, perde a fé na hierarquia de valores. O resultado é todo tipo de patologia: onde o conhecimento não é preferível à ignorância, e a alta cultura à baixa, os inteligentes e os que têm sensibilidade sofrem a perda total do significado das coisas. O inteligente se autodestrói e o que tem sensibilidade perde as esperanças; e onde a decorosa sensibilidade não é alimentada, encorajada, apoiada ou protegida, abunda a brutalidade. A falta de padrões, como observou José Ortega y Gasset, é o início do barbarismo: e a moderna Grã--Bretanha já passou desse início há muito tempo.

2000

E, Assim, Morrem ao Nosso Redor Todos os Dias

O julgamento, em janeiro, de Marie Therese Kouao e seu amante, Carl Manning, pelo assassinato da criança de oito anos que tutelavam, Anna Climbie, causou comoção na Inglaterra: não só porque o patologista que realizou a necropsia na criança disse, no tribunal, que era o pior caso de violência infantil que já vira, mas por conta da enorme incompetência e pusilanimidade revelada pelos funcionários públicos responsáveis por prever, impedir e responder a tal violência.

Talvez não seja surpreendente que a competência dos servidores públicos tenha diminuído com o nível geral de instrução de nosso país; mas, nesse caso, as autoridades se portaram com tamanha falta de senso comum que devemos considerar algo mais que mera ignorância. Parafraseando ligeiramente o Dr. Johnson, tal estupidez não existe na natureza. Tem de ser trabalhada ou adquirida. Como sempre, devemos buscar a influência perniciosa de ideias equivocadas para explicá-la.

Anna Climbie morreu de hipotermia em fevereiro de 1999. Seu corpo morto apresentava 128 marcas de agressão, causadas por cinto de couro, cabides de metal, correia de bicicleta e por um martelo. Foi queimada por cigarros e escaldada na água quente. Seus dedos foram cortados com navalha. Por seis meses foi forçada a dormir em um saco preto de lixo (em lugar das roupas) em uma banheira; às vezes, era deixada na água fria de pés e mãos atados por 24 horas. Emagreceu de fome; suas pernas estavam tão rigidamente dobradas que quando deu entrada no hospital um dia antes de morrer, elas não conseguiram ser endireitadas.

Não é que não houve sinais da terrível sina de Anna. Ela foi levada ao hospital duas vezes nos meses anteriores à sua morte; os médicos alertaram os funcionários do serviço social sobre a violência que estava sofrendo, pelo menos seis vezes, e a polícia foi alertada mais de uma vez. Ninguém fez absolutamente nada.

Marie Therese Kouao veio, originalmente, da Costa do Marfim, embora fosse cidadã francesa e tenha vivido na França pela maior parte da vida. Ela voltava à Costa do Marfim de tempos em tempos para convencer os parentes a lhe entregarem os filhos, de modo que ela os levaria para a Europa, assegurando-lhes um futuro mais promissor que na África Ocidental, dizia. Alegava ter um emprego muito bem remunerado no aeroporto Charles De Gaulle em Paris.

Ela usava as sucessivas crianças confiadas aos seus cuidados para requerer benefícios do sistema de Bem-Estar Social, primeiro, na França, e depois, na Inglaterra. Mudou-se para a Inglaterra com Anna porque as autoridades francesas estavam exigindo o reembolso de três mil dólares de benefícios aos quais não tinha direito. Ao chegar à Inglaterra, imediatamente recebeu benefícios, coincidentemente, de mais três mil dólares.

Quando acabaram os benefícios, ela conheceu o motorista do ônibus em que viajava, um indiano ocidental estranho e solitário chamado Carl Manning. Ele era quase um autista, um desajustado social cujos principais interesses eram rotas de ônibus e pornografia na internet. Imediatamente foram morar juntos.

É possível que tenham desenvolvido um estranho estado psiquiátrico conhecido como *folie à deux*, primeiramente descrito por dois psiquiatras franceses no século XIX. Nesse estado, duas pessoas que são mutuamente dependentes e que possuem uma estreita parceria incomum vêm a partilhar da mesma ideia delirante. Normalmente, a pessoa com a personalidade mais forte e de mais inteligência é o originador da ideia delirante, em que acredita com certeza inabalável; o outro, mais fraco e menos inteligente, prossegue com isso, pois não tem força para resistir. Quando a personalidade mais fraca é separada da mais forte, aquela deixa de acreditar na ideia delirante.

Kouao — indiscutivelmente a personalidade mais forte entre os dois — precisava de Manning porque ele tinha um apartamento e ela não tinha nenhum outro lugar para ficar; Manning precisava de Kouao porque ela era a única mulher, salvo uma prostituta, com quem já tivera um relacionamento sexual. Quando Kouao começou a acreditar que Anna estava possuída pelo demônio, Manning aceitou o que ela dissera e uniu forças para expulsar o demônio de Anna. Levaram-na para várias igrejas fundamentalistas, cujos pastores realizavam exorcismos. De fato, no próprio dia da morte de Anna foi o taxista que os levava para uma dessas igrejas para um exorcismo que percebeu que Anna mal estava consciente e insistiu em levá-la para um posto de saúde, de onde foi encaminhada ao hospital em que veio a falecer.

O comportamento dos dois réus no tribunal ratifica o diagnóstico de *folie à deux*. Manning foi subjugado e reconheceu a culpa. Kouao, no entanto, manteve todo o tempo a Bíblia nas mãos e muitas vezes teve de ser retirada do banco dos réus por conta de seus arroubos religiosos. Comportou-se como se realmente estivesse louca.

Dois parentes distantes de Kouao que moravam na Inglaterra testemunharam que chamaram a atenção dos funcionários do serviço social para o estado de Anna. Nada aconteceu. Uma babá que tomou conta de Anna quando Kouao encontrou emprego estava tão preocupada com sua condição geral, com a incontinência urinária e as marcas na pele que a levou para um hospital. Aí, Kouao conseguiu convencer um médico experiente que o maior problema de Anna era sarna, da qual derivavam todos os demais problemas. Kouao alegava que as marcas na pele da menina eram resultado do próprio ato de coçar para aliviar irritação da sarna.

Nove dias depois, todavia, a própria Kouao levou Anna a outro hospital. Lá, alegou que as queimaduras feitas por água quente na cabeça da criança tinham sido causadas pela débil tentativa de Anna de jogar água quente sobre o corpo para aliviar a coceira da sarna. Dessa vez, no entanto, os médicos e as enfermeiras não foram enganados. Não só notaram os ferimentos de Anna, como também seu estado de desnutrição e a imensa discrepância entre os farrapos que a menina usava e a elegância imaculada da mulher que presumiam ser sua mãe. Ela comeu vorazmente, como se não estivesse acostumada a bastante comida – e, certamente, não estava. A equipe do hospital observou que a menina apresentava incontinência com a perspectiva da visita dessa mulher ao hospital, e uma enfermeira relatou que ela ficava em alerta e tremia quando Kouao chegava.

A médica responsável, diligentemente, informou à assistente social e à policial designada para o caso suas suspeitas bem-fundadas. Ambas também eram negras, e rejeitaram totalmente as suspeitas sem, entretanto, uma investigação apropriada, acreditando, mais uma vez, no relato de Kouao do acontecido – ou seja, que Anna tinha sarna e, por isso, tudo o mais acontecera. A assistente social e a policial, elas mesmas, não viram a criança nem as fotografias do hospital sobre o estado da criança. Insistiram que Anna fosse entregue novamente aos cuidados (se é que essa é a palavra) de Kouao – a assistente social explica o evidente medo de Anna por Kouao como uma manifestação de profundo respeito que as crianças afro-caribenhas têm pelos mais velhos e superiores. O fato de a Costa do Marfim ser na África Ocidental, e não nas Índias Ocidentais, não passou pela cabeça da assistente social cujo multiculturalismo, obviamente, constituía-se de estereótipos muito rígidos.

Ao descobrir que Anna retornara para Kouao, a médica responsável pelo caso escreveu duas vezes para as autoridades do serviço social expressando sua grave preocupação pela segurança da criança, as quais enviaram a mesma assistente social para o apartamento de Manning, que o achou apertado, mas limpo. Isso foi tudo o que ela viu, digno de ser comentado. Nessa ocasião, Anna era mantida em uma banheira durante a noite e espancada com regularidade com (dentre outras coisas) um martelo nos dedos dos pés. Manning escreveu em seu diário que os ferimentos de Anna eram autoinfligidos, uma consequência de sua "feitiçaria".

A assistente social e a policial nunca mais voltaram. De modo ineficaz, alegaram ter ficado com medo de pegar sarna de Anna. Por fim, Kouao visitou a assistente social e afirmou que Manning estava abusando sexualmente de Anna, e logo depois retirou a queixa. A assistente social e a policial presumiram que a acusação era apenas um estratagema por parte de Kouao para conseguir acomodações mais espaçosas para si e as investigações não envolveram, evidentemente, o exame de Anna.

Dois meses depois, Anna estava morta.

O caso, naturalmente, provocou uma série de comentários, muitos fora de contexto. A assistente social e a policial foram transformadas em bodes expiatórios, como sugeriram os correspondentes do *Guardian* – o grande órgão da esquerda progressista na Grã-Bretanha. O verdadeiro problema era a falta de recursos: os assistentes sociais estavam muito sobrecarregados e eram muito mal remunerados para executar devidamente suas tarefas. É impressionante como tudo hoje em dia pode ser transformado em reivindicação salarial.

Uma ex-assistente social, contudo, escreveu para o *Guardian* e sugeriu que a ideologia, em particular, no treinamento do serviço social, era o problema fundamental. Aí, é claro, tocou no âmago da questão. A temática da raça e as posturas oficiais com relação a isso percorrem o caso de Anna Climbie como um lamento.

O politicamente correto penetrou tão rapidamente em nossas instituições que hoje, praticamente, ninguém tem uma ideia clara sobre raça. As instituições de Bem-Estar Social estão preocupadas com raça a ponto de isso ser uma obsessão. O antirracismo oficial deu às questões raciais uma importância cardeal que nunca tiveram antes. As agências de Bem-Estar dividem as pessoas em grupos raciais para propósitos estatísticos com uma meticulosidade que não experimentava desde a época em que vivi, brevemente, na África do Sul há um quarto de século. Não é mais possível, ou mesmo desejável, para as pessoas envolvidas no serviço social fazer o melhor caso a caso, sem (desde que humanamente possível) preconceito racial. De fato, há pouco tempo recebi um convite de meu hospital para participar de um curso de consciência racial, baseado no pressuposto de que o pior e mais perigoso tipo de racista era o médico que se iludia ao pensar que tratava todos os pacientes igualmente, dando o melhor de sua capacidade. Ao menos o curso de consciência racial (ainda) não é compulsório: um amigo advogado recentemente nomeado juiz foi obrigado a passar por um exercício como esse para juízes recém-nomeados e estava enfurnado, por um fim de semana, em um hotel provinciano miserável com representantes de acusação de cada uma das principais "comunidades". Chegada a hora do jantar de encerramento, um representante muçulmano recusou-se a sentar perto de um dos juízes recém-empossados porque era judeu.

O desfecho do caso Anna Climbie, certamente, poderia ter sido diferente, caso a policial e a assistente social nesse centro fossem brancas, mas as razões do desenlace teriam sido um tanto diferentes. Como negros que representavam a autoridade – numa sociedade em que todos os pensadores sérios acreditam que os negros oprimidos estão em constante luta com os brancos opressores – tais funcionários juntaram forças com o agressor, ao menos na cabeça daqueles que acreditam em tais dicotomias simplistas. Nessas circunstâncias, dificilmente seria de surpreender que mostrassem certa relutância, ao lidar com outros negros, em fazer cumprir vigorosamente as regras por medo de parecerem ser um "Pai Tomás",[1] fazendo o trabalho dos brancos para os brancos. Em um mundo dividido em "eles" e "nós" (e teria sido difícil para a assistente social e a policial, dada a atual conjuntura, escapar completamente desse modo de pensar), "nós" estamos unidos de maneira indissolúvel contra "eles": portanto, se um de nós tratar mal um semelhante, é um escândalo que devemos ocultar para nosso próprio bem coletivo. Um amigo meu, africano e negro, que esteve refugiado na Zâmbia, certa vez publicou um artigo em que expunha a corrupção do regime de lá. Seus amigos africanos disseram-lhe que, embora nada do que dissera no artigo fosse falso, ele não deveria tê-lo publicado porque expunha a roupa suja da África para o olhar racista dos europeus.

Em outras palavras, a assistente social e a policial acreditaram em Marie Therese Kouao porque queriam evitar ter de agir contra uma mulher negra, por medo de parecerem demasiado "brancas". Assim, recorreram às disparatadas racionalizações de que a Costa do Marfim é uma ilha nas Índias Ocidentais e de que as crianças das Índias Ocidentais ficam em alerta quando suas mães as visitam no hospital.

A médica branca que foi tapeada pela história ridícula da sarna de Kouao (um diagnóstico negado pelo dermatologista tanto na ocasião como

---

[1] Termo pejorativo baseado na personagem de Harriet Beecher Stowe para designar os afrodescendentes que agem de modo subserviente às figuras de autoridade dos brancos. (N. T.)

na necrópsia) tinha medo de parecer muito severa na avaliação de Kouao, para evitar a acusação de ser racista, feita de modo tão corrente nesses tempos de fácil indignação. Caso não tivesse fingido acreditar em Kouao, ela teria de ter tomado uma atitude para proteger Anna, correndo o risco de Kouao acusá-la de ter motivação racial. E uma vez que (para citar outro memorando de meu hospital) "assédio racial é aquela ação percebida pela vítima como tal", parecia mais seguro deixar Kouao com seus cabides, martelos, águas ferventes e assim por diante. Por isso, também, o desfecho do caso não poderia ter sido diferente caso a assistente social e a policial fossem brancas: os medos teriam sido diferentes dos temores das colegas negras, mas os derradeiros efeitos desses medos seriam os mesmos.

Kouao, Manning e Anna Climbie não foram tratados como seres humanos, mas como membros de uma coletividade: uma coletividade puramente teórica, cuja correpondência à realidade era extremamente débil. Nem o mais requintado racista poderia ter aventado um cenário menos lisonjeiro das relações entre crianças e adultos negros do que aquele que a assistente social e a policial pareciam aceitar como normal no caso de Kouao e Anna Climbie. Se o primeiro médico, a assistente social e a policial tivessem se prendido menos no problema da raça e estivessem mais preocupados em fazer o melhor possível em cada caso, Anna Climbie ainda poderia estar viva; e Kouao e Manning passariam menos tempo de suas vidas na prisão.

Vejo tal "consciência racial" – a crença de que os motivos raciais superam todos os outros – com bastante frequência. Há bem pouco tempo pediram-me que assumisse o lugar de um médico que iria ausentar-se por um período mais longo e que era bem conhecido por sua simpatia ideológica por negros de origem jamaicana. Para ele, os altos índices, tanto de prisões como de psicoses, de rapazes jamaicanos eram prova daquilo que ficou conhecido na Inglaterra, desde um famoso relatório oficial feito pela polícia metropolitana de Londres, como "racismo institucionalizado".

Uma enfermeira pediu-me que visitasse um dos pacientes desse médico, um rapaz negro que vivia em uma *terraced house*[2] perto do hospital.

---

[2] Ver nota 2 do capítulo 14, "Os Chiqueiros Fazem os Porcos?". (N. T.)

Tinha uma longa história de psicose e recusava-se a tomar a medicação. Li seu prontuário no hospital e fui à sua casa.

Quando cheguei, o vizinho da porta ao lado, um negro de meia-idade, disse: "Doutor, o senhor tem de fazer alguma coisa, senão alguém vai ser morto". O jovem, nitidamente louco, acreditava que tinha sido enganado pela família a respeito de uma herança que o teria deixado extremamente rico.

Só soube, mais tarde, do histórico de violência desse jovem. A última vez em que o médico que eu substituía visitou a casa, o jovem o perseguiu, empunhando um facão. O jovem atacara seus familiares por diversas vezes e expulsou a mãe da casa que era dela. Fora obrigada, pelas ameaças do rapaz, a buscar abrigo noutro local.

Nem essa propensão à violência nem o incidente com o facão constavam no prontuário. O médico reconhecia que o registro dos incidentes iria "estigmatizar" o paciente e acresceria algo ao prejuízo que sofria, de maneira crônica, como membro de um grupo já estigmatizado. Ademais, tratá-lo contra a própria vontade por sua loucura perigosa – o que a lei inglesa permite – seria simplesmente dilatar o número já excessivo de jovens negros que solicitam tal tratamento compulsório por psicoses causadas (como diria meu colega) pelo racismo inglês.

Tal delicadeza de sentimentos não ocorreu em relação à mãe desse jovem, no entanto, ela passou muitos e irrepreensíveis anos de sua vida como enfermeira, pagando a casa de onde o filho a expulsara. A simpatia era apenas para o rapaz, que preenchia os requisitos de alguém que necessita proteção de uma sociedade pouco compreensiva e hostil. O fato de que, caso alguém não interviesse, ele poderia muito bem matar ou ferir gravemente qualquer pessoa e terminar em um manicômio judiciário por toda a vida não preocupava. Meu colega interpretaria isso como mais uma prova da natureza opressiva e racista da sociedade, e da necessidade de tratar pessoas como esse rapaz com uma delicadeza de sentimentos ainda maior. Não há casos dos quais não possam ser derivadas as conclusões erradas.

Até mesmo eu, apesar da acérrima oposição ao raciocínio ou ações raciais, achei difícil resistir totalmente ao espírito da época. Um dos piores erros que já cometi foi por permitir-me dar importância à raça quando, de modo algum, deveria ter sido dada.

O jovem negro, que ainda vivia com a mãe, começou a recolher-se, como se estivesse numa concha. Nunca muito comunicativo ou extrovertido, continuava a trabalhar, mas não a falar. Em uma oportunidade falou com a mãe – a respeito da doação de seus pertences caso ele morresse.

Certo dia a mãe retornou e encontrou a casa barricada. O filho estava dentro, e colocara a mobília diante das portas e janelas. A mãe chamou os bombeiros, que tiveram dificuldade em entrar. Encontraram o rapaz inconsciente, com os pulsos cortados e sangue por toda a parte. Também tomara uma *overdose* de pílulas.

Perdera tanto sangue que precisou de uma transfusão antes do início da cirurgia para consertar os tendões. Uma tentativa mais determinada de suicídio dificilmente poderia ser imaginada. Sugeri à mãe que, após a recuperação da cirurgia, ele fosse transferido para a ala psiquiátrica.

Primeiramente ela concordou, aliviada com a sugestão; mas depois, outro de seus filhos e um amigo chegaram ao hospital, e a atmosfera imediatamente mudou. Pela postura deles para comigo, qualquer um suporia que fora eu quem cortara os pulsos do jovem, que o prendera dentro da casa e quase o levara à morte. Minha argumentação de que sua conduta ao longo das últimas semanas sugeria que ele estava, de algum modo, mentalmente perturbado, que isso requereria maiores investigações e que ele corria grave risco de suicidar-se foi chamada de racista: eu não teria deduzido isso se meu paciente fosse branco. O hospital era racista; os médicos eram racistas e eu, em particular, era racista.

Infelizmente a mãe, com quem minhas relações até a chegada dos outros dois homens tinham sido cordiais, agora tomara o partido deles. Em hipótese alguma ela permitiria que seu filho fosse para a ala psiquiátrica, onde costumeira (e propositadamente) drogavam jovens negros até a morte. O irmão e o amigo advertiram-me que, caso insistisse, levariam os amigos para criar um tumulto no hospital.

A lei permitia que eu desconsiderasse a mãe do rapaz, o irmão e o amigo, mas o cenário estava ficando feio. Marquei uma reunião com eles no dia seguinte, na esperança de que aquela atitude tivesse sido apenas a manifestação de uma aflição passageira, mas aí a postura endureceu. Cedi, mas antes de fazê-lo, fiz a mãe assinar uma declaração de que eu lhe avisara das consequências de recusar maiores pesquisas e o tratamento do filho, pelas quais nem eu, nem o hospital poderíamos ser responsabilizados. O documento não tinha nenhuma validade jurídica, qualquer força que tivesse era estritamente moral.

Não desisti realmente. Mandei uma enfermeira para a casa do rapaz, mas a sua entrada foi por diversas vezes negada com a alegação de que seus serviços (racistas) não eram necessários. Poucas semanas depois o jovem se suicidou por enforcamento.

Ao menos a família não teve a audácia de processar-me por não ter invocado a plena força da lei (como, refletindo, eu deveria ter feito). Não afirmaram que deixei de hospitalizá-lo contra a sua vontade por motivos racistas, não me importando com o destino de um simples homem negro – uma argumentação que, sem dúvida, teria soado para algumas pessoas como totalmente plausível. De fato, não invoquei a lei por questões de raça, embora não por motivos racistas, pois se fosse uma família branca, certamente os teria desconsiderado. Capitulei, todavia, à ortodoxia de que evitar o conflito racial deve superar todas as outras motivações, até mesmo o simples bem-estar dos indivíduos. No atual clima de opinião, todo homem branco é racista até que se prove o contrário.

Ninguém duvida da sobrevivência do sentimento racista. Outro dia, por exemplo, estava em um táxi conduzido por um jovem motorista indiano que não gostava do modo como um jovem jamaicano estava dirigindo. "Joguem uma banana para esse homem!", exclamou quase sem pensar. Esse arroubo espontâneo revelou muito sobre seus verdadeiros sentimentos.

A sobrevivência de tais sentimentos, contudo, dificilmente requer ou justifica a presunção de que todos os serviços públicos são inerente e malignamente racistas, e que, portanto, compensações de justiça social devem ter um papel maior na prestação desses serviços do que as considerações de ordem individual. Nessa situação, negros e brancos estão unidos por um tipo próprio de *folie à deux*: os negros, ao temer que todos os brancos sejam racistas, e os brancos, ao temer que todos os negros os acusem de racismo.

Enquanto estivermos presos a essa tolice, inocentes como Anna Climbie morrem.

2001

[*teoria ainda mais sombria*]

O Ímpeto de Não Emitir Juízo

Há pouco tempo perguntei a um paciente como ele descreveria a própria personalidade. Parou por um momento, como se saboreasse um delicioso bocado.

— Aceito as pessoas como são — respondeu no devido tempo. — Não sou de julgar as pessoas.

No momento em que dois de seus companheiros de quarto tinham acabado de fugir, roubando seus pertences mais preciosos e deixando-o arruinado em dívidas para pagar, essa neutralidade para com o caráter humano não parecia generosa, mas estúpida; uma espécie de prevenção, contrária ao aprender da experiência. No entanto, a não emissão de juízos de valor foi tão universalmente aceita como a mais excelsa, e certamente a única, das virtudes que ele falava da própria personalidade como se colocasse uma medalha de mérito excepcional no próprio peito.

Naquela mesma semana, fui questionado por outra paciente que experimentara consequências ainda piores da não manifestação de juízos de valor, muito embora dessa vez a culpa não fosse totalmente dela. Sua vida fora a da moderna moradora de bairros pobres: três filhos de pais diferentes, e nenhum deles a amparou de maneira alguma, sendo o último um alcoólatra violento, perverso. Separara-se dele fugindo com o filho de dois anos para um abrigo para mulheres agredidas; logo depois, viu-se em um apartamento cujo paradeiro o último companheiro desconhecia.

Infelizmente, algum tempo depois, ela deu entrada no hospital para uma cirurgia. Como não tinha ninguém a quem pudesse confiar a criança, buscou a ajuda do serviço social. Os assistentes sociais insistiram que a criança, contra seus apelos mais desesperados, deveria ficar com o pai biológico enquanto ela estivesse no hospital. Fizeram ouvidos moucos para os argumentos dela de que ele era um guardião inapto, ainda que por duas semanas: consideraria a criança como um estorvo, uma interferência intolerável na rotina diária de embebedar-se, frequentar prostitutas e brigar. Os assistentes sociais disseram que era errado emitir juízos como aqueles a respeito de um homem e ameaçaram-na com terríveis consequências caso ela não concordasse com o plano. Assim, a criança de dois anos foi mandada para o pai como exigiram.

Em uma semana, ele e a namorada mataram a criança, balançando-a repetidamente pelos tornozelos contra a parede e lhe esmagando a cabeça. Ainda que em momento um tanto tardio, a sociedade, relutantemente, emitiu um julgamento: ambos os assassinos foram sentenciados à prisão perpétua.

É claro que o ímpeto de não emitir juízos de valor é parte de uma reação à aplicação cruel ou irrefletida de códigos morais no passado. Um amigo, recentemente, descobriu uma mulher de uns noventa anos que vivera como "paciente" em um grande hospício por mais de setenta anos, cuja única doença – até onde ele foi capaz de descobrir – fora dar à luz um filho ilegítimo nos anos de 1920. Ninguém, por certo, desejaria o retorno de um encarceramento tão monstruoso e a destruição, sem cerimônias, da vida das mulheres, mas isso não significa que a ilegitimidade em massa (33% do país como um todo e 70% em meu hospital) seja uma coisa boa, ou ao menos não seja algo ruim. Juízo é exatamente isso: julgar. Não é mensurar cada ação com um instrumento rígido e infalível.

Os apologetas da não emissão de juízos de valor salientam, sobretudo, suas supostas qualidades de compaixão. Um homem que julga os demais irá, às vezes, condená-los e, portanto, negar-lhes ajuda e assistência; ao passo que o homem que se recusa a emitir juízos de valor não exclui ninguém de sua compaixão abrangente. Nunca pergunta de onde vem o sofrimento do próximo, seja autoinfligido ou não, pois qualquer que seja a fonte, ele compreende e socorre o sofredor.

O departamento de habitação da minha cidade aderiu rapidamente a essa doutrina. Aloca escassas habitações públicas, diz nos folhetos autoelogiosos, com base somente na necessidade (tirando uma ou duas relações nepotistas – afinal, até os que não gostam de emitir juízo de valor são humanos). Nunca perguntam como primeiramente surgiu a necessidade, lá estão para cuidar e não para condenar.

Na prática, é claro, as coisas são um pouco diferentes. É verdade que o departamento de habitação não julga os méritos dos candidatos por liberalidade, mas é precisamente por isso que não pode expressar nenhuma compaixão humana. A avaliação da necessidade é matemática, baseada no cálculo perverso da sociopatia.

Para retomar o caso da minha paciente cujo filho foi assassinado: ela foi expulsa de casa pelos vizinhos que achavam que era a responsável pela morte da criança e, por isso, agiram como bons cidadãos indignados ao tentar, por duas vezes, incendiar o apartamento em que ela morava. Depois disso, ela encontrou acomodação barata em uma casa que também abrigava um usuário de drogas violento, que tentou pegá-la à força. Quando fez um requerimento ao departamento de habitação solicitando ajuda, esta foi recusada visto que ela já estava devidamente alojada, no sentido de ter quatro paredes ao seu redor e um teto sobre a cabeça (e seria totalmente errado estigmatizar viciados em drogas como vizinhos indesejáveis), e também porque ela não possuía menores dependentes – seu único dependente menor de idade fora morto e, portanto, não fazia mais parte da equação. As pedras devem ter chorado pela situação de minha paciente, mas não o departamento de habitação: é demasiado imparcial para fazê-lo.

Muito curiosamente, minha paciente era perfeitamente capaz – com um pouco de encorajamento – de aceitar que seus infortúnios não provinham totalmente do nada, que contribuíra para que ocorressem com a própria conduta e, portanto, não era uma vítima pura ou imaculada. Ao seguir a trilha de menor oposição, como fizera por toda a vida, consentira em ter os filhos de um homem que sabia ser totalmente inapto como pai. De fato, sabia que ele era violento e bêbado, mesmo antes de ir viver com ele, mas mesmo assim o achava atraente e viveu em uma sociedade que promovia sua própria versão do Sermão da Montanha – o dia de amanhã terá suas próprias atrações. Agora aprendera com a experiência (antes tarde do que nunca) – o que nunca aprenderia caso deixasse de emitir juízos sobre si mesma e sobre os outros. Como resultado, rejeitou outro amante violento, renunciou à própria bebedeira contumaz e decidiu fazer faculdade.

Na clínica, é claro, uma espécie de suspensão de juízo prevalece e deve prevalecer: os médicos nunca devem negar tratamento com base em deficiências morais. Moisés Maimônides, o rabino e médico do século XII, escreveu: "que jamais enxergue no paciente nada além de um irmão que sofre" – certamente, uma nobre aspiração, ainda que de alguma maneira seja difícil de alcançar na prática.

A medicina, no entanto, não é somente a contemplação passiva do sofrimento: é a tentativa, por meios nem sempre bem-sucedidos, de aliviá-lo. E não pode ter escapado da atenção dos médicos que muito do sofrimento moderno tem o sabor evidente da autoimposição. Não falo, no momento, das doenças físicas que derivam de hábitos tais como o fumo, mas do sofrimento crônico causado por não saber como viver, ou melhor, por imaginar que a vida pode ser vivida como entretenimento, como uma versão televisiva ampliada, que não é nada além de uma série de prazeres do momento. O turbilhão do tempo traz vinganças – ao menos em um clima frio como o nosso.

Se o médico tem o dever de aliviar o sofrimento dos pacientes, deve ter alguma ideia de onde vem tal sofrimento, e isso envolve a definição de um juízo, até mesmo de um juízo moral. E, na medida em que puder dizer de boa-fé que a miséria de seus pacientes deriva do modo como vivem, tem o dever de dizer-lhes isso – o que muitas vezes envolve uma condenação mais ou menos explícita do modo de vida deles como algo totalmente incompatível com uma existência satisfatória. Ao evitar o assunto, o médico não está sendo respeitoso com os pacientes; está sendo covarde. Ademais, ao recusar imputar o ônus aos pacientes para melhorar-lhes a sina, provavelmente, os induz ao erro, fazendo com que suponham que exista uma resposta puramente técnica ou farmacológica para os problemas, ajudando a perpetuá-los.

Por exemplo, sou consultado ao menos uma ou duas vezes por dia – semana sim, semana não; ano sim, ano não – por mulheres que reclamam de ansiedade e depressão, cujas biografias contêm explicações óbvias para esses sentimentos desagradáveis. As mulheres, muitas vezes, passaram por mais de um relacionamento sexual violento, às vezes uns quatro relacionamentos sucessivos, e possuem mais de um filho pequeno para criar. Embora sintam o medo de gerir sozinhas a vida, sem a ajuda de outro adulto, chegam à conclusão de que todos os homens não são confiáveis, e são um tanto psicopatas. Estão, aparentemente, num dilema insolúvel: que situação é melhor, quando apanham ou quando estão sozinhas?

Ajudadas por algumas perguntas simples, não demora muito para que analisem a situação, embora desde o início, invariavelmente, atribuam a infelicidade à má sorte ou ao destino. O poder do autoengano é tal que até as considerações mais óbvias lhes escapam. Poucas semanas atrás, uma mulher veio até mim reclamando de sua vida miserável e dizendo estar insatisfeita há vinte anos. O marido a tratava como escrava, e quando não era obedecido, ficava agressivo, chegando a lançar objetos no recinto, a estilhaçar janelas e a bater nela.

– Por que não o abandona? – perguntei.

– Tenho pena dele.

– Por quê?

– Bem, doutor, ele não é muito inteligente, e não sabe ler ou escrever. Não conseguiria resolver as coisas sozinho; não pode fazer nada por si mesmo. Eu tenho até que discar os números do telefone para ele porque não saber ler os números.

– Ele trabalha?

– Sim, sempre trabalhou.

– O que ele faz?

– É o chefe da segurança na Prefeitura – um enorme casarão elizabetano nos arredores da cidade, de propriedade do município.

– Quantas pessoas trabalham lá no departamento de segurança? – perguntei a ela.

— Dezesseis.

— Você está a dizer que toda vez que ele precisa dar um telefonema no serviço pede a um dos funcionários para discar porque ele não consegue ler os números? Ou que cada vez que recebe uma carta, alguém tem de ler para ele?

Minha paciente olhou-me com os olhos arregalados. Era tão óbvio que ela nunca tinha pensado nisso.

— Não é muito provável que uma pessoa como essa seja escolhida para a chefia, ou é? — acrescentei.

Ela tinha deixado de pensar, por covardia e comodismo, sobre a nítida discrepância entre a carreira de seu marido e o suposto desamparo em casa, pois caso reconhecesse isso, não poderia mais pensar em si mesma como uma vítima (com todo o conforto psicológico que a vitimização confere), mas, em vez disso, tinha de se ver como coautora da própria desgraça. Ela queria evitar um doloroso dilema: aceitar a situação como era ou fazer algo a respeito.

Após outras duas conversas comigo, ela tomou uma atitude. Deu um ultimato ao marido: ou ele mudava de comportamento, ou ela o deixaria. Além disso, se ele encostasse um dedo nela mais uma vez, chamaria a polícia e daria parte dele. Desde então, ele tem se comportado e até fez aquilo que ela, por vinte anos, acreditou que ele fosse incapaz de fazer: uma xícara de chá para si mesmo. Nesse meio tempo, ela está frequentando aulas de artes em vez de aprisionar-se no apartamento esperando os comandos arbitrários do marido.

Essa paciente tinha apenas um homem violento com quem lidar; muitas de minhas pacientes tiveram uma série deles. Pergunto onde elas os conheceram, e quase sem exceção foi em um bar ou em uma boate, quando ambos estavam sem ter o que fazer, com um relacionamento prévio que terminara há uma semana ou mesmo no dia anterior. Pergunto o que tinham em comum, além do sentimento de perda e solidão. A resposta invariável: atração sexual e o desejo de uma saída divertida.

Tais coisas não são, em si mesmas, desprezíveis, é claro, mas como bases de relacionamentos de longo prazo e de paternidade são muito tênues, e logo ficam ainda mais rarefeitas. Pergunto que outros interesses essas mulheres e seus amantes têm em comum, e sem exceções, eles não existem. O corre-corre diário constitui todo o seu mundo: fazer as compras, cozinhar, arrumar alguma coisa, assistir muita televisão, fazer uma visita ao escritório do serviço social e umas poucas horas no bar, enquanto houver dinheiro. Essa rotina sem objetivo logo cansa, mas mesmo assim continua a ser objeto de constantes e desavenças acrimoniosas. Além disso, não existe pressão – seja a pressão moral da comunidade seja a pressão econômica do sistema tributário ou dos benefícios da previdência social – para manter os casais unidos. Pouco depois, nem necessidade nem desejo consolidam os relacionamentos, somente a inércia, pontuada pela violência. Para o homem violento, ter a mulher tremendo de medo dele é a única garantia de relevância pessoal.

Como, perguntam as mulheres, elas encontrarão homens que não são assim? Como uma mulher encontra alguém que não irá explorá-la, seja como um *ticket* refeição ou como um objeto de alívio da tensão sexual, que não irá gastar o próprio dinheiro do benefício social em uma única noite e depois exigir que ela também entregue o seu dinheiro, não obstante o dinheiro seja necessário para alimentar os filhos? Como ela será capaz de encontrar um homem que verdadeiramente dará algo em troca, tal como companheirismo e apoio incondicional?

A resposta necessariamente envolve a análise de como elas viveram da infância em diante; pois se, como afirmo e elas concordam, é necessário ter interesses em comum para ter alguma profundidade em um relacionamento, primeiramente, como tais interesses são concebidos?

A maneira inadequada como foram criadas e educadas e a lamentável visão de mundo tornam-se nítidas para elas, quiçá pela primeira vez.

– Que tipo de coisa a interessa? – pergunto. A questão surge como um tiro de alerta.

– Bem,... na verdade, nada – respondem. Reconhecem, imediatamente, a natureza insatisfatória da resposta – que também é bastante verdadeira.

– Esforçou-se na escola?

– Não.

– E o que ficava fazendo?

– Ficava à toa, como todo mundo.

Os colegas desestimulam, às vezes por meio de violência física, os poucos que demonstram alguma inclinação para trabalhar. Para resistir ao *ethos* predominante seria necessária uma coragem excepcional, bem como apoio dos pais, que quase sempre não existe. O melhor é seguir o grupo e desfrutar dos prazeres ilícitos do momento. O trabalho, na verdade, não importa; afinal, sempre haverá comida suficiente, um teto sobre a cabeça e uma televisão para assistir, graças às subvenções do Estado. Além disso, uma verdade universalmente aceita nos bairros pobres é que não há nada a ganhar por esforço pessoal, já que o mundo é organizado de modo tão injusto. Na ausência de temor e esperança, só o momento presente tem alguma realidade: faça o que é mais divertido, ou o menos tedioso, a cada momento que passa.

Na ausência de interesse ou de carreira, a maternidade parece uma boa escolha; só depois fica claro como é aprisionante, especialmente quando o pai – de modo previsível, mas não previsto – não toma parte nos deveres parentais.

Sem nenhuma experiência ou conhecimento dos mundos da ciência, da arte ou da literatura, e destituídas da mera necessidade de ganhar a subsistência, minhas pacientes não são ricas de nada, a não ser do tempo que têm nas mãos, de modo que embarcam nas *Liaisons Dangereuses* [Ligações Perigosas] da periferia. Os relacionamentos em que se enredam, no entanto, são, por si sós, incapazes de sustentar por um longo tempo o fardo que lhes é imposto, e chegam à indigência, à escravidão, à sordidez, e o medo é quase imediato.

Aos vinte e tantos anos, a mais inteligente entre elas diz-me: "Falta alguma coisa na minha vida, mas não sei o que é". Fazem-me lembrar dos jovens que encontrei atrás da Cortina de Ferro, que nunca tinham conhecido outra vida senão aquela sob o regime comunista, que pouco conheciam a respeito do mundo do lado de fora, e, mesmo assim, sabiam que seu estilo de vida era anormal e intolerável.

Minhas pacientes medicalizam tanto a própria miséria quanto a conduta terrível dos amantes violentos; uma maneira de explicar a insatisfação existencial que as absolve de responsabilidade. Leva um pouco mais de tempo, porém, para desiludi-las dessas ideias erradas, e o fato de sempre ser capaz de fazer previsões muito aproximadas desde o início de nossas consultas do modo como os amantes se comportaram com elas as surpreende. Semana passada, vi uma paciente que tinha tomado uma *overdose* depois de o namorado espancá-la. Nosso diálogo seguiu um padrão definido.

— Às vezes ele põe as mãos ao redor do seu pescoço, aperta e tenta estrangulá-la? — perguntei.

— Como o senhor sabia disso, doutor?

— Porque escuto isso praticamente todos os dias nos últimos sete anos, e você tem marcas no pescoço.

— Ele não faz isso sempre, doutor. — Essa é a atenuante universal.

— E é claro que ele pede desculpas depois e diz para você que isso nunca acontecerá novamente; e você acredita nele.

— É. Realmente acho que ele precisa de ajuda, doutor.

— Por que você diz isso?

— Bem, quando ele faz essas coisas, muda completamente; vira outra pessoa; os olhos ficam vidrados; é como se tivesse um ataque. Acho mesmo que ele não consegue evitar isso, não tem nenhum controle.

— Será que ele faria isso na minha frente, aqui, agora, neste quarto?

— Não, claro que não.

— Então, ele *consegue* evitar, não é?

O desejo da mulher de fugir de um dilema doloroso — amá-lo e ser espancada ou deixá-lo e perdê-lo — fez com que ela evitasse fazer para si mesma a pergunta mais óbvia: de por que o "ataque" só aconteceria na privacidade do apartamento deles. De modo repentino, inevitavelmente, a responsabilidade de mitigar a própria miséria coube a ela mesma: tinha de fazer uma escolha.

— Mas o amo, doutor.

O triunfo da doutrina da soberania do sentimento sobre a consciência, sem dúvida, teria deliciado os românticos, mas promoveu uma quantidade exorbitante de sofrimento.

— É pouco provável que seu namorado mude. Ele a estrangula porque gosta disso e tem um sentimento de poder ao fazê-lo. Isso o faz sentir-se importante: "Estrangulo e ela ainda me ama, logo devo ser realmente maravilhoso". Se você o deixar, ele encontrará outro alguém para estrangular dentro de uma semana.

— Mas é difícil, doutor.

— Não disse que é fácil; disse que é necessário. Não há por que o necessário também deva ser fácil, mas você não pode esperar que os médicos a façam feliz enquanto seu amante ainda a está estrangulando, ou façam com que pare de estrangular. Nenhuma dessas coisas é possível. Você deve fazer uma escolha. Simplesmente não há como contornar isso.

Dizer à paciente que ela é responsável, tanto na prática quanto moralmente, pela própria vida não é negar ajuda, é dizer a verdade. Forçá-la a enfrentar a cumplicidade na sua miséria não é abandoná-la ao próprio destino. Em muitas ocasiões coloquei tais mulheres em contato com advogados, consegui para elas acomodações seguras, consegui vagas em faculdades. Também não exijo uma decisão imediata; o que levou anos para desenvolver raras vezes é desfeito em uma ou duas horas. No entanto, atenho-me a uma verdade fundamental: nenhum médico, nenhum assistente social, nenhum policial pode melhorar a qualidade de vida dessa mulher, a menos que ela esteja disposta a renunciar a qualquer gratificação que receba do namorado violento. Não há um modo indolor de resolver o dilema.

Em quase todos os casos as mulheres voltam poucas semanas depois com o humor muito melhor. O amor que pensavam ter pelos algozes já tinha evaporado; acham difícil, em retrospecto, distingui-lo do medo que sentiam.

O que devemos fazer agora? Perguntam-me.

Como responderei a elas? Devo fingir um agnosticismo a respeito daquilo que poderia constituir uma vida melhor para elas e seus filhos? Devo fingir que a outorga promíscua de favores ao primeiro homem que encontram em um bar é tão bom quanto tomar um pouco mais de cuidado nessas questões? Isso não seria a extrema traição?

Digo a todas que a primeira responsabilidade é fazer o possível para evitar que os filhos sigam seus passos; elas têm de tentar abrir os horizontes dos filhos além da visão miserável e sórdida dos bairros pobres.

Isso envolve passar um tempo com eles, interessar-se pelos trabalhos de escola, aprender a dizer "não" quando surgir a oportunidade, e, acima de tudo, assegurar que nunca testemunhem cenas de violência doméstica.

Quanto a elas, devem tentar uma faculdade: ainda que isso não renda um emprego melhor, ao menos terão um sentimento de realização e, possivelmente, adquirirão um interesse duradouro. Caso isso signifique desrespeito às regras do seguro social – que ordenam que elas estejam teoricamente disponíveis para o trabalho e, portanto, não estejam estudando em tempo integral – bem, não informarei às autoridades, que (parece) preferem que seus dependentes sejam completamente passivos.

Muitas vezes elas seguem minhas sugestões. (Uma de minhas pacientes, que fora espancada durante vinte anos, desde então se tornou enfermeira e muitas outras se tornaram assistentes em casas de repouso; o desejo de ajudar o próximo é o corolário do desejo de ajudar-se a si mesmas.) Provavelmente sou a única pessoa que elas já encontraram para quem a violência de suas vidas não é tão natural como o ar que respiram, mas o resultado de escolhas humanas; sou a única pessoa que já sugeriu que podem comportar-se de modo diferente.

Seria inútil sugerir que essa abordagem funciona em todas as ocasiões. É necessário um julgamento, também, para selecionar os casos; há aqueles que já são muito antigos, demasiado frágeis psicologicamente ou jovens demais para suportar a dor de aceitar parte da responsabilidade pela própria desgraça. Infelizmente, há um período durante a espiral descendente de autodestruição em que pouco pode ser feito, como se a autodestruição tivesse um curso natural e próprio. Assim como alcoólatras e viciados em drogas podem levar anos para aceitar, primeiro, que são viciados, e segundo, que o vício não é nem uma desculpa para o comportamento deles, nem uma sina imposta pelas circunstâncias, assim a autodestruição intencional que vejo ao meu redor muitas vezes tem um curso prolongado, graças à capacidade do autoengano das pessoas.

Raramente pode ser cortado pela raiz. Por exemplo, na semana em que a mulher cujo filho foi assassinado se consultou comigo, duas jovens vieram ter comigo, nenhuma delas pensava no futuro ou no passado, e as duas andavam no presente como sonâmbulas.

A primeira delas tinha dezesseis anos, uma menina branca, grávida de dois meses de um assaltante muçulmano. Estava coberta de equimoses. Conheceram-se quando ele arrombava a casa em que estava, onde fora deixada sozinha durante a noite por sua mãe solteira, com quem brigava como cão e gato a respeito do horário em que ela deveria voltar para casa dos clubes e boates (a mãe sugeria o horário anormalmente cedo de meia-noite). O assaltante pediu que fosse morar com ele, e ela o fez; desde então, ele a enclausurou, nunca permitindo que saísse do apartamento, proibiu qualquer contato com outras pessoas, batia nela até ficar toda roxa, chutava-a regularmente no estômago, e exigia que se convertesse ao islã (ele mesmo era um bêbado); no geral, esperava que ela fosse sua escrava.

Quando ele deu entrada no hospital para uma pequena cirurgia – restaurar o tendão do braço; machucado quando arrombava uma casa – ela teve oportunidade de escapar. Ofereci a ela todas as facilidades para fazê-lo, de um esconderijo aos serviços de um advogado pago com dinheiro público.

– Não posso deixá-lo. Amo-o, e ele disse que se mataria caso eu o deixasse.

Sei por experiência que um homem como aquele poderia tomar uma *overdose* como uma forma de chantagem emocional: a grande maioria das *overdoses* masculinas em minha enfermaria é de homens que bateram nas mulheres – as *overdoses* cumprem a dupla função de chantagear a mulher para permanecer com ele e de apresentá-los como vítimas, e não como perpetradores da própria violência. Também sei, por experiência, que um assaltante muçulmano nunca se mataria realmente; mas quando uma jovem diz que teme o suicídio do amante, na verdade, ela está dizendo que ela não o deixará, e nada a fará mudar de ideia.

Enquanto o assaltante ficou no hospital, ela apareceu todos os dias, vestida em roupas punjabi, para cuidar de seu amante-algoz, trazendo-lhe iguarias indianas e todos os pequenos confortos de que carecia no hospital.

A segunda paciente era uma moça negra, agora com dezessete anos, cujos pais só souberam de seu caso com um jovem branco, um ano mais velho do que ela, quando seu professor a levou da escola para casa, quando tinha quatorze anos, por ter sido espancada pelo rapaz no pátio da escola.

Poucos meses depois deu à luz o filho dele e foram viver juntos. (Não há dúvidas de que os futuros historiadores sociais encontrarão contradição entre nossa preocupação, de um lado, com o abuso sexual, e de outro, nossa conivência e indiferença com a atividade sexual precoce, assim como vemos o contraste entre o puritanismo sexual vitoriano e a grande quantidade de mulheres de reputação suspeita no período.) A paternidade não melhora a conduta de um jovem: ele quebrou-lhe a mandíbula, fraturou suas costelas, estrangulava-a parcialmente, socava-a regularmente e usou a cabeça dela para quebrar uma janela fechada antes de lançá-la janela abaixo. Ele não trabalhava, pegava o dinheiro dela para beber, passava as noites com outras moças e exigia que suas refeições estivessem prontas sempre que lhe conviesse.

Ofereci-lhe todas as oportunidades para deixá-lo, toda proteção legal que era possível conseguir, mas sua taça de amarguras, como a da primeira moça, ainda não estava cheia ("Para você está tudo bem; você não o ama!") e, portanto, ainda não estava pronta para ser desinfetada. Tudo o que podíamos fazer era oferecer auxílio quando ela estivesse pronta para pedi-lo.

Nenhuma dessas jovens apresentava déficit de inteligência, longe disso; e em poucos anos, quando aparecerem novamente em meu hospital, como inevitavelmente o farão, estarão prontas para interrogar a fonte de seus sofrimentos, tendo perdido tanto tempo. Espero que alguém tenha a coragem e compaixão de guiá-las até essa fonte, pois somente se o véu do autoengano for arrancado de seus olhos poderão melhorar a qualidade de suas vidas.

A experiência ensinou-me que é errado e cruel suspender o juízo, que o não manifestar juízos de valor é, na melhor das hipóteses, indiferença para com o sofrimento alheio e, na pior das hipóteses, uma forma disfarçada de sadismo. Como podemos respeitar as pessoas como membros da raça humana a menos que consigamos mantê-las em um padrão de conduta e de veracidade? Como as pessoas podem aprender da experiência a menos que sejam avisadas de que podem e devem mudar? Não exigimos de ratos de laboratório que façam melhor, mas o homem não é um rato. Não consigo pensar em um modo mais desdenhoso de tratar as pessoas que atribuir-lhes tanta responsabilidade quanto atribuímos a tais ratos.

De qualquer modo, não emitir juízos de valor não é tão isento de juízos. É o raciocínio de que, nas palavras de um cruel tango argentino, "*todo es igual, nada es mejor*": tudo é o mesmo, nada é melhor. Essa é a doutrina mais bárbara e inverídica que já surgiu da fértil mente do homem.

1997

Qual É a Causa do Crime?

Ao perambular por uma livraria logo após minha chegada, numa visita recente à Nova Zelândia, deparei-me com um livro de estatísticas nacionais em que descobri, para minha surpresa, que a população carcerária da Nova Zelândia é, novamente, metade do número, per capita, de prisioneiros da Grã-Bretanha. De repente, aquela nação remota, geograficamente tão distante da Grã-Bretanha e culturalmente tão próxima, pareceu para alguém como eu, que se interessa pelo crime, um enorme enigma.

Afinal, por mais de um século nós, britânicos, pensávamos em nossa ex-colônia como uma Grã-Bretanha melhor, mais pura. Por volta de 1900, a Nova Zelândia já era o lugar mais saudável do mundo. Quase do mesmo tamanho da Grã-Bretanha, possui uma população igual à da grande Manchester apenas. Está livre da imundície e da decadência tão evidente em todas as cidades e vilas britânicas, e se lá não há grande riqueza, também não há muita pobreza. Com um dos primeiros programas de Bem-Estar Social do mundo, possui um *ethos* igualitário, e não podemos diferenciar rapidamente um mecânico de um neurocirurgião pelo modo de falar ou se vestir. O estilo de vida é informal, e o ritmo é descontraído. Para impressionar, acrescentemos a isso os altos índices do PIB *per capita*, e a Nova Zelândia tem um dos melhores padrões de vida do mundo.

Tal sociedade — próspera, democrática, igualitária — deveria ser praticamente isenta de crimes, caso as explicações comuns dos progressistas sobre a criminalidade fossem verdadeiras; mas não são, e a Nova Zelândia, hoje, é tão dominada pelo crime quanto seu país natal, o país mais dominado pelo crime da Europa Ocidental (juntamente com a próspera, democrática e igualitária Holanda). De fato, nas tendências crescentes das cifras dos crimes, a Nova Zelândia está apenas um bocado de anos atrás da Grã-Bretanha e, em termos de homicídio, uns poucos anos adiante. Esse fato é de grande interesse teórico, ou deveria ser: é a refutação esmagadora do padrão progressista de explicação do crime.

Vasculhando ainda mais na livraria, não fiquei nem um pouco espantado de ver exposto um livro de um criminologista de esquerda que explicava as alarmantes estatísticas carcerárias pelo que chamava de "obsessão" do sistema judicial neozelandês com a punição. Por certo, uma vez que o número de crimes sérios na Nova Zelândia (como em todos os outros lugares) aumentou em uma proporção muito maior que o número de prisioneiros, seria mais correto acusar o sistema de uma obsessão com a falta de repressão, apelos de abrandamento das penas, busca de desculpas e leniência — qualquer coisa menos punição.

Logo após minha ida à livraria, minha anfitriã em Wellington recordou-se, ao longo do jantar, de um episódio curioso de sua infância na cidade de Christchurch. Quando ela tinha seis anos, contou, sua mãe a levou para uma espécie de peregrinação ao local exato onde o famoso assassinato Parker-Hulme ocorrera seis anos antes, em 1954. Esse assassinato foi objeto do filme neozelandês célebre e recente *Almas Gêmeas* [Heavenly Creatures],[1] e nas últimas duas décadas foi objeto de reinterpretações progressistas — ou seja, untuosamente imparciais —, que a *intelligentzia* agora quase universalmente, e irrefletidamente, aceita. Essa aceitação é um fenômeno de grande significado cultural, e começa a responder a difícil questão que tanto me fascinou ao visitar a Nova Zelândia.

---

[1] O filme é uma produção de Reino Unido, Alemanha e Nova Zelândia, de 1994, dirigido por Peter Jackson, e traz nos papéis principais Kate Winslet e Melanie Lynskey. (N. T.)

Talentosas e inteligentes, Juliet Hulme (pronuncia-se como "hume") e Pauline Parker tinham acabado de terminar os estudos na mais bem conceituada escola de meninas de Christchurch. O relacionamento delas era excepcionalmente próximo, mas o retorno iminente da família Hulme à Inglaterra ameaçou separá-las. Quando a mãe de Parker negou autorização à filha para ir com Hulme, as meninas decidiram matá-la. Golpearam sua cabeça repetidas vezes com um tijolo dentro de uma meia, depois de a encontrarem propositalmente no parque para uma xícara de chá e um passeio. O assassinato foi premeditado, como comprovado pelo tom jocoso com que Parker anteviu o acontecimento em seu diário.

O caso paralisou a Nova Zelândia e grande parte do mundo. A mãe de minha anfitriã levou a filha ao local desse assassinato extraordinário por conta do fascínio que o mal encerra para os que têm pouco contato com ele. Christchurch era, naqueles dias, uma cidade provinciana, calma, próspera, que se orgulhava das boas maneiras inglesas, que não possuía um único restaurante fora dos hotéis e o mais perto que tinha chegado da excitação de um delito fora na decretação do *six o'clock swill*, uma estranha instituição criada pela lei, que proibia a venda de álcool em bares públicos após as seis da tarde. Os homens podiam beber o quanto desejassem e o mais rápido que conseguissem entre a hora em quem deixavam seus escritórios e seis da tarde, com alguns resultados nada edificantes. A vida em Christchurch era tão calma que até hoje todos os habitantes acima de determinada idade podem indicar o local exato do assassinato, apesar da explosão de crimes sérios no período subsequente.

A mudança na interpretação do caso Parker-Hulme aponta para um mar de mudanças na postura da Nova Zelândia para com o crime em geral, uma mudança que ocorreu em todos os locais do mundo ocidental. Toda a opinião pública da época via o caso do assassinato Parker-Hulme como um ato mau, de garotas más, que agiram por força de uma paixão maléfica. Hoje em dia, uma interpretação diferente é quase universal. Um livro muito conhecido sobre o caso, *Parker and Hulme: A Lesbian View* [Parker e Hulme: Uma Visão Lésbica] de duas acadêmicas lésbicas, Julie Glamuzina e Alison Laurie, resume a opinião prevalecente de hoje.

Segundo a reinterpretação, o caso Parker-Hulme não foi um assassinato brutal e sem sentido, mas o desfecho natural e inevitável de uma grande paixão frustrada por preconceitos sociais tacanhos e pela intolerância. A Nova Zelândia era, na ocasião, uma sociedade reprimida e repressora; as coisas não poderiam continuar daquele jeito. As autoras, sem questionar, aceitaram o modelo hidráulico do desejo humano, segundo o qual a paixão é como o pus em um abcesso, que, se não é drenado, causa septicemia, delírio e morte. Se a sociedade impediu que duas adolescentes lésbicas agissem de acordo com suas paixões, consequentemente, era de se esperar que devessem matar a mãe de uma delas. O erro primordial de dar golpes esmagadores em pessoas com tijolos esvaiu-se por completo.

Em apoio a tal hipótese, as duas autoras perguntaram a várias lésbicas que cresceram na época sobre o caso e quais foram as suas reações. Sim, responderam, compreendiam muito bem as meninas, pois elas mesmas tinham nutrido sentimentos assassinos com relação aos pais. Ambas as autoras e as pessoas que responderam às questões negligenciaram a diferença moral significativa entre o desejo ocasional de que a mãe morra e o ato que faz com que isso realmente aconteça. Tal obtusidade não é exclusiva das lésbicas. O *Los Angeles Times* informou que o próprio diretor, Peter Jackson, não achava que seu filme fazia juízos de valor. Isso, é claro, revela a curiosa postura moral de nossa época: não é errado golpear com um tijolo uma mulher inocente até a morte, mas é errado condenar o feito e os perpetradores.

Parker e Hulme foram tidas como monstros de depravação e, agora, surgem quase como mártires de uma causa. A opinião pública as admira – não porque conseguiram, após se libertarem dos cinco anos de prisão, levar vidas novas e bem-sucedidas, indicando a esperança e a possibilidade de redenção (Juliet Hulme tornou-se uma escritora de romances policiais internacionalmente famosa, sob a alcunha de Anne Perry). Ao contrário, é porque pensavam que tinham tido um caso amoroso lésbico numa época de extremo formalismo e decoro na Nova Zelândia – embora Hulme explicitamente negue que era esse o caso. Acreditam que elas agiram por desejos proibidos, a maior das proezas heroicas que os *bien-pensants* de nossa época podem imaginar.

É claro que, se a repressão do desejo fosse verdadeiramente a causa do crime, poderíamos esperar que as taxas de crime caíssem conforme os obstáculos de expressão sociais e legais fossem removidos. E não pode haver dúvida de que a Nova Zelândia tenha se tornado um lugar muito menos rigoroso que nos anos 1950. É muito mais tolerante com as pessoas que seguem seus próprios interesses do que era então. É, assim, um experimento natural para a verificação ou refutação do modelo hidráulico de desejo.

Quando Parker e Hulme cometeram o assassinato, toda a Nova Zelândia registrava, anualmente, cerca de uma centena de crimes violentos graves. Certamente foi o extremo contraste entre a brutalidade do crime e a placidez do país que o tornou tão alarmante: caso tivesse ocorrido na Colômbia ninguém teria dado a mínima atenção. Quarenta anos depois, após a contínua diminuição das restrições de expressão dos desejos, o número de crimes violentos na Nova Zelândia aumentou para umas quatro ou cinco centenas de vezes. A população, nesse intervalo, quase não chegou a dobrar.

Talvez as práticas de relato também tenham mudado, mas ninguém poderia sinceramente desconfiar que os crimes violentos tivessem aumentado de maneira tão tremenda (cerca de 400% somente entre 1978 e 1995), e aumentassem igualmente em perversidade. Não há gênero do moderno crime – do estupro serial ao assassinato em massa – do qual a Nova Zelândia esteja imune hoje. Já se foram para sempre os dias (na memória das pessoas que não são de modo algum idosas) em que todas as pessoas deixavam suas casas destrancadas e as entregas de dinheiro nos bancos do interior eram deixadas da noite para o dia, intocadas, na calçada do lado de fora.

O caso Parker-Hulme está longe de ser o único caso na Nova Zelândia em que a explicação passou inexoravelmente para a neutralidade moral e depois para a justificação total do crime. Essa neutralidade moral, que começa com os intelectuais, logo se difunde para o restante da sociedade e oferece uma absolvição antecipada para aqueles predispostos a agir por impulso. Age como solvente de qualquer freio remanescente. Os criminosos aprendem a ver seus crimes não como resultado de decisões que eles mesmos tomaram, mas como um vetor de forças abstratas e impessoais em que não exercem influência alguma.

O caso mais famoso da Nova Zelândia que agora está sofrendo uma reinterpretação escusatória é o de uma mulher chamada Gay Oakes que atualmente cumpre prisão perpétua pelo assassinato de seu companheiro, Doug Garden, pai de quatro de seus seis filhos. Em um dia de 1994, ela pôs veneno no café, e ele morreu. Enterrou-o no quintal: das cinzas às cinzas, do pó ao pó e de Doug Garden a *dug garden*,[2] por assim dizer.

O caso tornou-se uma causa célebre porque Doug Garden era, pela maioria dos relatos (mas não por todos), um homem muito desagradável que, sem dó, espancou e violentou Gay Oakes durante os dez anos de relacionamento. Oakes escreveu e publicou agora uma autobiografia, à qual apensou um breve ensaio de sua advogada, uma das mais conhecidas da Nova Zelândia, Judith Ablett-Kerr. A advogada, que luta para conseguir a redução da pena da cliente, argumenta que Oakes sofria daquilo que chamou de "síndrome da mulher espancada" e, portanto, não poderia ser considerada plenamente responsável por seus atos, incluindo o envenenamento. As mulheres que sofrem violência por um período tão longo, continua o argumento, não pensam clara ou racionalmente e devem, por isso, ser consideradas segundo um padrão de conduta diferente do restante das pessoas.

Não há dúvidas, é claro, que mulheres que sofreram violência por um longo período estão, muitas vezes, em um estado mental confuso. Ao menos uma dessas mulheres se consulta comigo a cada dia de trabalho de minha vida. A ideia, no entanto, de que uma mulher espancada sofre de uma síndrome que desculpa sua conduta, não importando o que seja, tem uma consequência lógica desastrosa: os homens espancadores também sofrem de uma síndrome e não podem ser responsabilizados por aquilo que fizeram. Isso não é um perigo meramente teórico: tenho pacientes homens que alegam exatamente isso e pedem ajuda para superar essa síndrome de

---

[2] "Jardim cavado": trocadilho intraduzível com o nome da vítima, uma vez que *garden* significa jardim e a pronúncia do nome próprio *Doug* é semelhante a *dug*, forma irregular do passado e particípio passado do verbo *to dig* (cavar). (N. T.)

espancamento. Uma das muitas indicações de que o comportamento deles está sob controle voluntário é que pedem ajuda quando ameaçados em processo judicial ou em separação, e voltam à conduta destrutiva uma vez que o perigo tenha passado.

A "síndrome da mulher espancada" é um conceito intransigente na rejeição da responsabilidade pessoal. A verdade é que a maioria (embora nem todas) das mulheres espancadas contribuíram para essa situação infeliz pela maneira como escolheram viver. A autobiografia de Gay Oakes de maneira clara, senão inconsciente, ilustra a cumplicidade com relação ao próprio destino, embora ela registre ingenuamente as crises sórdidas e, em grande parte, autoprovocadas de sua vida como se não tivessem ligação umas com as outras ou com outras coisas que fez ou deixou de fazer. Mesmo na prisão, com muito tempo à disposição, mostrou ser incapaz de refletir sobre o significado do próprio passado; vive como sempre viveu, em um eterno momento presente incrivelmente miserável, cheio de crises. A história de sua vida é lida como uma novela escrita por Ingmar Bergman. E quanto mais as pessoas escolhem viver como ela viveu – e são financeiramente autorizadas pelo Estado – mais desse tipo de violência que ela experimentou existirá. As lições a serem tiradas desse caso são várias, mas não são aquelas que os progressistas tiraram.

Nascida na Inglaterra, Oakes foi viver na Austrália no começo da adolescência. Embora não fosse destituída de inteligência, escolheu seguir a patota e não levou a escola a sério, casando-se impensadamente aos dezesseis anos. O casamento não durou ("não estava pronta para isso"), e aos vinte anos tinha dois filhos de homens diferentes. Afirmou amar o segundo companheiro mas, apesar disso, trocou-o por um caso ocasional com um outro homem: seu capricho era a lei. Então, ainda na Austrália, encontrou sua futura vítima. Uma das primeiras experiências com ele foi vê-lo destruir um bar num acesso de bebedeira.

Dentro em pouco, segundo o relato dela mesma, ele estava constantemente embriagado, era ciumento e violento. Várias vezes ele a enganou e pegou o dinheiro dela para jogar, contou mentiras ultrajantes e flagrantes, e era preguiçoso mesmo como "ladrão de galinhas". Quebrou as promessas de se reformar incontáveis vezes. Não obstante, não ocorreu a ela questionar (nem lhe ocorreu julgá-lo a partir de suas memórias) se tal homem era um pai apropriado para seus filhos.

Em quatro anos de relacionamento, período em que já tinha duas das quatro crianças, ele a abandonou por sua Nova Zelândia natal. Algum tempo depois, escreveu para ela dizendo que tinha abandonado o álcool e reconhecendo que a tinha tratado muito mal. Será que ela iria juntar-se a ele na Nova Zelândia?

Embora ela recebesse inúmeras promessas como essa, e ele tivesse provado várias vezes ser indigno de confiança, preguiçoso, instável, desonesto e cruel – se devemos crer no próprio relato dela a esse respeito – apesar disso, ela acolheu a proposta. "Durante todo esse tempo, Doug culpou-me por seu comportamento e, ao admitir que era responsável pelas próprias ações, iludiu-me", escreveu. "Ainda o amava e realmente acreditei que finalmente tinha percebido que o modo como me tratava era errado, lutei comigo mesma se iria ou não para a Nova Zelândia... No final, tive de admitir para mim mesma que sentia saudades de Doug e queria estar com ele."

Tendo envenenado seu amado seis anos e dois filhos depois, ela descobriu que ele era muito pesado para enterrar sem ajuda de uma amiga. Na metade do caminho para o funeral (que ela não revelou para ninguém até a polícia achar o corpo quatorze meses depois), temia que ela e a amiga fossem pegas em flagrante e ficou cheia de dúvidas. "Estava terrivelmente arrependida de ter envolvido a Jo [sua amiga]", recordou. "Pensei que devíamos apenas empurrá-lo de um penhasco qualquer."

Essa é a mulher que nós (e os tribunais neozelandeses) fomos seriamente levados a acreditar ser uma vítima indefesa, uma mulher que, embora não seja mentalmente deficiente, parece nunca na vida ter pensado adiante mais que dez minutos, mesmo em assuntos como trazer ao mundo uma criança. Nisso, é claro, ela é uma verdadeira filha da cultura moderna, com o culto à espontaneidade e autenticidade, e a insistência de que o repúdio à gratificação instantânea é desnecessário, e até mesmo um mal a ser evitado. Nesse sentido – e somente nesse sentido – ela é uma vítima.

Enquanto intelectuais progressistas na Nova Zelândia explicam crimes como esse de maneira frívola, todo o sistema criminal da Nova Zelândia está sendo atacado em uma espécie de movimento de pinça. Há dois tipos de erro judicial – um que os progressistas usam para fins incendiários e destrutivos, e outro que lança dúvidas quanto à sanidade dos tribunais – destrói a confiança de que distinção entre culpa e inocência ainda é uma tarefa digna de ser levada a cabo. Se culpa e inocência são tão facilmente confundidas, tão difíceis de distinguir tanto em teoria como na prática, qual o benefício da autocontenção?

O erro judicial que os progressistas ostentam como bandeira é o caso de David Bain, um jovem que definha na prisão, acusado de ter assassinado toda a família em uma manhã de 1994. Um homem de negócios de Auckland, Joe Karam, desde então, dedica sua vida e recursos para expor o trabalho desleixado da polícia, as fragilidades no caso da promotoria, a incompetência da defesa e a imobilidade do sistema recursal que resultou na prisão perpétua do jovem. Karam muito razoavelmente convenceu muitos neozelandeses de que está certo, e que sua história alternativa para a morte da família Bain – ou seja, de que o pai atirou na família e depois em si mesmo – é muito mais crível que a versão oficial da polícia.

O próprio Karam chegou à conclusão, no livro que escreveu sobre isso, de que o veredicto prova a inadequação essencial do sistema de justiça criminal. Isso é uma reação compreensível, embora equivocada, de um homem que mergulhou por anos em um único caso de injustiça. Sua conclusão de boa-fé, todavia, é ecoada e amplificada, de má-fé, pelos progressistas.

Sustentam, com base no caso Bain (e em um ou dois outros), que a Nova Zelândia encarcera erroneamente milhares de pessoas, e que por isso deve mudar completamente o sistema de justiça criminal. O que eles sabem muito bem e artisticamente suprimem, no entanto, é que qualquer sistema que lide com um grande número de casos irá, ocasionalmente, cometer erros, e até erros graves, já que as instituições humanas são imperfeitas. O novo sistema que substituiria o antigo, do mesmo modo, cometeria erros, não necessariamente menos erros. O que os progressistas contestam em seus corações não é o sistema de justiça criminal, mas qualquer sistema de justiça criminal. Para a visão progressista, todos somos igualmente culpados e, portanto, igualmente inocentes. Qualquer tentativa de distinção é *ipso facto* injusta. Parker e Hulme eram, afinal, apenas colegiais inocentes que fizeram o que quaisquer garotas inocentes teriam feito naquelas circunstâncias.

Outro caso de injustiça ainda mais destrutivo nos efeitos do que o caso Bain é o caso de Peter Ellis, um rapaz acusado e condenado, em 1996, por um horroroso abuso sexual de crianças em uma creche municipal em Christchurch. O caso tem muitas, e estranhas, semelhanças com o célebre caso acontecido na cidade de Wenatchee, em Washington.

Foi alegado e supostamente provado no tribunal que Ellis amarrara as crianças com cordas, as sodomizara, e as obrigara a beber urina e a fazer sexo oral nele. Isso prosseguiu por um período prolongado sem nenhuma prova física de suas atividades jamais ter vindo à tona. Nenhum pai suspeitou de nada errado até que foi feita a primeira acusação; daí em diante seguiram-se acusações de maneira epidêmica.

Agora surge a ideia de que muitas das provas tinham defeitos. A mulher que fez a primeira acusação era uma fanática que possuía e já tinha lido muita literatura sobre abusos satanistas. O detetive responsável pela investigação (que desde então se desligou da polícia) tinha um caso com ela e com outras das mães acusadoras. O primeiro jurado do júri era parente de um dos acusadores. Muitas das crianças, desde então, têm retirado seus depoimentos, que assistentes sociais obtiveram com longos interrogatórios. Agora, o *lobby* homossexual alegou que Ellis foi acusado, em primeiro lugar, porque era homossexual, e porque não é comum para um homem trabalhar em uma creche. A controvérsia sobre o caso ameaça degenerar em uma discussão de quem é o mais politicamente correto.

Um tribunal da Nova Zelândia deu crédito a acusações que até a Inquisição espanhola teria considerado absurdas, um sinal bastante curioso de até onde os tribunais podem chegar influenciados pelos *bien-pensants*, e quanto temem sua censura e almejam aprovação. O abuso sexual é o crime que escapa da compreensão tolerante e do perdão de tais progressistas, por ser um crime cuja suposta infiltração em todas as idades expõe como hipócritas todas as pretensões de decência e moralidade de uma sociedade burguesa e deixa igualmente claro que qualquer um de nós, nas mãos de um terapeuta suficientemente inteligente, poderá descobrir a própria vitimização secreta, que nos absolverá de qualquer responsabilidade pela vida e por nossas ações. O abuso sexual é, assim, um aríete intelectual com o qual desacreditam o edifício tradicional da autocontenção e que retira a responsabilidade pessoal dos indivíduos, e nenhum juiz, aos olhos do pensamento correto, pode fazer mal a si mesmo ao tomar a direção da linha mais dura e punitiva, caso algo tenha realmente ocorrido em determinada instância ou não.

Logo, no que diz respeito ao crime, a Nova Zelândia apresenta um padrão curiosamente familiar para um visitante da Grã-Bretanha (e, sem dúvida, para um visitante norte-americano também): uma taxa de crimes incrivelmente elevada, uma complacência progressista em explicar os piores crimes exceto os relativos a abuso sexual, e um declínio da confiança pública, assiduamente cultivado, na capacidade do sistema judicial de discernir o inocente do culpado. A Nova Zelândia, distante, porém não mais isolada, está agora plenamente incorporada na principal corrente da cultura moderna.

É claro, os progressistas neozelandeses ainda batem nos velhos tambores também, culpando a pobreza e a desigualdade pelo crime. À primeira vista, a porção desproporcional de crimes na Nova Zelândia cometidos por maoris e migrantes das ilhas do Pacífico parece vir ao socorro deles. Os maoris e ilhéus são relativamente pobres (embora não absolutamente) e sofrem discriminação (embora não nas mãos do governo). Correspondendo a somente 1/8 da população, cometem metade dos crimes. *Ergo*, pobreza e discriminação causam o crime.

Mas isso não convence. Se os maoris e ilhéus tivessem os mesmos índices criminais dos brancos, o total de crimes da Nova Zelândia ainda seria apenas 1/3 mais baixo do que é hoje. Esse total ainda representaria um aumento dramático na taxa nas últimas décadas. Certamente, a retirada dos crimes dos maoris e ilhéus da equação representaria um atraso de apenas uns poucos anos na tendência ascendente.

Ademais, havia, proporcionalmente, quase tantos maoris nos anos em que a taxa de crimes estava muito baixa e eles eram mais pobres e sofriam discriminação mais abertamente. Dessa maneira, pobreza e discriminação não podem contar para a ascensão da taxa de crimes na Nova Zelândia.

Esse aumento não dá base a nenhuma teoria progressista do crime, nenhum sustentáculo para o tipo de pessoa que prova a força da compaixão deles ao conceber os que cumprem menos a lei como autômatos, meros executores do que é ditado pelas circunstâncias. É verdade, é claro, que a decisão dos criminosos de cometer crimes deve ter antecedentes; mas estes não devem ser buscados na pobreza, no desemprego ou na desigualdade da Nova Zelândia. Melhor, devem ser encontrados nos cálculos prudenciais que tais criminosos fazem (a probabilidade de serem pegos, aprisionados e daí por diante) e também nas características da cultura, particularmente da cultura popular, de onde constroem suas ideias sobre o mundo. E essa é uma cultura que não só despreza os feitos das eras passadas, inflamando o egotismo ignorante ao ensinar que não precisamos de nenhuma ligação com elas, mas é profundamente antinomiana – da qual não poderia existir melhor ilustração que o nome de uma banda de rock, com centenas de pôsteres de show que estavam colados em todos os lugares em Wellington e Christchurch durante minha visita: *Ben Harper and the Innocent Criminals* [Ben Harper e os Criminosos Inocentes].

1998

Como os Criminologistas Fomentam o Crime

Semana passada na prisão perguntei a um rapaz por que ele estava ali.
— Somente pelos arrombamentos normais — respondeu.
— Normais para quem? — perguntei
— Sabe, somente pelos normais.

Ele queria dizer, creio, que arrombamentos eram como céus nublados em um inverno inglês: inevitáveis e esperados. Em um sentido atuarial, ele está certo: a Grã-Bretanha é hoje a capital do mundo de assaltos por arrombamento, como quase todos os donos de casa poderão atestar. Há também um sentido profundo das palavras, pois a normalidade estatística rapidamente vem à cabeça como normalidade moral. As esposas dos assaltantes muitas vezes falam comigo do "trabalho" dos maridos como se invadir a casa dos outros fosse apenas um turno da noite em uma fábrica. Não só o arrombamento é "normal" na avaliação dos perpetradores. "Só um assalto normal" é outra resposta frequente dada pelos prisioneiros à minha pergunta, a palavrinha "só" enfatiza a inconsciência do crime.

Mas como o crime veio a parecer normal para os perpetradores? Seria um mero reconhecimento do fato brutal de uma taxa de crimes imensamente alta? Ou poderia ser, ao contrário, uma das próprias causas do aumento, visto que representa um enfraquecimento da inibição da criminalidade?

Como sempre, devemos olhar primeiro para a academia ao traçar as origens de uma mudança no *Zeitgeist*. O que começa como uma hipótese acadêmica de promoção de carreira termina como uma ideia tão amplamente aceita que se torna não somente uma ortodoxia indiscutível, mas um clichê mesmo entre os incultos. Os acadêmicos utilizaram dois argumentos intimamente ligados para estabelecer a estatística da normalidade moral do crime e a consequente ilegitimidade das penas do sistema judiciário criminal. Primeiro, alegam que, em todo caso, somos todos criminosos; e quando todos são culpados, todos são inocentes. O segundo argumento, marxista na inspiração, é que a lei não tem conteúdo moral, sendo simplesmente a expressão do poder de certos grupos de interesse – do rico contra o pobre, por exemplo, ou do capitalista contra o trabalhador. Uma vez que a lei é uma expressão de força bruta, não há distinção moral essencial entre o comportamento criminoso e o não criminoso. É apenas uma questão de qual pé calça a bota.

Criminologistas são a imagem espelhada de Hamlet, que exclamou que, se cada um recebesse conforme os méritos, ninguém escaparia da chibata. Ao contrário, dizem os criminologistas, mais liberais que o príncipe (sem dúvida por causa de suas origens sociais mais humildes): ninguém deve ser punido. Essas ideias ressoam na mente do criminoso. Se sua conduta ilegal é tão normal, pensa, por que todo esse alarido a respeito do seu caso, ou por que ele tem de ficar onde está – na prisão? É notoriamente injusto para ele ser encarcerado por aquilo que todos em liberdade fazem. Ele é a vítima de uma discriminação ilegítima e injusta, um pouco como um africano sob o regime de *apartheid*, e a única coisa razoável é que, ao ser solto, deva vingar-se dessa sociedade demasiado injusta continuando ou expandindo sua atividade criminal.

É impossível determinar precisamente quando o *Zeitgeist* mudou e o criminoso se tornou vítima nas cabeças dos intelectuais: não só a história, mas a história de uma ideia, é uma túnica inconsútil. Deixem-me, no entanto, citar um exemplo, agora com mais de um terço de século. Em 1966 (na época em que Norman Mailer, nos Estados Unidos, e Jean-Paul Sartre, na Europa, retrataram os criminosos como heróis existenciais revoltados contra um mundo sem coração e inautêntico), o psiquiatra Karl

Menninger publicou um livro com o título revelador de *The Crime of Punishment* [O Crime de Punição]. Baseava-se nas *Isaac Ray Lectures* que proferira três anos antes — Isaac Ray foi o primeiro psiquiatra norte-americano que se preocupou com problemas relativos ao crime. Menninger escreveu:

> O crime é a tentação de todos. É fácil olhar com orgulho desdenhoso para aquelas pessoas que foram pegas — as estúpidas, as desafortunadas, as ruidosas, mas quem não fica nervoso quando o carro de polícia segue a pessoa de perto? Torcemos as declarações do Imposto de Renda e fazemos uns ajustes. Dizemos ao funcionário da alfândega que não temos nada a declarar — bem, praticamente nada. Alguns de nós, que nunca fomos presos por crime, apanhamos mais de dois bilhões de dólares de mercadoria ano passado nas lojas de que somos fregueses. Mais de um bilhão de dólares foram desviados por funcionários no ano passado.

A moral da história é que aqueles que chegam ao tribunal e vão para a prisão são, na melhor das hipóteses, vítimas do acaso, e na pior, vítimas do preconceito: preconceito para com os mais humildes, os sujos, não instruídos, os pobres — aqueles que os críticos literários chamam, solenemente, de o Outro. Isso é exatamente o que dizem muitos de meus pacientes na prisão. Mesmo quando foram presos em flagrante, com o produto subtraído ou sangue nas mãos, acreditam que a polícia os está perseguindo injustamente. Tal postura, é claro, faz com que não reflitam a respeito da própria contribuição para a classe: acaso e preconceito não são forças sobre as quais o indivíduo tenha muito controle pessoal. Quando pergunto aos prisioneiros se voltarão após serem libertados, poucos dizem que não com uma veemência totalmente crível; estes são aqueles que fazem a correlação mental entre sua conduta e o destino. A maioria diz que não sabe, que não podem prever o futuro, que depende dos tribunais, dizem que tudo depende dos outros, e nunca deles mesmos.

Não demorou muito para que o intento de Menninger permeasse o pensamento oficial. Um documento do governo britânico de 1968 sobre delinquência juvenil, *Children in Trouble* [Crianças em Apuros], declarou: "Provavelmente são minoria as crianças que crescem sem jamais terem se comportado de maneira contrária à lei. Com frequência, tal comportamento não é senão um incidente no padrão do desenvolvimento normal da criança".

Em certo sentido é perfeitamente verdadeiro, pois na ausência de orientação adequada e de controle, a configuração padrão dos seres humanos, certamente, é o crime e a conduta antissocial, e todos quebram as regras em um determinado momento. Em um período de crescente permissividade, no entanto, muitos chegam exatamente à conclusão errada a respeito do potencial universal da natureza para a delinquência: de fato, o único motivo pelo qual os comentadores citam esse potencial é para tirar uma conclusão progressista predeterminada – de que os atos de delinquência, sendo normais, não devem dar ensejo às sanções.

Nesse espírito, *Children in Trouble* trata a delinquência das crianças normais como se sua transitoriedade fosse o resultado de um processo puramente biológico ou natural em vez de um processo social. A delinquência é como dentes de leite: predeterminados para ir e vir em certo estágio do desenvolvimento da criança.

Não faz muito tempo, essa postura teria parecido a qualquer pessoa quase como absurda. Todos sabiam, como por instinto, que o comportamento humano é um produto da consciência, e a consciência da criança deve ser moldada. Posso ilustrar melhor o que quero dizer com a minha própria experiência. Aos oito anos, roubei uma barra de chocolate de um *penny* da loja da esquina. Senti uma emoção ao fazê-lo, e saboreei ainda mais o chocolate pelo fato de ele não ter representado uma invasão no meu dinheiro semanal (seis *pence*). Insensatamente, no entanto, confidenciei a façanha para o meu irmão mais velho, numa tentativa de ganhar o seu respeito pela bravura, algo que estava muito em questão na época. Ainda mais imprudentemente, esqueci que ele sabia dessa história incriminadora quando, furioso com ele por conta das implicâncias de sempre, disse para minha mãe que ele proferira uma palavra que nunca era ouvida, naquela época, nos lares respeitáveis. Em retaliação, ele disse à mamãe que eu roubara o chocolate.

Minha mãe não partilhava do ponto de vista de que isso era um episódio momentâneo de delinquência que passaria no devido tempo. Sabia instintivamente (pois naquela época ninguém havia confundido a cabeça das pessoas ao sugerir o contrário) que o necessário para a delinquência triunfar era, para ela, não fazer nada. Ela não pensou que meu furto fora um ato natural de autoexpressão, ou revolta contra a desigualdade entre o poder e a riqueza das crianças e o dos adultos, ou, na verdade, algo diferente do meu desejo de ter o chocolate sem pagar por ele. Ela estava certa, é claro. O que fiz foi moralmente errado, e para que gravasse esse fato, ela marchou comigo até a Sra. Marks, dona da loja, onde confessei meu pecado e paguei em dobro, como forma de restituição. Esse foi o fim da minha carreira de furtos em lojas.

Desde então, é claro, o entendimento do que é furto e de outras atividades criminosas ficou mais complexo, ainda que não necessariamente mais preciso ou realista. Esse foi o efeito, e bem possivelmente a intenção, dos criminologistas para lançar uma nova obscuridade na questão do crime: a opacidade dos escritos, às vezes, leva-nos a pensar se eles realmente já encontraram um criminoso ou a vítima de um crime. Certamente é do interesse profissional deles que as fontes dos crimes permaneçam mistérios insondáveis, pois de que outra maneira iriam convencer os governos de que aquilo que um país dominado pelo crime (como a Grã-Bretanha) precisa é mais pesquisa feita por um número ainda maior de criminologistas?

Provavelmente não é por coincidência que a profissão de criminologista teve uma enorme expansão, aproximadamente na mesma época em que a atividade criminal iniciou a fase mais aguda de seu aumento exponencial. Os criminologistas na Grã-Bretanha eram, outrora, poucas dúzias, e a criminologia, considerada imprópria para universitários, era ensinada somente em dois institutos. Atualmente, é difícil existir cidade ou aldeia do país que não possua um departamento acadêmico de criminologia. Metade dos oitocentos criminologistas que hoje trabalham na Grã-Bretanha foi formada (a maioria em Sociologia) no final dos anos 1960 e início dos anos 1970, durante o apogeu do ativismo radical; e estes formaram a outra metade.

É claro que o problema pode ter suscitado os próprios estudantes; mas uma vez que os problemas sociais são, muitas vezes, de natureza dialética, não poderia ser o caso de os alunos terem feito vir à tona o problema deles? (O economista britânico John Vaizey certa vez escreveu que qualquer problema que tenha se tornado objeto de uma "logia" estava destinado a se tornar sério.) Uma vez que a causa do crime é a decisão dos criminosos de cometê-lo, o que se passa em suas cabeças não é irrelevante. As ideias são filtradas seletivamente da academia até a população em geral, por discussões (e muitas vezes por expurgos) nos jornais e na TV, e tornam-se a moeda corrente intelectual. Dessa maneira, as ideias dos criminologistas podem tornar-se, realmente, uma causa do crime. Além disso, essas ideias afetam deleteriamente o modo de pensar da polícia. Em nosso hospital, por exemplo, a polícia colocou notas em todos os lugares advertindo aos funcionários, pacientes e visitantes acerca do roubo de veículos. *Motorista!* diz o cartaz. *Seu carro está em perigo!* Esta é uma expressão bem criminológica, ao sugerir uma força misteriosa – como, digamos, a gravidade – contra a qual a mera vontade humana, tal como exercida por assaltantes e policiais, não dispõe de força alguma.

No processo de transmissão da academia para a população, as ideias podem mudar de maneiras sutis. Quando o célebre criminologista Jock Young escreveu que "a normalização do uso de drogas é acompanhada pela normalização do crime", e por causa dessa normalização, o comportamento criminoso nos indivíduos não exige mais uma explicação especial, certamente não queria dizer que não se importava que os próprios filhos começassem a injetar heroína ou assaltar velhinhas nas ruas. Nem poderia ficar indiferente à entrada de ladrões na própria casa, atribuindo isso simplesmente à índole dos tempos e tomando-o como um acontecimento moralmente neutro. Isto, todavia, é exatamente como "só" os ladrões de lojas, "só" os arrombadores, "só" os assaltantes, "só" os homicidas aproveitam a sugestão dele e de outros como ele, e passam a ver (ou, ao menos, a dizer que veem) as próprias ações: simplesmente evoluíram com o tempo e, portanto, não fizeram nada errado. E não é surpresa alguma que os crimes que agora atraem qualificação depreciatória "só" aumentam em seriedade nesses últimos dez anos em que frequento a prisão como médico, de modo que até já ouvi um prisioneiro descartar "só uma estúpida acusaçãozinha de homicídio". O mesmo é verdade para as drogas que os prisioneiros usam: onde respondiam que "só" fumavam maconha, agora dizem que "só" usam *crack*, como se, por assim se restringirem, fossem protótipos de abnegação e autodisciplina.

A tendência de os intelectuais progressistas tais como Jock Young não pretenderem dizer exatamente o que dizem, e se expressarem mais para exibir a magnanimidade de suas intenções do que para propagar a verdade, é uma característica geral. Não faz muito tempo estive envolvido em um debate de rádio com um crítico de cinema importante a respeito dos efeitos sociais (ou antissociais) da exposição constante das crianças a representações de violência. Ele negou vigorosamente que quaisquer efeitos maléficos ocorriam ou eram passíveis de acontecer, mas admitiu *en passant* que não permitiria uma dieta de violência para os próprios filhos. Talvez não tenha percebido que sob essa postura contraditória havia um desprezo indizível por metade da humanidade. Na realidade, estava a dizer que as proles estavam tão distantes da redenção, eram tão imorais por natureza, que nada poderia torná-las melhores ou piores. Elas não faziam escolhas; não respondiam às influências morais ou imorais; eram violentas e criminosas em essência. Os filhos dele, pelo contrário, responderiam apropriadamente à sua orientação cuidadosa.

Não é preciso dizer que os criminologistas não são monolíticos nas explicações de criminalidade: uma disciplina acadêmica precisa de debates teóricos como as forças armadas necessitam de inimigos potenciais. No entanto, acima da cacofonia de explicações oferecidas, uma ideia se faz ouvir em alto e bom tom, ao menos para os criminosos: explicar tudo é tudo desculpar. Os escritos criminológicos, em geral, concebem os criminosos como objetos, como bolas de bilhar que respondem mecanicamente a outras bolas que incidem sobre elas. Mas, mesmo quando são vistos como sujeitos, cujas ações são resultado das próprias ideias, os criminosos continuam a ser inocentes, pois suas ideias, afirmam os criminologistas, são razoáveis e naturais dadas as circunstâncias em que se encontram. Há algo mais natural que um homem pobre desejar bens materiais, especialmente em uma sociedade materialista como a nossa?

Recentemente, teorias biológicas do crime voltaram à moda. Tais teorias remontam ao passado: criminologistas italianos e franceses do século XIX e psiquiatras forenses elaboraram a teoria da degeneração hereditária para dar conta da incapacidade do criminoso de conformar-se à lei. Até bem pouco tempo, no entanto, teorias biológicas do crime – normalmente temperadas com uma boa dose de genética de araque – eram o campo da direita antiprogressista, que levou à esterilização forçada e a outras medidas eugenistas.

As últimas teorias biológicas do crime, contudo, enfatizam que os criminosos não podem deixar de agir como agem: está nos genes, na sua neuroquímica ou nos lobos temporais. Tais fatores não oferecem resposta a por que o simples aumento da taxa de crimes na Grã-Bretanha entre 1990 e 1991 foi maior que o total de todas as taxas de crime em 1950 (para não falar nos aumentos acelerados desde 1991), mas essa falha não detém minimamente os pesquisadores. Livros acadêmicos com títulos tais como *Genetics of Criminal and Antisocial Behavior* [Genética do Comportamento Criminoso e Antissocial] proliferam e não evocam a indignação entre os intelectuais que saudaram o lançamento de *Crime and Personality* [Crime e Personalidade], em 1964, de H. J. Eysenck, um livro que sugeria que a criminalidade era um fator hereditário. Por muitos anos, os progressistas viram Eysenck, professor de psicologia na Universidade de Londres, como praticamente um fascista por sugerir a hereditariedade de quase todas as características humanas; todavia, desde então perceberam que as explicações genéticas do crime podem ser matéria-prima igualmente fácil para suas usinas de teorias escusatórias e exculpatórias, assim como podem ser úteis para as dos conservadores.

Há pouco tempo uma série de televisão na Grã-Bretanha concentrou-se na ideia de que o crime é resultado de uma disfunção cerebral. O livro que acompanhou a série afirma que os dois autores:

> acreditam que – por admitir as descobertas dos médicos sem censuras penais – muitos criminosos agem como fazem pelo modo como seus cérebros se formaram. As duas últimas décadas expandiram imensamente os horizontes do conhecimento, e acreditamos que é tempo de nos beneficiarmos desse saber – o resultado da obra de endocrinologistas, biofisiologistas, neurofisiologistas, bioestatísticos, geneticistas e muitos outros.

Mas, apesar de alegada falta de censuras penais, a mensagem final é bastante familiar:

O que procede de praticamente centenas de artigos e estudos criminais dos vários tipos de criminosos é prova ampla e convincente de mentes desordenadas resultantes de cérebros disfuncionais [...]. No entanto, não identificamos; simplesmente condenamos. O encarceramento é uma reação cara e sem proveito.

Ambas as partes dessa mensagem são bem acolhidas por meus pacientes na prisão: de que são doentes e necessitam de tratamento, e de que o encarceramento não só não é sem sentido, mas cruel e moralmente injustificado — menos justificado, na verdade, que seus crimes. Afinal, os juízes que os condenam à prisão não podem absolvê-los por seus cérebros disfuncionais.

Não é de admirar que a cada semana um prisioneiro me diga: "a prisão não é boa para mim, doutor; a prisão não é o que preciso". Pergunto-lhes de que necessitam.

Ajuda, tratamento, terapia.

A ideia de que a prisão é principalmente uma instituição terapêutica é hoje, praticamente, inerradicável. A ênfase nas taxas de reincidência como medida de sucesso ou fracasso na cobertura que a imprensa faz da prisão ("pesquisas feitas por criminologistas demonstram que...", etc.) reforça esse ponto de vista, como o faz a teoria fomentada pelos criminologistas de que o crime é uma desordem mental. *The Psychopathology of Crime* [A Psicopatologia do Crime] de Adrian Raine, da University of Southern California, afirma que a reincidência é uma desordem mental como qualquer outra, muitas vezes acompanhada de disfunção cerebral. *Addicted to Crime?* [Viciados no Crime?], um livro editado por psicólogos de uma das poucas instituições da Inglaterra para os criminosos insanos, traz o trabalho de oito acadêmicos. A resposta à pergunta do título é, certamente, sim; sendo o vício — falsamente — concebido como uma compulsão à qual é inútil esperar que qualquer um resista. (Se houver uma segunda edição do livro, sem dúvida o ponto de interrogação desaparecerá como sumiu o da segunda edição do livro de Beatrice e Sidney Webb sobre a União Soviética, *The Soviet Union: A New Civilisation?* [A União Soviética: Uma Nova Civilização?] que trazia tudo a respeito da Rússia, menos a verdade.)

Não é surpreendente que assaltantes reincidentes e ladrões de carros agora solicitem terapia para o vício, certos por saber que nenhuma terapia pode ou estará acessível, justificando, portanto, a continuação do hábito? "Pedi ajuda", sempre reclamam comigo, "mas não obtive nada". Um jovem de 21 anos, que cumpria uma sentença de seis meses (em três meses sairia por bom comportamento) por ter roubado sessenta carros, contou-me que na verdade roubara mais de quinhentos carros e ganhara cerca de 160 mil dólares por isso. Certamente é uma mistificação desnecessária construir uma elaborada explicação neuropsicológica para sua conduta.

Arrombadores que me dizem ser viciados nesse ofício, querendo, por meio disso, insinuar que a culpa será minha por não tê-los tratado com sucesso caso continuem a arrombar prédios após serem soltos, sempre reagem da mesma maneira quando lhes pergunto quantos arrombamentos pelos quais nunca foram presos fizeram: dão um sorriso feliz, mas não totalmente tranquilizador (do ponto de vista de um proprietário), como se estivessem recordando os momentos mais felizes da vida – que em breve retornarão.

Os criminosos solicitam terapia para o comportamento antissocial – curiosamente, contudo, somente depois que tal comportamento os conduz à prisão, não antes. Por exemplo, semana passada um rapaz que finalmente foi preso por repetidos ataques à namorada e à mãe, dentre outros, disse-me que a prisão não lhe faria nenhum bem, que aquilo que precisava era de uma terapia para o gerenciamento de raiva. Observei que seu comportamento na prisão fora exemplar: sempre era educado e fazia o que era solicitado.

– Não quero ser levado para o final do bloco [para o andar da punição], não é? – respondeu revelando sua estratégia.

Tinha sido violento com a namorada e com a mãe porque, até então, havia vantagens, mas não desvantagens, para sua violência. Agora que a equação era diferente, não tinha problema "gerenciar" a raiva.

A grande maioria das teorias que os criminologistas propõem levam à justificação dos criminosos, e estes, avidamente, começam a estudar essas teorias no desejo de apresentarem-se como vítimas, e não como vitimizadores. Por exemplo, não faz muito tempo, a "teoria do etiquetamento" arrebatou os criminologistas. Segundo ela, a quantidade do crime, o tipo da pessoa, a ofensa selecionada para ser criminalizada, as categorias utilizadas para descrever e explicar os que se desviavam dos padrões são construções sociais. O crime, ou o desvio, não é uma "coisa" objetiva. Até agora, não tentei essa teoria com meus pacientes que não são criminosos cujas casas foram arrombadas três vezes em um ano – ou que foram atacados nas ruas mais de uma vez, como é comum entre esses pacientes – mas acho que posso imaginar a resposta. Para os criminosos, é claro, uma teoria que sugira que o crime é uma categoria social totalmente arbitrária sem conteúdo moral justificado é altamente gratificante – exceto quando eles mesmos foram vítimas de um crime, quando reagem como todas as demais pessoas.

Uma vez que os criminologistas e sociólogos já não podem, razoavelmente, atribuir o crime à pobreza bruta, agora buscam uma "privação relativa" para explicar sua ascensão em tempos de prosperidade. Sob tal óptica, veem o crime como um protesto quase político contra uma distribuição injusta dos bens do mundo. Vários comentaristas criminológicos lamentaram o fato aparentemente contraditório de que é o pobre quem mais sofre, perdendo até a propriedade, com os criminosos, sugerindo que seria mais aceitável se os criminosos roubassem os ricos.

Ao discutir a política de tolerância zero, o criminologista Jock Young afirma que poderia ser utilizada seletivamente para fins "progressivos": "uma pessoa", diz, "pode ter tolerância zero à violência contra a mulher e ser tolerante com relação às atividades dos despossuídos". Poderíamos supor, a partir disso, que entre as atividades toleráveis dos despossuídos nunca houve nenhuma violência contra as mulheres.

Ademais, o próprio termo "despossuído" traz consigo conotações emocionais e ideológicas. Os pobres não fracassaram ao obter, ao invés, foram roubados naquilo que era deles por direito. O crime é, assim, a expropriação dos expropriadores – e, afinal, não é tanto um crime, no sentido moral. Essa é uma postura que encontramos muitas vezes entre os arrombadores e ladrões de carros. Acreditam que quem quer que possua algo pode, *ipso facto*, suportar a perda, ao passo que alguém que não possua determinada coisa está, *ipso facto*, justificado ao tomá-la. O crime é apenas uma forma de tributação redistributiva vinda de baixo.

Ou – quando cometido por mulheres – o crime pode ser visto "talvez, como uma maneira de proclamar que as mulheres são tão independentes quanto os homens", para citar Elizabeth Stanko, uma criminologista feminista norte-americana que leciona em uma universidade britânica. Eis que nos movemos no terreno nebuloso de Frantz Fanon, o psiquiatra das Índias Ocidentais que crê que um assassinatozinho faz maravilhas para a psiquê dos oprimidos, e que veio a ser um ícone exatamente na época da grande expansão da criminologia como disciplina universitária.

A "justiça", nos escritos de muitos criminologistas, não se refere aos meios pelos quais um indivíduo é recompensado ou punido por sua conduta na vida. Refere-se à justiça social. A maior parte dos criminologistas não consegue distinguir entre iniquidade e injustiça, e conclui que qualquer sociedade em que a iniquidade continuar a existir (como deve continuar) é, portanto, injusta. A questão da justiça social sempre se reduz à da igualdade, como diz, perfeitamente, Jock Young: "Tolerância zero para com o crime deve significar tolerância zero para com a desigualdade, se isso quiser dizer alguma coisa". Já que uma das restrições ao crime (como o crime é comumente entendido pelas pessoas que passaram por isso ou provavelmente passarão) é a percepção de legitimidade do sistema jurídico sob o qual o criminoso em potencial vive, aqueles que propagam a ideia de que vivemos em uma sociedade fundamentalmente injusta também propagam o crime. Os pobres colhem o que os intelectuais semeiam.

Ninguém ganha crédito na fraternidade criminológica por sugerir que a polícia e a punição são necessárias em uma sociedade civilizada. Fazê-lo seria parecer pouco progressista e descrente na bondade primordial do homem. É muito melhor para a reputação da pessoa, por exemplo, referir-se ao grande número de prisioneiros dos Estados Unidos como "o *gulag* norte-americano", como se não existissem diferenças relevantes entre a ex-União Soviética e os Estados Unidos.

De fato, os criminosos sabem tudo sobre o poder da punição: tanto o efeito impeditivo quanto o reabilitador. A prisão é uma sociedade claramente dividida em duas partes, entre guardas e prisioneiros. Os prisioneiros mantêm uma divisão rígida entre si por um código de penas extremamente severo. Caso um prisioneiro tente romper essa divisão, os outros infligirão, imediatamente, uma punição pública e rigorosa. Por conseguinte, a divisão se mantém, muito embora um grande número dos prisioneiros prefira ficar do lado dos guardas do que de seus pares.

A criminologia não é monolítica, e há mais dissidentes hoje que jamais houve, como reconhece Jock Young.

> Esse recente espécime [de criminologistas que acreditam na detenção e na punição] contrasta com uma geração de opinião e estudos progressistas cujo propósito era minimizar a intervenção policial e diminuir o número de policiais. Poderíamos até dizer que essa é a agenda oculta da criminologia acadêmica desde o século XIX.

Do ponto de vista do criminoso, a criminologia é motivo de orgulho.

1999

Policiais no País das Maravilhas

A longa marcha pelas instituições – por meio da qual os intelectuais radicais buscaram refazer sub-repticiamente a sociedade, sem recorrer às barricadas – foi tão completa e bem-sucedida na Grã-Bretanha que, às vezes, parece que aconteceu uma transvaloração nietzschiana de todos os valores. A polícia é o primeiro caso em questão. Seus líderes estão, hoje, tão desesperados pela aprovação da crítica esquerdista que muitas vezes parecem estar mais voltados para as relações públicas que para a prevenção e detenção do crime – protegem sua reputação em vez de proteger o público. Como resultado, a Grã-Bretanha sofre uma onda de crimes que afeta áreas que até então estavam livres desse problema, tais como o West End de Londres – o assalto nas ruas na capital aumentou em 20% só nos últimos doze meses.

Por medo de críticas dos progressistas, as ações das polícias muitas vezes, agora, são meros reflexos do que deveriam ser – e do que são em Nova York e em outras cidades norte-americanas, nas quais resultam em reduções dramáticas nas taxas de crime. Assim, por mais imbuídos ou afetados pelos valores progressistas que se tornem os policiais, os progressistas nunca os aceitarão como membros plenos da raça humana ou deixarão de criticá-los, pois, no fundo, é a mera existência da polícia o que ofende a consciência progressista, e não qualquer um de seus atos particulares. A necessidade permanente de uma força policial sugere que a configuração padrão da humanidade não é a virtude ou a harmonia social e que uma pressão externa na conformação do comportamento decente é um componente necessário de qualquer sociedade civilizada. A admissão de que as coisas são assim (o que é certamente óbvio para quem não está ainda em busca de sonhos utópicos adolescentes) enfraquece as próprias suposições sobre as quais está baseado o desejo do progressismo moderno de eliminar todas as limitações. Não detestamos tanto uma coisa quanto a refutação viva de nossas mais diletas ideias.

É claro que não devemos exagerar o grau em que a polícia foi solapada: a percepção de cada um depende, em parte, de que extremidade do telescópio escolhemos olhar o problema. Vista da prisão, por exemplo, a polícia ainda deve estar cumprindo muito de sua missão tradicional, pois qual seria a razão de termos tantos malfeitores atrás das grades? Todo dia uma nova safra, de tamanho inalterado, entra pelos portões. De fato, são raros os casos daqueles erroneamente aprisionados — embora a imprensa alardeie os poucos que vieram à tona para destruir a confiança pública "no sistema". Por meio dos velhos artifícios retóricos da *suppressio veri* e da *suggestio falsi*, os predadores da sociedade surgem como suas vítimas, e a compaixão pelo criminoso torna-se, na ortodoxia da elite, o critério de um coração terno. Não pode haver dúvida, contudo, da culpa da grande maioria dos prisioneiros, e a polícia tem sido fundamental para levá-los à justiça.

Vista, todavia, da outra ponta do telescópio, do mundo fora da prisão, as coisas parecem bastante diferentes. Aí não são os aprisionados erroneamente ou libertados erroneamente que dão ensejo a preocupações. Para cada pessoa presa por engano, há, na prática, centenas que declaradamente merecem perder a liberdade. Não só isso também é uma injustiça (nunca entendi a hipótese esquerdista de que se existisse justiça no mundo teríamos de ter menos, e não mais, prisioneiros), como torna a vida um tormento para milhões de pessoas.

Para os que vivem no mundo da impunidade — ou seja, a parcela mais pobre da população — os policiais não são apenas impotentes, mas são positivamente incapazes de fazer o que quer que seja para consertar a situação. Errar é humano; perdoar, divino: e a polícia, hoje, assumiu o papel das divindades, fazendo concessões aos transgressores em vez de prendê-los. A polícia perdoa-lhes, pois não sabem o que fazem.

Por trabalhar em um hospital de uma área onde a polícia tem uma visão puramente abstrata e sociológica do crime – consequência natural da privação e, portanto, não censurável nem redutível à aplicação da lei – muitas vezes vislumbro a relutância policial para lidar com as ofensas criminais, mesmo quando cometidas na presença de várias testemunhas confiáveis. As concessões que fazem aos ofensores (teve má educação, certa vez foi ao psiquiatra e, portanto, deve estar psicologicamente perturbado, está desempregado, é um viciado) reforçam a relutância em se encarregarem da papelada que resulta, hoje, de qualquer prisão – uma papelada imposta, é claro, na tentativa de responder às críticas contínuas dos defensores das liberdades civis. O efeito verificável disso é o aprisionamento dos pobres e dos mais velhos nos lares à noite e, por vezes, antes disso também.

Por exemplo, certo dia, um homem de vinte e tantos anos foi admitido em nossa enfermaria por ter tomado uma *overdose* de uma droga obtida ilicitamente. Também era um inalador frequente de gás butano. Eu o conhecia havia muito tempo e suspeitei que roubara uma peça do equipamento de meu escritório. Tinha uma ficha criminal considerável – arrombamentos e assaltos – e também o conhecia da prisão.

Pedira a um dos médicos sênior uma prescrição para drogas que queria usar simplesmente por prazer. O médico, muito apropriadamente, recusou, e em seguida o paciente ficou irritado e violento. Recusava-se a ficar calmo e, quando imprensou o médico contra a parede, as enfermeiras chamaram a polícia.

Após livrar o médico daquela situação imediata, a polícia deu por acabada a missão. Não havia, segundo eles, motivo para prender um homem que estava tão claramente fora de si como o paciente – um homem que não sabia o que fizera e que, portanto, não poderia responder por seu crime. Que compaixão admirável e que economia de tempo na papelada! Assim, poderiam espalhar sua compaixão por outros lugares!

Quatro semanas depois, esse mesmo jovem invadiu à noite a casa de um padre idoso e, ao ser surpreendido pelo padre, espancou-o brutalmente até a morte. Nessa ocasião, é claro, o rapaz foi preso, com gás butano ou sem gás butano.

Sei de muitas outras instâncias menores em que a polícia se recusa a fazer alguma coisa em manifestas infrações à lei, em casos em que a prova é indubitável e em que a infração é um sinal claro das coisas que estão por vir.

Uma prostituta era paciente em nossa ala, e seu cafetão chegou para visitá-la. Era um homem de aparência e comportamento maléficos: os dentes da frente de ouro brilhavam ameaçadoramente em sua boca; a cabeça raspada trazia mais de uma marca de ataque (ou defesa) de machete. No passado, quebrara o maxilar e as costelas de sua prostituta; tinha uma longa ficha criminal. Exigia da enfermeira que soubesse o diagnóstico, o tratamento e o provável período de internação da paciente. Quando a enfermeira se recusou a dizer baseada no fato de que a informação era confidencial, ele imprensou-a em um canto (na presença de outra enfermeira) e ameaçou segui-la até onde morava e pôr fogo em sua casa, com ela, o marido e os filhos dentro.

A polícia veio e escoltou o cafetão para fora, mas, por outro lado, não tomou nenhuma outra providência, embora o que ele dissera e como se comportara fossem claras transgressões criminais. A enfermeira não voltou ao trabalho e desde então não foi vista em nossa enfermaria.

Para dar mais um exemplo: um rapaz chegou a nossa emergência com uma pequena *overdose*. Como normalmente é o caso em tais incidentes, ele acabara de ter uma briga violenta com a namorada. (O propósito da *overdose* subsequente é triplo: primeiro, induzir a namorada a chamar uma ambulância em vez da polícia; segundo, adverti-la de que não o deixe, pois ele poderá suicidar-se, "e depois você se arrependerá, vadia"; e terceiro, apresentar-se como uma vítima do próprio comportamento – portanto, não responsável – e necessitado de tratamento.) A namorada chegou logo após com as coisas de que necessitaria para ficar no hospital. Imediatamente, ele reatou a briga e começou a espancá-la novamente, dessa vez, diante das enfermeiras. Elas chamaram a polícia, que alegou que, por ser uma agressão tão pequena – a namorada ainda não estava gravemente ferida –, eles nada poderiam fazer, sobretudo porque estavam ocupados noutro local. A polícia, evidentemente, não se preocupou em especular o que esse homem seria capaz de fazer em privado, já que se comportou dessa maneira em um local público, perante várias testemunhas confiáveis. O efeito desse exemplo naqueles que viram o acontecido – particularmente os rapazes – deve ter sido profundo.

Um rapaz foi ao médico de família local e exigiu drogas que causam dependência, para as quais não possuía nenhuma indicação médica. O médico – de modo um tanto incomum nessas circunstâncias – negou-se, e o paciente ficou violento e ameaçador. A recepcionista do médico chamou a polícia, que levou o jovem em custódia. No entanto, em vez de levá-lo para o distrito policial e autuá-lo, levaram-no para a emergência de nosso hospital, onde o deixaram, como se fossem meramente um serviço de entrega.

Mais uma vez, exigiu as drogas, e mais uma vez, diante da recusa, tornou-se violento e ameaçador. As enfermeiras chamaram a equipe de segurança do hospital, mas quando, em vez de deixar o hospital conforme fora solicitado, o rapaz socou um deles, a polícia foi novamente chamada. Dessa vez, levaram-no e o largaram na rua seguinte, ao dobrar a esquina.

Eu mesmo fui vítima de uma tentativa menor de agressão, significativa porque, muito provavelmente, era o prenúncio de um futuro assassinato. Aconteceu na prisão em que trabalho. Um jovem prisioneiro perguntou-me quando receberia sua porção de tabaco, ao que respondi, sinceramente, que não sabia. Ele, então, estendeu a mão para fora do postigo da porta da cela e tentou me agredir e, no processo, arranhou levemente meu rosto e pegou meus óculos, que quebrou em pedaços e jogou pela janela.

Ele fora preso por agredir a polícia, que tinha sido chamada após ele ter agredido a namorada. Desde que chegara à prisão, agredira quase todos com quem mantivera contato. Atacou um guarda da prisão tão violentamente que este não pôde ir ao trabalho nas seis semanas posteriores. O agente penitenciário informou à polícia dessa agressão, mas disseram a ele que agressões de prisioneiros em agentes penitenciários eram de se esperar e, portanto, nada poderiam – ou melhor, nada iriam – fazer. Naturalmente, agressões aos próprios policiais, ainda que menores, são um assunto totalmente diferente.

Minhas tentativas de autuar esse prisioneiro não deram em nada. Realmente não estava machucado, e não sofri danos psicológicos por essa agressão. Meu motivo ao tentar autuar e, posteriormente, prender esse prisioneiro era proteger o público, ainda que por um período insuficiente, de um homem muito perigoso. A polícia disse-me que eles não consideravam ser do interesse público levá-lo à acusação, pois o agressor, claramente, era psicologicamente perturbado. Em vão, tentei argumentar que por isso era muito mais imperativo que fosse aceita a queixa. Como poderia ser do interesse público que tal homem estivesse andando pelas ruas? E quem sofreria? O pobre, é claro, entre os quais caminhava.

Esse jovem, agora, está em liberdade, mas não é de todo improvável que sua liberdade seja o aprisionamento de outra pessoa por terror.

Só posso esperar que seja preso novamente antes que mate alguém, mas não apostaria nisso.

Sem dúvida, alguém poderia objetar que estas são apenas anedotas: mas dezenas de anedotas do mesmo tipo se tornam um padrão. Além disso, minha experiência é exatamente essa em todos os meus pacientes, muitos milhares deles. Uma delas contou-me, por exemplo, que seu ex-namorado invadiu sua casa nada menos que dez vezes, bêbado, com intenção, por vezes levada a cabo, de agredi-la, e em todas as ocasiões ela chamou a polícia. Em cada uma das ocorrências simplesmente deram ao rapaz uma carona até sua casa, agindo como se fossem um serviço gratuito de táxi. Parece que a moral da história é: caso você se encontre sem dinheiro em uma cidade britânica e precise de uma carona para casa, agrida alguém. É mais rápido do que caminhar.

Mas só se você já tiver uma ficha criminal, for um viciado em drogas, alcoólatra ou for de alguma maneira desonroso ou repreensível. A polícia, tão lenta em lidar com os verdadeiros malfeitores, é como um anjo vingador quando se trata de um mero vestígio de suspeita de que pessoas respeitáveis possam não ter sido boas. Persegue as questões até os últimos confins da Terra, como aqueles cães perdigueiros que, uma vez com os dentes na presa, nunca largam. Dessa maneira, a polícia espera mostrar aos esquerdistas que não é preconceituosa com relação aos pobres, como muitas vezes é acusada.

Recentemente, por exemplo, um homem deu entrada em nosso hospital por ter ingerido uma *overdose* de analgésicos quando estava muito alcoolizado. A equipe do hospital conhecia bem o paciente: fora violento com a maioria deles numa determinada época de sua carreira como paciente reincidente. Tinha uma ficha criminal muito longa. Durante uma recente admissão no hospital, as enfermeiras chamaram a polícia porque ele agredira o paciente da cama ao lado. Como sempre, a polícia nada fez porque, afinal, ele era um paciente e, portanto, um ser humano em sofrimento e nenhuma pessoa decente poderia prender, ou mesmo responsabilizar, um sofredor. (A polícia, é claro, não permitiu que a fonte de seu sofrimento influenciasse sua compaixão indiscriminada.)

Durante sua última entrada em minha enfermaria, esse homem entrou no banheiro para fumar e, depois, recusou-se a sair. Já que precisava de um antídoto às pílulas que tomara e, de outro modo, poderia morrer, as enfermeiras tentaram persuadi-lo a voltar para a cama. Recusou-se, em termos inequívocos, e as enfermeiras chamaram a equipe de segurança. Arrastaram-no, debatendo-se, de volta para a cama, onde recebeu o tratamento e sua vida foi devidamente salva.

Duas semanas mais tarde, esse mesmo homem dirigiu-se à delegacia de polícia local para acusar a equipe de segurança de agressão. A polícia, é claro, sabia que ele era um criminoso reincidente, um alcoólatra, um mentiroso, um completo estorvo e que era inclinado à violência nos seus negócios: mas levaram sua denúncia a sério. Tendo se recusado a agir quando ele agrediu o paciente da cama ao lado da sua, agora os policiais entrevistavam os seguranças, não uma vez, mas repetidamente, sob a advertência de que aquilo que dissessem poderia ser usado contra eles. Tomaram o depoimento de outros funcionários do hospital para desentocar qualquer prova que pudesse levá-los a iniciar um processo contra os seguranças. Nesse momento, as investigações continuam, muito embora a única prova seja a palavra desse homem, que nesse meio tempo cometeu suicídio enquanto estava bêbado, de modo que não pode mais ser chamado a testemunhar. A polícia deu a entender que ainda podia prender a equipe de segurança.

A polícia disse às autoridades hospitalares que tinha o dever de levar todas as queixas a sério e investigá-las completamente, mas eles devem saber que isso é uma mentira sem vergonha e estúpida, pois nos dez anos em que trabalho no hospital, os policiais nunca levaram a sério nenhuma reclamação de nenhum membro de nossa equipe. Ao contrário, tomaram partido de um psicopata bêbado e ignoraram a segurança dos funcionários do hospital – para demonstrar que não tinham preconceitos sociais que pudessem ofender a opinião dos esquerdistas. Como resultado, a equipe de segurança está, agora, compreensivelmente relutante em pôr as mãos em um paciente turbulento ou violento, deixando completamente desprotegido todo o restante da equipe do hospital, em uma época em que as investidas contra eles aumentam.

Esse não é um caso isolado em que a polícia persegue os obviamente inocentes e respeitáveis. Contarei apenas mais um, dentre os muitos. Um paciente, filho de imigrantes indianos, voltou da universidade onde estudava Física, para casa, e começou a ajudar os pais no negócio de família, uma pequena loja de conveniência. Um rapaz sem mácula no caráter e de personalidade agradável. Era ambicioso e tinha um excelente futuro.

Três jovens brancos entraram na loja enquanto ele estava no balcão e pediram para comprar cerveja. Pareceram-lhe menores de idade, e pediu que mostrassem um documento de identidade. Os rapazes começaram a agredi-lo com todos os insultos que os comerciantes indianos sofrem, em determinado momento, na moderna Grã-Bretanha de novas legiões de jovens mal-educados, brutos e depravados. Então, um deles tirou algumas cervejas do refrigerador e os três saíram da loja, rindo.

Talvez de modo insensato, meu paciente os seguiu e exigiu que devolvessem a cerveja. Os três caíram em cima dele, contundindo-o gravemente; mas, durante esse processo, um deles errou o soco que daria no rapaz, e seu braço atravessou a vitrine da loja. (Uma proporção surpreendente de criminosos britânicos têm os tendões dos antebraços e pulsos cortados por lesões com vidraças: um "risco ocupacional", como os criminosos chamam tais lesões.) O jovem ficou tão gravemente ferido que precisou de uma cirurgia de seis horas para restaurar o braço. Assim que aconteceu o ferimento, a briga parou e – com considerável indulgência – meu paciente convidou o jovem ferido para ir à loja, de onde chamou a ambulância e atou, da melhor maneira possível, o machucado.

Naturalmente, a polícia logo se envolveu no caso, e uma semana depois, meu paciente espantou-se ao ser preso e acusado de lesão corporal grave, um crime sério e que, potencialmente, acarretava um longo período na prisão. Os três jovens, todos com extensas fichas criminais por transgressões sérias, alegaram que, sem nenhum motivo, esse cidadão, até então cumpridor da lei e um tanto tímido, de repente, seguiu-os ao sair da loja e atacou os três, o que fez com que, durante o processo, machucasse gravemente um deles. A polícia tratou essa história ridícula com toda a seriedade, como se fosse verdadeira. Nenhuma pessoa com um mínimo de inteligência teria dado algum crédito a essa história, no entanto, meu paciente foi levado aos tribunais com todo o rigor possível. Nesse meio tempo, sua vida foi destruída: era uma sombra do que fora, tentou duas vezes o suicídio, e o atraso do judiciário é tamanho que ele poderá tentar novamente (e obter sucesso) antes de o caso terminar, provavelmente por um juiz que irá descartá-lo como algo totalmente indigno de ser apreciado por seu tribunal.

Não é o racismo que explica esse episódio extraordinário mas, ao contrário, uma outra intromissão da ideologia progressista na polícia. Os três jovens, por serem corruptos, desonestos, na melhor das hipóteses, semianalfabetos e, provavelmente, incapacitados para qualquer emprego, precisavam ser protegidos da má vontade e do preconceito dos respeitáveis, que são os responsáveis por sua privação, por conta da estrutura injusta da sociedade da qual eles, os respeitáveis, tão injustamente tiram proveito. Ao levar a sério as acusações obviamente falsas e conspiratórias desses três jovens, a polícia estava demonstrando para um eleitorado de esquerda que não fica automaticamente ao lado dos respeitáveis contra aqueles que os mandachuvas do Partido Trabalhista, ao se inclinarem para pegar a próxima garrafa de champanhe, chamam de socialmente excluídos.

As prioridades nacionais da polícia podem ser vistas em dois fatos reveladores. O primeiro é a polícia estar estudando utilizar um sistema de tecnologia de ponta para rastrear por satélite os motoristas que andam em alta velocidade. O segundo é a sina do chefe de polícia da cidade nortista de Middlesborough.

Não elogio à toa meus compatriotas, mas há um aspecto de nossa conduta que é notadamente superior ao de outras nações: os hábitos de direção. Dirigem, em geral, com razoável consideração pelo próximo. Por que motivo as boas maneiras devem limitar-se às estradas, não sei, mas é a realidade. Por anos, as taxas de acidentes rodoviários têm sido, de longe, as mais baixas entre os países com níveis de tráfego comparáveis aos nossos; o índice de fatalidades nas estradas é mais baixo que os da França, da Alemanha ou da Itália.

Devemos supor que os policiais possam se considerar afortunados por estar em uma nação de pessoas relativamente respeitadoras da lei, no que diz respeito às normas de trânsito, o que permite que se concentrem em assuntos mais importantes; mas, de modo nenhum. Com intromissão crescente, colocam câmeras nas ruas e concentram todos os esforços à mínima manifestação de aumento de velocidade ou de outras infrações menores das leis de trânsito. O custoso sistema de satélite é a próxima etapa nessa campanha.

Ao mesmo tempo, o chefe de polícia de Middlesborough, um homem chamado Ray Mallon, foi suspenso de suas funções nos últimos 26 meses. Primeiramente, os superiores alegaram que apresentara uma conta de despesas falsas, mas descobriu-se que, se algo havia sido orçado por baixo, o reembolso era devido. Seus inimigos na hierarquia da polícia instituíram uma busca desesperada por provas de outras infrações que ele tivesse cometido, sem nenhum sucesso. Como ele mesmo disse, foi tratado de maneira pior do que qualquer outro criminoso.

Por que essa perseguição? Simples: Mallon é um policial carismático, dedicado à máxima de que a força policial pode reduzir o nível do crime, mesmo com todas as obstruções daqueles que imaginam, de boa intenção, estar nesse caminho. Ao obter uma redução surpreendente do crime na cidade de Hartlepool – proeza que fez dele um herói local – foi promovido para uma cidade maior, Middlesborough. Aí, disse que entregaria seu cargo se não reduzisse a taxa de crimes em 20% em um prazo de dezoito meses. Conseguiu em nove meses.

Mallon tornou-se o policial mais famoso do país. Estava claro que era o tipo de líder que não pediria a seus homens aquilo que ele mesmo não estivesse preparado para fazer. Seu ímpeto era formidável e talvez (até mesmo para alguém como eu) um pouco assustador. Ele trouxera, no entanto, uma melhoria na qualidade de vida de muitas pessoas, e ninguém nunca foi capaz de demonstrar que o fizera por meios ilícitos ou por alguma infração. Simplesmente aplicava a lei.

Sua suspensão foi fruto do terror que despertou, não no público, mas nos outros oficiais graduados. Se Mallon podia fazer aquilo em um setor tão difícil como Middlesborough – o próprio modelo da destruição urbana moderna –, por que os outros chefes de polícia não podiam fazer a mesma coisa? Ele estava dando um exemplo mau e perigoso. Se permitissem que Ray Mallon continuasse em seu posto, a população em geral iria perceber que uma taxa de criminalidade alta não era um aspecto inevitável da vida moderna ou um ato de Deus. Portanto, ele deveria sair, sob qualquer pretexto que aparecesse: e, quando ele se foi, cerca de 17 % da população de Middlesborough fez um abaixo-assinado para sua reintegração imediata.

Olhando de uma ponta do telescópio, vemos a polícia cumprindo seu dever como sempre o fez. Ao olhar pela outra extremidade, no entanto, vemos a polícia subvertendo o propósito pelo qual foi criada, em grande parte por medo da crítica dos progressistas que, como os leitores norte-americanos sabem muito bem, é insensível aos fatos. Esses progressistas orgulham-se da própria ternura, mas o brilho cálido que ela lhes traz aparece à custa dos pobres, que, como consequência prática, vivem em um tormento de desordem pública e privada que, todos os dias, sofro contemplar durante os últimos dez anos de vida profissional.

2000

Intolerância Zero

Entre os pobres, a polícia nunca foi muito popular. O interessante hoje, no entanto, é que o ponto de vista deles de que "todo policial é safado" espalhou-se para grande parte da classe intelectual burguesa. Não faz muito tempo, por exemplo, um jornalista disse-me, en *passant*, que odiava a polícia. Perguntei-lhe o porquê: será que eles o aprisionaram falsamente, o maltrataram injustificadamente ou interrogaram-no brutalmente? Não, respondeu, não tinha nenhum motivo pessoal; apenas odiava os policiais pelo que eram.

Bem, como disse o rei Lear, nada vem do nada: era improvável que o ódio de policiais do jornalista tivesse surgido completamente por acaso e se formado totalmente em sua consciência. Suspeitei, como tantas vezes é o caso das opiniões adotadas levianamente, mas defendidas com firmeza, de que essa fora forjada na combinação de ignorância, desonestidade e modismo. Ao expressar que não gostava da polícia, o intelectual burguês estava, portanto, estabelecendo uma relação de solidariedade com o pobre. Em uma era de empatias, não podemos afirmar que desejamos o bem de alguém a menos que partilhemos de seus sentimentos.

O intelectual burguês, contudo, precisa encontrar razões para suas opiniões: a racionalização é, afinal, seu *métier*, e não é difícil para ele arquitetar tais razões com relação à polícia. A função dela é, no fim das contas, defender a ordem social e, já que a ordem social é em grande parte responsabilizada pela pobreza do pobre, concluímos que os policiais são, em parte, responsáveis pela pobreza. Não são parte do sistema de justiça criminal, mas do sistema de injustiça social.

O intelectual nunca reconhece quanto da própria liberdade deve à existência da polícia – um pensamento humilhante, daí preferir a ideia de que a paz relativa e a tranquilidade em que vive, e que torna possível seu trabalho, emerge espontaneamente da boa vontade de seus semelhantes, não sendo necessária nenhuma coerção externa para mantê-la. Uma vez que – na opinião do intelectual – o pobre detesta a polícia e, além disso, as vítimas não podem pensar nada de errado, logo, uma polícia fraca beneficiaria o pobre.

Por acaso, algo próximo ao experimento natural de policiamento fraco está em curso no meu distrito da cidade, onde a polícia tem uma presença mínima e intervém somente nas situações mais graves. Longe de ter adotado uma política de tolerância zero, como em Nova York, adotaram a da intolerância zero; e a abordagem que fazem do crime é quase tão abstrata – e etérea – quanto a dos criminologistas progressistas. Por isso, é de certo interesse, tanto prático como teórico, analisar se a qualidade de vida do pobre aumentou ou deteriorou sob esse regime policial lasso.

A política, de intolerância zero parece ter surgido da cabeça dos policiais mais antigos da cidade, que estão cada vez mais parecidos, nos pronunciamentos públicos, com os assistentes sociais seniores. A clientela não são as pessoas da cidade, mas a *intelligentzia* progressista. O policial de ronda que esteve, há pouco, de visita em minha enfermaria, disse-me que ele e os colegas tinham ordens de não prender ou autuar ninguém que fosse desconhecido da polícia por crimes até tentativa de homicídio, inclusive. Como funcionário experiente, que se aproximava da aposentadoria ansiosamente esperada daquele emprego que outrora amara, achou essa ordem profundamente desmoralizadora. Era, sabia, um incentivo ao crime.

A política de intolerância zero não é simples aberração local. O chefe de polícia de outra força explicou, recentemente, em um ensaio, por que era necessário manter as prisões em um nível mínimo. Para processar cada uma delas gastam-se quatro horas, escreveu, e por isso tais prisões afastam a polícia de outros deveres. Nunca explicou quais deveres policiais poderiam ser mais importantes que a apreensão de infratores, nem pediu a racionalização do processo de prisão (que requer, em média, 43 formulários). Além disso, acrescentou, a mera repressão da criminalidade, sempre que a polícia tem a oportunidade de pegar o criminoso, nunca, por si só, poria fim ao crime. Muito melhor, parecia querer sugerir, seria deixar os criminosos seguirem assim.

Não é de surpreender que assim o tenham feito. Encontro exemplos da inação policial em face do crime todos os dias. Por exemplo, um homem de trinta e tantos anos chegou à emergência do meu hospital, recentemente, por ter tomado deliberadamente uma *overdose* de comprimidos, mas não a ponto de pôr a vida em risco. Sua mulher chegou enquanto ele aguardava mais cuidados médicos. O casal retomou a briga que tivera na ocasião da *overdose*, e em pouco tempo ele empregou o argumento final, irrefutável: os punhos. O som dos golpes que desferia na cabeça da mulher alertou as enfermeiras da situação. No momento em que chegaram para resgatar a mulher, ela estava no chão, tentando, em vão, evitar os pontapés no rosto e no estômago.

As enfermeiras chamaram a polícia, e dois policiais chegaram prontamente (uma eventualidade, o que não é garantido). Logo partiram, sem nem mesmo pedir ao marido que não se comportasse daquela maneira novamente. Disseram às enfermeiras que era uma briga doméstica, e que, portanto, não tinham poder para interferir. A sala da emergência de um inglês, aparentemente, é seu castelo – e a mulher, sua propriedade.

Ser um crime doméstico – ou, nas palavras daqueles que cometem tais infrações, ser "só" um crime doméstico – tem sido uma das desculpas mais citadas por policiais para cruzar os braços e nada fazer. A relutância habitual para intervir naquilo que consideram como contendas essencialmente privadas é o resultado, sem dúvida, de várias considerações: dentre elas, o desejo louvável, ainda que mal pensado, de separar a esfera da moralidade pessoal da esfera da lei. Deve haver um limite para a supervisão estatal nas relações interpessoais, e não é todo ato moralmente repreensível que deve atrair a sanção legal. A intervenção policial em questões domésticas (muito além da inutilidade prática, pois as vítimas muitas vezes se recusam a depor no tribunal) é quase uma extensão totalitária de seus poderes.

No entanto, mesmo na interpretação mais generosa do âmbito do que é privado – um policial inglês sênior observou certa vez, meritória ou demeritoriamente, que um determinado assassinato não era grave: era apenas um marido que matou a mulher –, o que aconteceu na sala de emergência não foi em nenhum domicílio, ou mesmo um crime doméstico. Não foi simplesmente uma agressão contra a vítima, mas contra a ordem pública. Mesmo assim, a polícia deixou de agir.

Em um aspecto a polícia estava correta no modo como entendeu a situação: a esposa do sujeito perdoou-o no momento em que foi levantada do chão, e teria recusado testemunhar contra ele no tribunal. Ela igualmente recusou todas as ofertas de auxílio para conseguir acomodações longe dele (ele iria encontrá-la de qualquer maneira, disse), e não quis um advogado. Sua única preocupação agora era levar para ele as coisas de que disse que precisaria durante a estadia no hospital.

A polícia, no entanto, não precisava do testemunho da mulher para instaurar, com êxito, um processo. As enfermeiras ouviram e viram o suficiente para prendê-lo umas vinte vezes. Nas últimas palavras de autojustificação dos policiais, ao deixar a cena, disseram estar muito ocupados para lidar com um assunto tão trivial. Não disseram com o que estavam ocupados.

O efeito dessa abstenção do dever nas enfermeiras – ao menos por um tempo, até que mais emergências tomassem suas atenções – foi profundo e desmoralizante. Não só sentiram, com razão, que a polícia considerou sem valor as provas que tão facilmente poderiam ter fornecido, como se elas não fossem testemunhas críveis, mas sentiram que a posição delas como cidadãs cumpridoras da lei, ansiosas por cumprir o dever, também foi desvalorizada.

Além disso, muitas das enfermeiras habitam em um mundo não muito distante, física e moralmente, do mundo da mulher agredida na sala de emergência. Muitas delas consultam-se comigo a respeito de seus problemas: uma das enfermeiras na emergência naquele dia tinha uma filha viciada em drogas com vários namorados que foram violentos; outra me perguntara mais cedo o que fazer com seu companheiro violento. Assim, quando elas viram um homem espancar uma mulher em um espaço público com total impunidade, na verdade, com o que quase equivalia a proteção policial, tiveram um vislumbre terrível da própria vulnerabilidade.

Por fim, o incidente aconteceu na sala de emergência de um grande hospital da periferia, em que uma considerável proporção de pacientes presentes era, quase por definição, da mesma tendência do marido violento. Devem ter notado a impotência da polícia diante daquela conduta e tirado as conclusões devidas: de que dá para se livrar de qualquer coisa, menos assassinato.

Além disso, o próprio culpado em breve, sem dúvida, estaria espalhando as boas novas nos bares que frequentava, embelezando a história para mostrar-se aos ouvintes ainda mais heroico ao vencer a polícia como nunca acreditou que faria. Quando falei com ele após os policiais saírem da sala de emergência, ele disse que estava admirado, pois nunca tinha sido chamado a prestar contas à lei por suas inúmeras agressões, não só as contra mulher, mas muitas outras. (Sua primeira agressão à mulher foi na festa do casamento, diante dos convidados.) Um critério para diagnosticar a psicopatia é a incapacidade individual de aprender com a experiência, mas até agora esse homem não tinha tido a experiência que poderia tê-lo feito aprender.

A polícia demonstra uma engenhosidade perversa ao apresentar razões para não intervir na violência doméstica. Uma paciente recente enfim se separou do pai de seus três filhos ilegítimos – ciumento, alcoólatra e violento. Encontrou um apartamento para si e lá viveu serenamente, até que fez uma festa de aniversário para uma das crianças. De algum modo, seu ex-namorado descobriu onde ela vivia e, naquela mesma tarde, tocou a campainha. Ela respondeu; ele entrou sem pedir licença. Arrastou-a pelos cabelos no cômodo em que ocorria a festinha, esmurrou-a até cair no chão e chutou-a perante as crianças horrorizadas. Depois partiu.

Ela chamou a polícia. Fora golpeada e ferida, e as crianças que viram a agressão ainda estavam lá. A polícia disse que não poderia fazer nada porque ela abrira a porta para o agressor. E foram embora.

A opinião policial nesse caso parece ser: uma vez que você deixou um homem entrar na sua casa, consequentemente, ele está livre para agir como quiser. Mesmo após sua recuperação física, minha paciente não estava em posição de contestar essa extraordinária doutrina policial. Ela pertencia a uma grande classe de pessoas que nunca aprendeu apropriadamente a ler ou escrever. Incapaz de redigir uma carta – não sabia nem mesmo que o pronome da primeira pessoa do singular é grafado em maiúscula (fiz o teste) – era obrigada a acreditar no que a polícia dizia, mesmo que não fosse verdade.

Quando expus esse caso ao segundo em comando da força policial, ele expressou surpresa. A única explicação que poderia imaginar para o comportamento dos policiais era a de que a mulher retirara o pedido de ordem de restrição contra o namorado e, na realidade, anulara a ordem ao abrir a porta para ele. Foi essa anulação, conjecturou, que tirou a possibilidade da polícia de agir. Que um policial tão graduado (evidentemente, uma pessoa decente) possa ser tão falho em sua compreensão deve aterrorizar quem obedece à lei e confortar o malfeitor.

Na luta para permanecer inativa, a polícia sempre apresenta um argumento que ouço com alguma simpatia: processar não vale o esforço por conta das sentenças inadequadas após a prisão. Por exemplo, um prisioneiro que conheço, que por muitas vezes espancou e quase estrangulou a namorada – que por três vezes ameaçou matá-la e, certa vez, a sequestrou – recebeu uma sentença que dizia que deveria ficar somente quinze meses na prisão (nove dos quais já cumprira enquanto esperava julgamento), em vez dos dez anos previstos por lei. Deixou bem claro que continuaria perseguindo a namorada, qualquer que fosse sua condenação; e sua ficha anterior – tinha queimado o carro de outra namorada que, na ocasião, estava grávida e tentara deixá-lo – sugeriam para qualquer um, exceto para o juiz, que ele representaria uma ameaça à ex-namorada e a qualquer outra mulher que viesse a encontrar no futuro.

A leniência do juiz foi, portanto, extremamente insensível para com o bem-estar da sociedade; mas agravaria o dano argumentar que, por quinze meses serem inadequados, teria sido melhor não ter sido dada nenhuma sentença. Não obstante, isso é exatamente o que a polícia implicitamente argumenta, e permanece como uma das pedras angulares do edifício da passividade.

Um bêbado apagou deliberadamente um cigarro no rosto de uma enfermeira sênior de nossa emergência, queimando sua bochecha. A polícia veio, mas, ao inspecionar a ferida, declarou não ser grave o bastante para valer a pena a autuação. Talvez tenham raciocinado que o bêbado, depois que ficasse sóbrio, não recordaria o que fizera e, portanto, não aprenderia a lição. Os agentes do Estado, no entanto, deixaram claro o valor que o Estado conferia à segurança da enfermeira: zero.

Outra desculpa padrão para a inação da polícia é a de que o ofensor é louco ou, ao menos, é um paciente psiquiátrico (o que não é bem a mesma coisa, é claro). A mera insinuação de um histórico psiquiátrico – uma única consulta com um psiquiatra cinco anos antes já basta – explicará e desculpará quase tudo, aos olhos da polícia, e justificará a incapacidade de processar.

Não faz muito tempo, fui chamado à delegacia para examinar um homem preso por tentar matar seu advogado. Tinha um longo histórico de psicose – causada pelo uso exacerbado de drogas – e de infrações. Tinha ido ao advogado com um martelo com uma das extremidades afiada como uma picareta, gritado "Você tem de morrer!" e tentado golpear a cabeça do advogado. Felizmente, o advogado viu se aproximar o golpe, saiu da direção e sofreu apenas um ferimento menor. O cliente violento tentou, novamente, acertá-lo, mas, ao errar, fugiu do escritório e depois disso o advogado chamou a polícia.

Estava claro que o homem era louco; mas sabia por experiência que, se recomendasse sua admissão direta no hospital, a polícia esqueceria todo o caso da tentativa de assassinato. Insisti que fosse feita a autuação, mas o policial recusou-se dizendo – mentirosamente, é claro – que não tinham permissão de autuar lunáticos. Disse que se ele não fosse hospitalizado, teriam de liberá-lo – o que fizeram: primeiro, devolveram o martelo, pois não tinham o direito de privá-lo de sua propriedade. Assim, uma tentativa de homicídio não chegou às estatísticas criminais, e a polícia pôde felicitar-se pela manutenção da ordem pública.

Não é preciso dizer que o louco compreendeu bem a impunidade da loucura. Por duas vezes já ouvi esquizofrênicos falarem para os policiais: "Você não pode tocar em mim, sou esquizofrênico!". No mesmo dia em que escrevo este texto, entrevistei um paciente – um alcoólatra – que há algum tempo, extremamente bêbado, tentou estrangular a namorada. Tinha amassado seu carro, destruído seu apartamento e ameaçado matar a filha dela. Na hora em que a polícia chegou, tinha começado a atacar a namorada do vizinho, que viera ajudar. A polícia concluiu que nenhum homem são teria se comportado daquela maneira, levou-o para o hospital, e lá o deixou. No que lhes dizia respeito, o incidente estava acabado. Esses crimes também não chegam às estatísticas criminais. Eis como controlamos a criminalidade na Inglaterra.

Crimes domésticos não são os únicos a receber esse tratamento desinteressado. Nas últimas duas semanas, os três casos a seguir chegaram a meu conhecimento. Uma conhecida, vendedora de joias antigas, expunha em uma feira de antiguidades. Durante a noite, um assaltante entrou no salão de exposição e roubou suas joias, no valor de 32 mil dólares, bem como as de outros expositores, no valor de mais uns 120 mil dólares. Nesse caso, a polícia pegou o ladrão no dia seguinte; estava sob fiança por arrombamento a oito casas de campo, o que por si só já é um sinal da leviandade da polícia, pois se objetassem tenazmente à concessão da fiança, ele ainda estaria sob custódia. Apesar da rápida captura do culpado, a polícia, no entanto, não recuperara uma única joia (algo que um detetive particular, certamente, teria sido capaz de fazer); de fato, alegam estar muito ocupados para tal. Não é de admirar que o preço dos prêmios de seguro para joias antigas seja demasiado caro para pequenos comerciantes. Assim, a minha conhecida teve de suportar a perda – para ela, uma catástrofe.

Uma paciente veio até mim, seriamente deprimida, após alguns jovens bandidos, bem conhecidos na área, arrombarem o galpão em seu quintal e roubarem as bicicletas novas dos filhos. Aconteceu de os vizinhos filmarem os ladrões enquanto roubavam, mas – duas semanas depois – a polícia ainda não tinha respondido o pedido de auxílio de minha paciente ou o dos seus vizinhos. Roubo de bicicletas, afinal, não é um crime grave.

Um prisioneiro com um longo histórico de crimes violentos, bem como furtos e arrombamentos, estava chegando ao fim de sua sentença de prisão mais recente. Admitia francamente que era muito mais feliz na prisão do que em liberdade: a disciplina forçada da prisão permitia que vivesse em paz. Veio até mim em desespero: será que eu poderia fazer alguma coisa para evitar que ele fosse solto, pois sabia que cometeria uma infração grave novamente, talvez até um assassinato? Fora ao diretor da prisão, pedindo para não ser solto. O diretor lhe disse que não havia meio legal para fazer aquilo. Na tentativa de ficar na prisão, confessou, então, vários crimes graves, dos quais nunca fora acusado. Seria possível corroborar sua confissão, e o diretor chamou a polícia, mas negaram-se a levar o caso adiante, dizendo que não era do interesse público fazê-lo. O prisioneiro, então, assaltou e feriu gravemente outro preso para ganhar mais tempo na prisão. Novamente a polícia veio e se negou a levar o assunto adiante, dizendo que não era do interesse público que isso fosse feito. O prisioneiro foi solto no dia 11 de junho.

O medo ou a falta de vontade por parte da polícia aconteceu exatamente na mesma época do enfraquecimento, quase ao ponto de extinção, dos freios informais, mas socialmente fortes, nos comportamentos pessoais que outrora fizeram a Inglaterra um país tão civilizado – freios tais como o medo do que os vizinhos irão dizer. A falta de constrangimentos internos ou externos permitiu o surgimento do homem "natural" que, longe de ser um encanto, é um psicopata sem atrativos. O homem é o lobo do homem, e especialmente da mulher.

Naturalmente, as tendências sociais não afetarão todos os setores da sociedade de modo igual. O policiamento fraco afeta, principalmente, o pobre – as próprias pessoas cujo bem-estar a *intelligentzia* afirma que um policiamento fraco beneficiaria. É verdade que a classe média não saiu ilesa: pagam um preço ainda mais alto pelos prêmios dos seguros por suas casas e carros e preocupam-se, como nunca se preocuparam antes, com arrombamentos. Não há quase ninguém no país – mesmo entre os bandidos – cujo primeiro pensamento ao voltar para casa não seja: "Será que entraram na minha casa?".

Essas preocupações banais, no entanto, estão ao lado do senso pervasivo e permanente de insegurança pessoal onde quer que estejam. Temem os infratores porque sabem que a polícia não oferece proteção. O grau em que o medo rege as vidas das pessoas nas áreas pobres é algo que meus amigos de classe média acham difícil de acreditar, para não dizer, entender.

Incontáveis pacientes disseram-me que deixam suas casas tão raramente quanto lhes é possível por medo de serem atacados ou de ter as casas invadidas. Toda semana encontro pacientes que foram assaltados ou tiveram as casas arrombadas três vezes ou mais em um ano. Semana passada tive uma paciente a quem as crianças da vizinhança apedrejavam – literalmente lançavam uma chuva de pedras – sempre que ela saía de casa. Quebraram suas janelas em inúmeras ocasiões e espalharam fezes nas paredes de sua casa enquanto ela estava fora. Ninguém nunca foi preso por tais ofensas, e ela desistiu de informar a polícia.

A pretensão dos intelectuais – que, infelizmente, não tem deixado de surtir efeitos práticos no mundo real – de que a polícia não seja nada além de um braço executivo de uma burguesia hipócrita determinada a preservar seus ganhos ilícitos à custa do pobre é terrivelmente superficial quando testada pela experiência do povo que sofre pelo policiamento deficiente. A ideia de uma ordem social mais justa que tornaria a polícia supérflua é um absurdo utópico. Uma polícia confiável e honesta não é a negação da liberdade, mas a precondição de seu exercício. Para os que duvidam disso, só posso recomendar os últimos versos do poema de Pablo Neruda sobre a Guerra Civil Espanhola:

> Venham ver o sangue pelas ruas,
> venham ver
> o sangue pelas ruas,
> venham ver o sangue
> pelas ruas!

1998

Ver Não É Crer

O primeiro dever do intelectual moderno, escreveu George Orwell, é afirmar o óbvio, invalidar ponto a ponto "as pequenas ortodoxias duvidosas... que agora brigam por nossas almas".[1] Orwell entendia por doutrinas totalitárias aquelas que hipnotizavam os intelectuais de seu tempo e os impediam de aceitar as verdades mais óbvias e evidentes a respeito de si próprios e de outras sociedades; entretanto, a advertência ainda é verdadeira, mesmo quando o fascismo e o comunismo estão mortos. O fim do totalitarismo não levou a uma avaliação mais franca e honesta da realidade, mas simplesmente a uma proliferação das lentes de distorção através das quais as pessoas escolhem olhar para o mundo. Se a humanidade, como expôs T. S. Eliot, não pode tolerar muita realidade, parece que pode suportar qualquer quantidade de irrealidade.

A luta do intelectual para negar o óbvio sempre é mais desesperada quando a realidade é desagradável, está em desacordo com suas preconcepções e quando o pleno reconhecimento dela destruiria os fundamentos de sua visão de mundo intelectual. Dada a história social da Inglaterra nos últimos quarenta anos, pouco surpreende que a negação coletiva seja uma das características mais proeminentes da vida intelectual nacional.

---

[1] George Orwell, "Charles Dickens" (1939). In: *Inside the Whale and Other Essays*. London, Gollancz, 1940, p. 9-85.

Estou em uma posição incomum: enquanto passo a maior parte de minha vida profissional trabalhando como médico nos rincões mais pobres da sociedade, tenho, por conta de meus escritos, entrada na sociedade literária. O desprezo complacente destes pela catástrofe social cuidadosamente forjada para aqueles me assusta tanto quanto a própria catástrofe. Nunca tanta indiferença foi mascarada como compaixão; nunca houve tanta cegueira propositada. Os outrora pragmáticos ingleses tornaram-se uma nação de sonâmbulos.

Recentemente, por exemplo, fui convidado para um almoço na sede de uma publicação progressista famosa e respeitada para a qual, às vezes, contribuo com artigos que vão de encontro à sua posição ideológica. O atual dono da publicação é um *bon vivant* e excelente anfitrião que fez várias dezenas de milhões em circunstâncias que ainda atraem considerável curiosidade pública. Ao redor da mesa do almoço (da qual, fico feliz em dizer, a comida proletária inglesa estava terminantemente proibida) estavam reunidas pessoas de credenciais esquerdistas impecáveis: e eu era a única exceção.

À minha direita sentou-se um homem de uns sessenta e tantos anos, inteligente e culto, que trabalhara como um correspondente estrangeiro importante para a BBC e que passara grande parte de sua carreira nos Estados Unidos. Disse que ao longo dos últimos dez anos lera, com interesse, minhas missivas semanais — publicadas em uma publicação rival e conservadora — retratando o caos espiritual, cultural, emocional e moral da vida urbana, e que sempre quis conhecer-me para fazer uma simples pergunta: teria eu inventado tudo aquilo?

Se inventara tudo aquilo? Eis a pergunta que muitas vezes me fora feita por intelectuais progressistas da classe média, que esperam que a violência, o descaso e a crueldade, o raciocínio deformado, a desesperança total e o puro niilismo que descrevo semana sim, semana não, sejam tão somente invencionices de uma imaginação febril. De certa maneira fico lisonjeado que as pessoas que fazem tais perguntas creiam que sou capaz de inventar as elocuções absurdas, embora estranhamente poéticas, de meus pacientes — que sou capaz, por exemplo, de inventar o homem que disse sentir-se como o menininho que pôs o dedo no dique, dando alarme falso. Ao mesmo tempo, no entanto, a pergunta alarma e recorda-me daquilo que Thackeray certa vez disse a respeito dos escritos de Henry Mayhew, o cronista da Londres dos pobres: tínhamos de sair, uma centena de metros, e ver por conta própria, mas nunca o fizemos.

Ao ser perguntado se inventara tudo aquilo, respondi que, longe de fazê-lo, minimizei o horror da situação e omiti os piores casos que chegaram a meu conhecimento para não afligir indevidamente o leitor. A realidade da vida da subclasse inglesa é muito mais terrível do que aquilo que consigo, com propriedade, descrever. Meus interlocutores, educadamente, fazem um aceno com a cabeça e passam para o próximo assunto.

É costume nos almoços dessa publicação famosa e respeitável, uma vez que os pratos tenham sido recolhidos, que um dos convidados faça um breve discurso sobre um assunto que o esteja preocupando no momento. Nessa ocasião foi o ex-correspondente da BBC que morara nos Estados Unidos quem falou: de modo eloquente e muito bem, como era de se esperar.

E qual foi o assunto que desenvolveu com tamanha eloquência? A iniquidade da pena de morte nos Estados Unidos.

Não é fácil transmitir o clima de satisfação que se estabeleceu ao redor da mesa enquanto ele falava, um misto de possante superioridade moral (uma das emoções mais aprazíveis de todas) e de justa indignação (outra emoção muito agradável). O consenso era de que as pessoas de lá eram uns selvagens ignorantes, ao passo que nós, aqui, guardiões, como sempre, da própria civilização, não recorríamos a tais métodos primitivos e bárbaros por séculos – isso quer dizer, por 35 anos.

Todos concordaram com o senhor da BBC, e foi minha vez de dizer algo. Confesso não ser um entusiasta da pena de morte, parece-me que a possibilidade de erro, e o fato histórico de tais erros terem acontecido (não só nos Estados Unidos, mas na Grã-Bretanha e, possivelmente, em todas as outras jurisdições em que reina o verdadeiro e o devido processo legal) é um argumento convincente, para não dizer absolutamente decisivo, contra a pena de morte, qualquer que possa ser seu efeito impediente. E, por ter visto fotografias das câmaras de execução onde as injeções fatais são administradas, enfeitadas como se fossem salas de cirurgia de hospitais, não posso deixar de achar que está a ocorrer algo sinistro: a simulação de que a execução é um procedimento terapêutico. Começamos a ver a força do argumento do Dr. Johnson de que as execuções devem ser públicas, a céu aberto, ou não devem ocorrer de modo algum; ao menos não há o perigo de as execuções serem tomadas por aquilo que não são.

Entretanto, estava angustiado para dissipar a atmosfera confortável de retidão, de santidade, tão facilmente obtida sem custo ou esforço. Disse que deveríamos olhar mais detidamente para o nosso país, para o fato de que, sem a única (reconhecidamente importante) exceção do homicídio, as taxas de crime na Grã-Bretanha atualmente eram maiores, e em alguns casos muito maiores, que nos Estados Unidos, e que a principal falha de nosso sistema de justiça criminal não era o rigor excessivo ou a tendência a prisões equivocadas, mas a falha patente de fazer cumprir a lei ou de proteger os cidadãos das violações à lei mais flagrantes. O resultado era, para um incontável número de compatriotas, um verdadeiro inferno em vida.

Esbocei brevemente minhas razões para dizer aquilo: um grande número de pessoas – milhares e possivelmente dezenas de milhares – contaram-me sobre suas vidas dominadas pela possibilidade, ou melhor, pela grande probabilidade, de sofrer violência e outros atos criminosos, e que, com razão, se sentem totalmente sem proteção da polícia ou dos tribunais.

À minha frente estava um famoso pacifista, um homem de elevados princípios, que não era de modo algum um puritano, ao menos não o era com relação à comida e aos vinhos. Suas bochechas rosadas irradiavam, ao mesmo tempo, bonomia e autossatisfação, e naqueles tons profundos, refinados e um tanto arrastados da classe média alta inglesa, falou:

– Você conhece umas pessoas engraçadas – disse, inclinando-se ligeiramente em minha direção do outro lado da mesa.

Conheço pessoas engraçadas: lembrei de um amigo da faculdade de medicina cuja mãe, quando apresentada à sua namorada, sussurrou no ouvido dele: "NMNCSQ", o acrônimo de "Não muito de nossa classe social, querido". Aquelas pessoas que conheci poderiam ser "engraçadas", respondi ao pacifista, mas havia muitas delas e, além disso, viviam em nosso país, muitas vezes a curta distância – à distância de um assalto – de nossas portas.

A complacência do homem não era, de modo algum, incomum. Poucos dias antes encontrara meu editor para um almoço, e o assunto do nível geral da cultura e da educação na Inglaterra veio à tona. Meu editor é um homem culto, com muita leitura e profundamente afeiçoado à literatura, mas tive dificuldade em convencê-lo de que havia motivos para preocupação. O fato de o analfabetismo e o desconhecimento do mínimo em matemática estarem disseminados não o preocupava porque – afirmava – sempre estiveram disseminados. (O fato de que agora gastamos quatro vezes mais *per capita* com educação do que há cinquenta anos e teríamos direito a esperar, no mínimo, um aumento dos níveis de alfabetização e de familiaridade com a matemática não o convenceu de modo algum.) Simplesmente não acreditou em mim quando disse a ele que nove entre dez alunos entre as idades de dezesseis e vinte anos são incapazes de multiplicar 6 x 9, ou que das várias centenas a quem perguntei quando aconteceu a Segunda Guerra Mundial somente três sabiam a resposta. Respondeu-me suavemente – quase sem precisar pensar, como se tivesse ensaiado o argumento muitas vezes – que seu próprio filho, de sete anos, já sabia as datas da guerra.

– O problema é – disse com toda a seriedade – que a sua amostragem é tendenciosa.

Isso é bastante verdadeiro: a experiência de todos nós está fundamentada em amostras tendenciosas; mas nunca lhe ocorreu duvidar se uma amostragem – a do seu filho, que vive em uma vizinhança onde as casas custam mais de um milhão e meio de dólares – realmente constitui uma refutação de minha experiência de centenas de casos; experiência surgida de uma pesquisa séria do assunto. Acusou-me de pânico moral, como se, para ele, a única alternativa à sua complacência imperturbável (ele estava tão sereno que poderíamos crer que fosse um monge de ordem contemplativa) fosse um alarmismo irracional e agitado.

– Você realmente já encontrou alguma pessoa do tipo a que me refiro? – perguntei-lhe. Respondeu-me que não tinha, mas que supunha já ter encontrado.

Complacência e negação dominam o discurso público e privado, e quando permitem que um pouco do lado desagradável da realidade inglesa contemporânea venha à tona, é rapidamente seguida por um exercício de controle de danos.

Um jornal recentemente pediu-me que fosse a Blackpool, uma cidade de veraneio, no nordeste, no Mar da Irlanda, para descrever a conduta das pessoas que para lá se dirigem aos fins de semana. Blackpool nunca foi um local muito refinado e há muito tempo atrai pessoas que não têm condições financeiras para frequentar locais mais cobiçados nas férias. As pensões, e não os hotéis, predominam, gerenciados por formidáveis proprietárias. Blackpool, todavia, era na memória recente uma cidade de veraneio de diversão inocente, com passeios de burrinho, teatrinho de marionetes na praia e de grande venda de cartões postais com cartuns levemente maliciosos, sobre os quais George Orwell certa vez escreveu, com grande aprovação e visão, que, neles, homens magros são dominados por mulheres grandes, gordas, em trajes de banho; as sogras estão sempre com machados de guerra; homens solteiros sempre tentam escapar das garras do matrimônio arranjado com raparigas jovens, cujas falas sempre possuem um duplo sentido descarado. Por exemplo, um juiz em um tribunal de divórcio pergunta para o demandado: "Estás tergiversando, senhor. Dormiste ou não com esta mulher?", e o sujeito responde: "Nem uma pestana, Excelência!".

Essa inocência sofisticada é coisa do passado. Sem a instituição do casamento, piadas de sogra e divórcios não fazem sentido e são *passé*. Diversão agora é bebedeira pública em grande escala, é fazer gritaria nas ruas e frequentemente expor as nádegas aos transeuntes. Nos primeiros instantes em que cheguei à rua ao longo da praia, repleta até os tornozelos de embrulhos de *fast-food* (o cheiro de gordura rançosa suprime totalmente o odor salgado do mar), vi uma mulher que tirara as calças e amarrara um par de peitos de plástico às nádegas desnudas, enquanto um homem arrastava-se atrás dela na calçada, lambendo-os. À meia-noite, ao longo dessa rua — com batidas de rock saindo, insistentemente, pelas portas de cada boate, e cada uma das portas presididas por um par de leões de chácara inflados de esteroides, entre homens vomitando nas sarjetas e um incontável número de pacotes de maconha vazios na calçada — vi crianças novas, de uns seis anos, sem a supervisão de nenhum adulto, esperando pelos pais emergirem de suas diversões noturnas.

No dia seguinte à publicação de meu artigo, apareci brevemente no principal programa de rádio da BBC na hora do desjejum, que tem uma audiência de muitos milhões. A entrevistadora, uma mulher inteligente e culta, brevemente resumiu, com precisão, aos ouvintes o relato daquilo que vi em Blackpool, e logo me perguntou: "Você não está sendo um pouco metido a besta?" – ou seja, um esnobe social e cultural.

A pergunta era, é claro, capciosa, com muitas camadas de significado profundamente depreciativas. Eu, de minha parte, perguntei-lhe se ela desnudava as nádegas aos transeuntes desconhecidos e, caso não o fizesse, por que não? Ela recusou responder à pergunta, como se não fosse séria – assim como uma futura ministra do governo com quem certa vez debati no rádio, após afirmar que uma das tragédias de alguns dos recentes tumultos urbanos era terem ocorrido nas vizinhanças pobres dos próprios arruaceiros, recusou-se a responder quando lhe perguntei se ela preferiria que os tumultos tivessem acontecido no bairro chique em que morava.

Não muito depois da entrevista sobre minhas experiências em Blackpool, a BBC leu as cartas de uns poucos ouvintes que me acusaram de não ter compreendido a natureza da cultura da classe trabalhadora. Usaram a palavra "cultura" no sentido antropológico de soma total de modos de vida, mas também estavam tirando uma vantagem astuciosa e desonesta das conotações da palavra de Bach e Shakespeare para insinuar que o uso de seios de plástico no passeio público de Blackpool é tão valioso quanto a Missa em Si Menor ou os sonetos.

O pressuposto progressista, nessa e na maioria das coisas, é o de entender como aprovar (ou, ao menos, perdoar) e, por isso, minha desaprovação indicava uma falta de compreensão. Muito estranhamente, as cartas que a BBC e o jornal que publicou o artigo original me enviaram – aquelas que não leram no ar ou publicaram – endossavam totalmente meus comentários. Eram de moradores de Blackpool e de pessoas da classe trabalhadora de várias localidades que negavam ardorosamente aquela cultura da classe trabalhadora, que nada era senão obscenidades sem sentido. Vários correspondentes falaram de modo tocante de terem passado, na infância, uma pobreza real, enquanto mantinham o autorrespeito e lutavam pela excelência intelectual. A exclusão deliberada da expressão pública dessas vozes oferece um belo exemplo de como a *intelligenzia* britânica está ocupada com a tarefa autoimposta de destruição cultural.

Violência, vulgaridade e fracasso educacional: três aspectos da moderna vida inglesa que são tão óbvios e evidentes que requerem pouca capacidade de observação para discerni-los. De fato, requer muito mais esforço mental e presteza não os identificar, para removê-los da própria consciência: as cenas de Blackwood, por exemplo, eram somente pouca coisa piores e mais extremadas do que as vistas no centro de qualquer vila ou cidade inglesa todos os sábados à noite do ano.

Vale a pena analisar os mecanismos mentais que os intelectuais de esquerda usam para disfarçar a verdade para si mesmos e para os outros, e perguntar por que assim o fazem.

Primeiro, há a negação absoluta. O aumento do crime, por exemplo, há muito foi descartado como um simples artefato estatístico, mesmo diante de o enorme peso das provas cobrir completamente a possibilidade de negação. Não é tanto o crime que aumenta, dizem-nos, mas a disposição ou capacidade das pessoas em relatá-lo – por meio da ampliação do telefone. Quanto ao fracasso educacional, este há muito foi negado pela expansão das estatísticas demonstrando que cada vez mais crianças passam nos exames públicos, uma meia verdade clássica que deixa de dizer que tais exames foram deliberadamente facilitados para que seja impossível a reprovação (o conceito de fracasso foi banido), salvo por não se revelar para eles. No entanto, até os professores universitários mais progressistas, agora, notaram que os alunos não sabem ortografia ou pontuação.

Segundo, há a comparação histórica tendenciosa ou precedente. Sim, admitimos, violência e vulgaridade são uma grande parcela da vida inglesa moderna, mas sempre foram. Quando os fãs de futebol enlouquecem na França durante as finais da copa europeia (o tipo de comportamento que agora é esperado que demonstrem), até o conservador *Daily Telegraph* apresenta um artigo para mostrar que sempre foi assim, e que a Inglaterra dos Hanovers foi uma era turbulenta e de bêbados – sugerindo, portanto, que não há nada alarmante. Por algum motivo não totalmente explicado, supostamente, é confortante – e mesmo uma justificação – que o comportamento antissocial tenha persistido, sem diminuir, por centenas de anos. Da mesma maneira, os intelectuais demonstram que a preocupação com relação ao aumento do crime é irrazoável (e aqueles que expressam isso o fazem por falta de conhecimento histórico), pois não é difícil encontrar períodos históricos em que o crime foi pior do que é agora. Já vi até a preocupação com o crescimento dos assassinatos ser tratada com deboche, pois na Inglaterra medieval esse número era muito maior do que é agora. Assim, a comparação histórica com períodos que ocorreram há centenas de anos é tida como mais relevante que a comparação com trinta ou vinte anos atrás, na medida em que a comparação promove um comportamento de complacência para com um fenômeno social indesejável.

Terceiro, uma vez que os fatos sejam admitidos coativamente pelo acúmulo de provas, o significado moral é negado ou pervertido. Será que as crianças saem das escolas tão ignorantes a respeito dos fatos quanto no momento em que ingressam? Bem, certamente, isso ocorre porque não são mais ensinadas por "decoreba", mas, ao contrário, são ensinadas a encontrar as informações por si mesmas. A incapacidade para escrever de forma legível de modo algum diminui a capacidade de se expressarem, mas a acentua. Ao menos não foram submetidas ao aprendizado de regras arbitrárias. Vulgaridade, agora, é liberdade de inibições pouco saudáveis e psicologicamente deformantes; é simplesmente o restabelecimento da indecência popular, e aqueles que se opuserem a isso são os desmancha--prazeres da elite. Quanto à violência, qualquer quantidade pode ser explicada pela referência à "violência estrutural" da sociedade capitalista.

Um produtor de televisão da BBC delineou, para mim, as fases da negação esquerdista. Seus colegas, disse-me, viam-no como um dissidente, como uma pessoa que lutava com moinhos de vento, quase um lunático. E qual era sua loucura? Queria que a BBC fizesse documentários sem enfeites sobre a vida da porção mais pobre da sociedade: sobre o analfabetismo em massa (crescente), os filhos ilegítimos e de pais solteiros, o vandalismo em massa (crescente), a violência, a ilegalidade, o uso de drogas, a dependência dos programas de Bem-Estar Social e a falta de esperança, de modo que o restante da população pudesse fazer um balanço do que estava acontecendo diante das próprias portas. Ele queria concentrar-se, em particular, nos efeitos devastadores da fragmentação – não da atomização – da família que a legislação progressista, a engenharia social e as posturas culturais, desde o final dos anos 1950, promoveram com tamanho vigor.

Seus superiores da BBC saudaram a proposta com condescendência. Primeiro, negaram os fatos. Quando ele produziu provas irrefutáveis da existência destes, acusaram-no de pânico moral. Quando provou que o fenômeno para o qual os fatos apontavam era sério e espalhava-se rapidamente na escala social, disseram que nada poderia ser feito a esse respeito, pois era parte inevitável da vida moderna. Quando disse que tais fatos eram o resultado deliberado de políticas, perguntaram-lhe se queria voltar aos velhos tempos em que cônjuges que se detestavam eram obrigados a viver juntos. Quando disse que o que fora feito poderia ser desfeito, ao menos em parte, tiraram o ás da manga: o assunto não interessava, de modo que não havia motivo para fazer programas a esse respeito. O público britânico foi tratado qual sonâmbulo ao encontrar o caminho, sem ser perturbado, para o desastre social, do qual a frágil prosperidade econômica certamente não o protegerá.

Mas por que essa negação tão insistente do óbvio por parte da mesma classe de pessoas cuja função primária, poderíamos supor, era ser aquilo que os russos chamavam de "os portadores da verdade"?

A resposta deve ser buscada no relacionamento causal entre as ideias que os intelectuais de esquerda advogaram e puseram em prática e toda a desastrosa evolução social das últimas quatro décadas. Viram a sociedade como algo tão injusto que nada era digno de ser preservado, e pensaram que toda a infelicidade humana advinha dos grilhões arbitrários e artificiais que a sociedade colocou na satisfação dos apetites. Estavam tão cegos pela própria visão de perfeição que não puderam ver a possibilidade de deterioração.

E assim, se a vida familiar não era feliz, com todas as inevitáveis proibições, frustrações e hipocrisias comezinhas, apregoaram a destruição da família como instituição. A desestigmatização da ilegitimidade caminhou de mãos dadas com a facilitação do divórcio, a extensão dos direitos maritais para outras formas de associação entre adultos e a remoção de todas as vantagens fiscais do casamento. O casamento derreteu como a neve ao sol. A destruição da família era, por certo, um componente importante e uma consequência da liberação sexual, cujo programa utópico era aumentar a quantidade de prazer sensual sem culpa, ao menos entre os próprios libertadores. Isso resultou, ao contrário, em violência generalizada em consequência da insegurança sexual e da negligência em massa dos filhos, ao passo que as pessoas ficaram mais egoístas na busca do prazer momentâneo.

Se os intelectuais progressistas lembravam das próprias experiências educacionais da infância como algo diferente de pura alegria, a educação tinha de se tornar uma forma de entretenimento infantil: pois quem éramos nós, meros adultos, para impor nossas ideias àqueles seres igualmente sentientes, as crianças? Não seriam a Gramática e a Aritmética – e certamente todas as disciplinas – meras ferramentas burguesas (ou nos Estados Unidos, racistas) com as quais deveria ser mantida a hegemonia social? Sendo o autorrespeito radicalmente incompatível com o fracasso, a própria ideia de fracasso tinha de desaparecer. A única maneira de chegar a isso era acabar totalmente com a educação – um experimento que poderia ser plenamente levado a cabo somente naquela parcela da população que, primeiramente, menos se preocupava com educação, criando, assim, uma nova casta hereditária de não educáveis.

Se o crime era um problema, isso era só porque uma sociedade injusta forçava as pessoas à atividade criminal, portanto, a punição se constituía numa dupla injustiça, vitimizando a verdadeira vítima. Com que direito uma sociedade injusta reivindica impor sua própria versão de justiça? Empatia e compreensão eram o necessário, desde que isentassem o criminoso de sua responsabilidade. A criação da disposição universal para o bem, e não para a criação do medo das consequências de fazer o mal, foi o necessário para extirpar o crime. Não é de surpreender que essas tenham sido notícias alvissareiras para aqueles que eram tentados a levar uma vida de crimes e muito desmoralizadoras para os que apoiavam a lei.

Cada uma das prescrições progressistas piorou o problema que ostensivamente se propunha a resolver, mas cada intelectual de esquerda teve de negar essa consequência óbvia ou perder sua *Weltanschauung*: de que valeria ao intelectual reconhecer uma simples verdade e perder sua *Weltanschauung*? Deixemos milhões sofrerem contanto que esse intelectual possa manter o senso de integridade e superioridade moral. De fato, se milhões sofrem, tornam-se alimento compassivo adicional para o intelectual; mais generosamente sentirá a dor deles.

Desse modo, a prescrição é: mais do mesmo. O progressista Partido Democrata, o terceiro partido britânico, que é dominado pela *intelligentzia* esquerdista de classe média e ganha impensável popularidade nascida da desilusão com o governo e da patente incompetência da oposição oficial, recentemente realizou sua conferência. E quais foram as propostas mais importantes apresentadas? O reconhecimento legal do casamento homossexual e a diminuição das sentenças de prisão para os criminosos.

Comparado a isso, Nero era um bombeiro dedicado.

2000

Índice

A
Ablett-Kerr, Judith, 218
Abusos satanistas, 222
Abusos sexuais, 43
Ação, 28, 44, 71, 200
África, 16, 46, 115, 163, 188, 190-92, 226
Alcoolismo, 174
  ver também Vício
Anne, princesa, 22
Anorexia, 85
Arquitetura, 165-74
  comunidade e, 169-71
  modernista, 166-70
  vitoriana, 166-67
Assassinato Parker-Hulme, 214-18, 222
Autoengano, 17, 33, 203, 209, 211
  ver também Negação

B
Bach, Johann Sebastian, 267
Bacon, Francis, 27, 28n, 96
Bain, David, 221
Bairros pobres, 22, 31, 103, 122, 141, 168, 176-78, 182, 186, 197, 206
  ver também Gueto
Bakunin, Mikhail, 167

Bem-Estar Social, Estado de, 46, 100, 143, 155, 163-64, 180-81, 188, 191, 213, 269
Benn, Tony, 109
  ver também Anthony Wedgwood-Benn
Bentham, Jeremy, 113
Bergman, Ingmar, 219
Bingo, 39, 125-28
Blackpool (Inglaterra), 266-67
Blair, Tony, 104-05
Blake, William, 155
Brown, Norman O., 63

C
Cassinos, 125, 131-33
Chesterton, G. K., 132
Christchurch (Nova Zelândia), 214-15, 222, 224
Classe média, 101-10
  ideologia progressista, 251-60
  políticas da polícia e, 259
Climbie, Anna, 187-96
Clubes, 83-90
Conrad, Joseph, 109
Criação de filhos, 143-44, 208-09
  laissez-faire, 95
  repressora, 63

Crime
    causas do, 213-24
    como algo normal, 228-31
    criminologistas e, 225-37
    criminosos existencialistas, 226-27
    disfunção cerebral, 232-33
    estatísticas, 257
    genética e, 232
    políticas da polícia e, 239-49
Criminologistas, 225-37
Cromwell, Oliver, 167
Cultura
    alta, 21, 104, 106, 109
    assimilação de, 136
    britânica, 109
    da classe trabalhadora, 104, 267
    de periferia ou dos bairros pobres, 177-78, 182
    do bingo, 126
    fenômeno de, 103, 136
    igualdade de, 123
    local, 142, 162
    ocidental, 143
    popular, 102, 140-41, 143, 224
    ver também Multiculturalismo

D

Dante Alighieri, 110
Darwin, Charles, 109, 167
Delinquência, 119, 168, 227-28
Democracia liberal, 57, 110
Departamento
    de Habitação, 118, 201
    de Saúde, 77
    de Segurança, 203
Desemprego, 44, 99, 114, 121, 146, 224
Dickens, Charles, 109, 113, 155, 184

Dieta, 156, 232
    ver também Obesidade
Direção, hábitos de, 248, 257
Doentes mentais, 146-47
Dostoiévski, Fiódor, 132
    O Jogador, 132-33
Drogas, 22, 31-32, 81, 100, 119-20, 130, 136, 139-40, 159, 174, 201, 209
    ver também Vício
Dumas, Alexandre, 66
Durkheim, Émile, 44, 274
    O Suicídio, 44

E

Educação, 91-100, 175-76
    como entretenimento, 96
    compulsória, 91, 93
    de gueto, 177-79
    tédio e, 177-78
    trabalho corretivo, 94
Eliot, T. S., 261
Ellis, Peter, 222
Enfermeiras, 23, 60-62, 82-83, 116, 147, 157, 189, 241-43, 245, 253-54
Entretenimento, 46, 81, 83, 96, 107, 120, 130, 157, 202, 271
Eysenck, H. J., 232

F

Família nuclear, 63
Fanon, Frantz, 236
Folie à deux, 188-89, 196
Freud, Sigmund, 69
Furto, 30, 118, 136, 151, 229
    ver também Roubo; Invasão de domicílio
Futebol, 45, 85, 102, 106-08, 130, 268

G
Galileu Galilei, 20
Gallagher, Liam (irmãos Gallagher), 105
Gallagher, Noel (irmãos Gallagher), 105
Garden, Doug, 218-20
Genética, 17, 232
Gerenciamento de raiva, 234
Glamuzina, Julie, 215
Gombrich, Ernst, 109
Goodman, Paul, 63
Göring, Hermann, 166
Guerra da Crimeia, 23
Gueto, 175-76
    crianças inteligentes no, 178-82
    pessoas vulneráveis no, 178-86

H
Habitação, 160, 165-74, 181, 185
    alocação do sistema de, 173
    comunidade e, 168-71
    conjunto habitacional, 39, 93, 118, 173, 185
    departamento de, 118, 201
    serviço de, 147, 159
Händel, Georg Friedrich, 109
Hartlepool (Inglaterra), 248
Heroína (droga), 17, 22, 100, 136, 139, 140-42, 157, 181, 230
"*Heroin chic*" (moda), 22
Herschel, William, 109
Hillary, Edmund, 142
Hindus, 55, 133, 143
    ver também indianos
Hitler, Adolf, 63, 170
Hulme, Juliet, 214-18
    ver Anne Perry

Hume, David, 109
Huntingdon (Inglaterra), 167
Hussein, Saddam, 113

I
Igrejas
    anglicana, 275
    pentecostal, 117, 119
Ilegitimidade, 153, 182, 200, 226, 270
    ver também Progressivismo
Imigração, 50, 114
    ver também Multiculturalismo
Imigrantes
    educação e, 97
    fracasso e, 135-44
    médicos, 157-64
    mobilidade social e, 135
Indianos, 54-56, 98, 135-44
    hábitos alimentares dos, 162
    lojistas, 246-47
    médicos imigrantes, 159-60
    prisioneiros, 136
    e subclasse, 135-43, 162
Intelectualismo, 23, 153, 225, 230, 261
Intolerância zero, 22, 251-60
Invasão de domicílio, ver Furto; Roubo

J
Jackson, Peter, 214, 216
Jamaicanos, 115, 193
Jesus Cristo, 111-12, 120
Judas Iscariotes, 121
Juízo de valor, 201
Junk food, 83, 161-62
Justiça, 236

K
Karam, Joe, 221
Khrushchev, Nikita, 126
Kinsey, Alfred, 63, 68
Kouao, Marie Therese, 187-93

L
Laing, R. D., 63, 146
Lamb, William, 2º visconde Melbourne, 127
Laurie, Alison, 215
Le Corbusier [Charles-Edouard Jeanneret-Gris], 160, 168-69, 171
Leach, Edmund, 63
Lenin, Vladimir, 122
Liberdade de escolha
    doentes mentais, 145-53
    moradores de rua, 145-53
Linguagem
    da BBC, 86, 104, 262-63, 266-69
    dicção, 103, 104
    dos detentos, 27, 28
    e Linguística, 20, 23, 176
    erros de grafia, 20
    impessoal, 103
    passiva, 27, 28
Lorde Melbourne, ver Lamb, William
Loteria Nacional, 123-25
Lutero, Martinho, 44
Lynskey, Melanie, 214

M
Mailer, Norman, 63, 68, 226
Maimônides, Moisés, 202
Mallon, Ray, 248-49
Manning, Carl, 187-96
Maoris, 223
Marcuse, Herbert, 63

Maria Antonieta, rainha da França, 19
Marinetti, Filippo Tommaso, 166
Marx, Karl, 49, 118
Marxismo, 44, 104
Mayhew, Henry, 155-56, 262
Menninger, Karl, 226-27
Mies van der Rohe, Ludwig, 171
Mill, James, 113
Morris, Parker, 168-69, 172-73
Mozart, Wolfang Amadeus, 106
Muçulmanos, 55, 133, 143
Multiculturalismo, 46-57, 190
    indianos, 54-56
    jamaicanos, 55
    muçulmanos, 50-51
    sikhs, 56
    tolerância religiosa, 55-56
Música, 21, 23, 84, 86, 105-06

N
Negação, 17-18, 33, 260, 261, 265, 268-70
    ver também Autoengano
Neruda, Pablo, 260
Newton, Isaac, 109
Nietzsche, Friedrich, 33
Nightingale, Florence, 23

O
Oakes, Gay, 218-19
Oasis (banda), 105-06
Obesidade, 83, 126-27
Ortega y Gasset, José, 186
Orwell, George, 261, 266

P
Pais
    ver Criação de filhos

Parassuicídio, 43
Parker, Pauline, 214-18
Pasteur, Louis, 61
Perry, Anne
   ver Juliet Hulme
Phillips, Mark, capitão, 22
Phillips, Zara, princesa, 22
Pinker, Steven, 20, 176
Pobreza, 155-64
   determinismo econômico, 16
   genética, 21
   polícia e, 259
   versus miséria, 160-64
Politicamente correto, 60, 126, 191, 222
Pope, Alexander, 20
Popper, Karl, 109
Primeira Guerra Mundial, 93, 175
Progressismo, 240
Psicopatia, 119, 255
Puff Daddy, 21

R
Raça, 191-96
Racismo, 117, 140-41, 191-96, 247
Raine, Adrian, 233
Rap, 21, 106
Ray, Isaac, 227
Reich, Wilhelm, 63
Relacionamentos
   pessoais, 46, 47
   sexuais, 18-19, 67-68, 158
Relativismo, 20, 22, 108, 110, 122
Religião
   Eterna Ordem Sagrada dos Querubins e Serafins, 113
   Exército de Jesus (Jesus Army), 120-22
   Igreja da Inglaterra (Anglicana), 111-12
   Igreja Pentecostal, 117, 119
   Revivals, 112
   Teologia da Libertação, 111
Responsabilidade, 27-36, 209
   síndrome da mulher espancada, 218-20
Revolução sexual, 63-64, 69
Roubo, 29, 36, 230, 258
   ver também Furto; Invasão de domicílio

S
Sábado à noite, 83-90
Sartre, Jean-Paul, 32, 226
Saúde, hábitos dos ingleses, 123
Schubert, Franz, 106
Segunda Guerra Mundial, 59, 75, 93, 265
Shakespeare, William, 11, 33, 43, 65, 93, 109, 267
Shrewsbury (Inglaterra), 167
Smith, Adam, 109
Sobrevivência, 163, 196
Stalin, Josef, 63, 74, 93
Stanko, Elizabeth, 236
Subclasse, 15
   comportamento destrutivo, 16
   educação e, 91-102
   influência na classe média, 102-03
   sina da, 21-22
   tédio e, 177, 182-83
Suicídio, 37-47, 156, 196-97
   Durkheim sobre o, 44
   tédio e, 45
   tentativa de, 43, 119, 120, 158
   violência doméstica e, 61

Swift, Jonathan, 94
Szasz, Thomas, 146

T
Tatuagem, 71-74, 76-80, 103, 136
  acrósticos, 79-80
  como emblema de grupos, 74
  de aspiração romântica, 73
  suástica, 75
  teia de aranha, 74-75
  temas contra a polícia, 72-73
Televisão, 7, 45-46, 66, 81-82, 85, 93, 96, 112, 120, 155, 159, 161, 184, 205-06, 232, 269
Tennant, Stella, 103
Thackeray, William Makepeace, 263
Thatcher, Margaret, 104, 174
The Beatles (banda), 106
Tolerância religiosa, 55
Tolerância zero, 22, 235-36, 251-60
Tolstói, Leon, 37, 148
Totalitarismo, 261
Tse-Tung, Mao, 122

V
Vaizey, John, 229
Van Dyck, Anthony, 109
Vício, 30, 100, 120, 132, 136, 209, 233-34
  crime e, 233-34
  drogas, 22, 31-32, 81, 100, 119-20, 130, 136, 139-40, 159, 174, 201, 209
  fúria como, 31
  furto como, 30
Violência doméstica, 61, 64, 119, 178, 209, 255

Visão de mundo (*Weltanschauung*), 17, 99, 205, 261, 271
Vitimização, 204
  prisioneiro, 225-26
Vulgaridade, 85, 106, 109-10

W
Webb, Beatrice, 233
Webb, Sidney, 233
Wedgwood-Benn Anthony, segundo visconde de Stansgate, 109
Weltanschauung (visão de mundo), 17, 99, 205, 261, 271
Winslet, Kate, 214

Y
Young, Jock, 230-31, 235-37

Do mesmo autor, leia também:

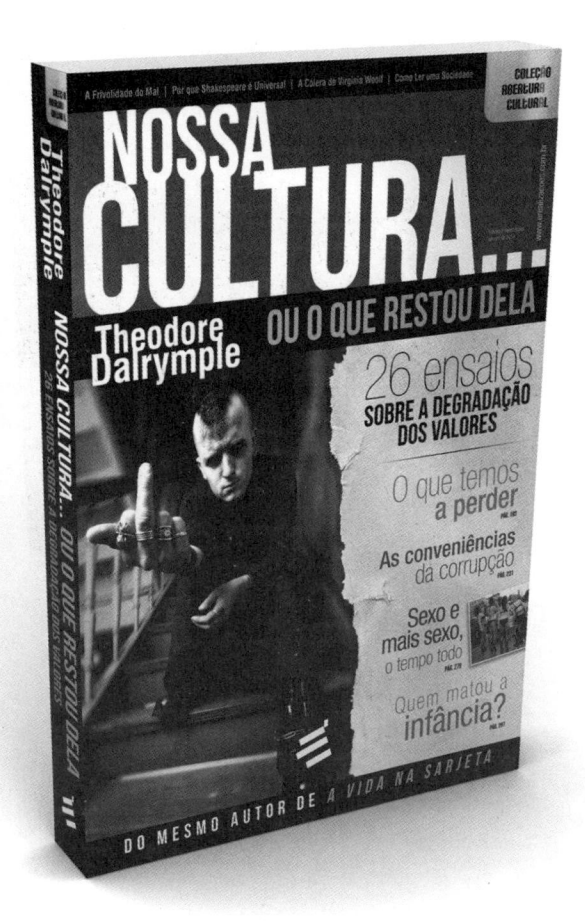

Quem são os formadores de opinião de hoje? Qual a relação entre a cultura pop e o estilo de vida dos jovens da periferia? Como a academia, o cinema, o jornalismo e a televisão têm influenciado os rumos de nossa sociedade? Theodore Dalrymple, com a lucidez que marca sua escrita, mostra como os "formadores de opinião" nem sempre estão certos do destino a que conduzem as massas.

Diferentemente de obras como *A Vida na Sarjeta* e *Nossa Cultura... Ou o Que Restou Dela*, que são coletâneas de artigos sobre temas diversos, *Podres de Mimados* trata de um único tema: como o culto do sentimento "tem destruído nossa capacidade de pensar e até a consciência de que é necessário pensar". Ou, em outras palavras, quais são as consequências sociais e políticas das ações de uma sociedade que se deixa pautar predominantemente pelos sentimentos.

facebook.com/erealizacoeseditora   twitter.com/erealizacoes   instagram.com/erealizacoes   youtube.com/editorae

issuu.com/editora_e   erealizacoes.com.br   atendimento@erealizacoes.com.br